海　派 (第2辑)

上海大学出版社

图书在版编目(CIP)数据

海派.第2辑/陈子善,张伟主编.—上海:上海大学出版社,2022.8
ISBN 978 - 7 - 5671 - 4507 - 8

Ⅰ.①海… Ⅱ.①陈…②张… Ⅲ.①海派文化-文集 Ⅳ.①G127.51-53

中国版本图书馆 CIP 数据核字(2022)第 135827 号

主　编
陈子善　张　伟

编　委（以姓氏笔画为序）
王金声　汤惟杰　朱　枫　邢建榕　沈飞德
李天纲　张　伟　林丽成　罗宏才　周立民
邹振环　陆　灏　陈子善　陈思和　陈建华
钱乃荣　黄晓彦　薛理勇

责任编辑　黄晓彦
整体设计　缪炎栩
技术编辑　金　鑫　钱宇坤

出版支持
上海大学海派文化研究中心
("310 与沪有约——海派文化传习活动"项目)

封面说明
《泛雪访梅图》,赵清阁作于 1966 年,澹简斋藏

海派(第 2 辑)

出版发行	上海大学出版社
地　　址	上海市上大路 99 号
邮政编码	200444
网　　址	www.shupress.cn
发行热线	021 - 66135109
出版人	戴骏豪
印　　刷	上海颛辉印刷厂有限公司
经　　销	各地新华书店
开　　本	787mm×960mm　1/16
印　　张	13.5
字　　数	270 千
版　　次	2022 年 8 月第 1 版
印　　次	2022 年 8 月第 1 次
书　　号	ISBN 978 - 7 - 5671 - 4507 - 8/G·3456
定　　价	68.00 元

版权所有　侵权必究
如发现本书有印装质量问题请与印刷厂质量科联系
联系电话: 021 - 57602918

目 录

评 论
陈建华　创伤记忆与文学的影视现代性
　　　　——以周瘦鹃的"海派"在地经验为例,1914—1926　/1

日记与书信
郑有慧提供,梁颖整理　郑逸梅日记(1954年2月)　/25
郑　源　郑振铎旅欧期间致岳父高梦旦的明信片　/46
沈　芸　夏衍致张石川的一封信　/50
邵绡红　邵洵美致舒新城的三封信　/53
蒋刘生　瘦鹃三札　/59

人物丛谈
周立民　巴金的"吃饭"往事(上)　/64
罗宏才　刘海粟与徐朗西:一场不应遭遇的纠纷　/78
梁定东　笑嘻嘻的"滑稽事"　/89
沈西城　酒色财气忆思楼
　　　　——香港海派作家系列之二　/94

文艺漫话
陈子善　《鹦哥》中的周鍊霞白话诗　/99
谢其章　海派小品文杂志经眼录　/102
韩　东　姚苏凤的"侦探小说学"(上)　/110
刘　聪　一段广聚词集的黄金岁月　/124
马　均　翦淞社存稿《海上新乐府》　/134

逛马路
王金声　爱俪园 /149

陈祖恩　江湾路忆往 /156

祝淳翔　1926年"天马会"公宴桥本关雪于韵籁家事钩沉 /164

仝冰雪　从三件收藏小品看沪上照相馆往昔 /173

孙　莺　因创造社引发的沪上咖啡店疑案（下） /181

口述实录
汪观清口述，魏松岩整理　我与刘旦宅 /195

译海一勺
R. T. Peyton-Griffin 作，赵骥译　关于我们自己 /206

孟　阳　近代上海历史中的 A. D. C. 剧团 /210

创伤记忆与文学的影视现代性
——以周瘦鹃的"海派"在地经验为例,1914—1926

陈建华

一、电影的"创伤与记忆"

关于中国现代文学与电影的关系,"鸳鸯蝴蝶派"和"五四"作家在20世纪二三十年代影坛中先后各领风骚,"新感觉派"对于电影技巧的借鉴则别有风情,而臻至出神入化、炉火纯青之境的,或莫过于张爱玲(1920—1995),甚至在《对照记》里使用"蒙太奇""淡出"的电影语汇,仿佛在银幕上昭示其临终的手势。自电影学界"重写电影史"以来,也不乏与文学关系的探讨。这类探讨无疑还会持续下去,而其范围之广阔、议题之繁富,大有继续深入的空间。

令人瞩目的是有关电影与创伤记忆的议题,似由周蕾(Rey Chow)的《原始激情》(*Primitive Passion*)一书启其端,后由卡普兰(Ann Kaplan)与王斑(Ban Wang)扬其波,合编了一本《创伤与电影》(*Trauma and Cinema*)的论文集,在电影与文学关系的研究中一枝秀出,颇具后劲。该论文集指出创伤记忆与电影是个世界性现象,纵观20世纪,世界大战、集中营、核爆、种族灭绝等,给人类记忆留下永难磨灭的伤痕。然而旧痕未磨灭,"9·11事件"又为新世纪笼罩新的阴影。创伤记忆不断被搬上银幕,尤具影视的"震撼"效果,《广岛之恋》《辛德勒的名单》即其中佼佼者。不消说,对于一部中国近现代史来说,内乱外患,祸乱相踵,有关家国创伤的文学与电影表现不绝如缕,至80年代再现"文革"创伤记忆的"伤痕文学"及一大批影片如《芙蓉镇》《活着》《蓝风筝》等,可说是自具传统,在世界电影史中蔚为大观。

西方学者早已关注创伤记忆的研究,一向局限于病源测验与心理学的范围,认为创伤记忆的基本症状为"失忆"或"失语",由于语言功能的丧失而导致创伤经验的"不可言说"。《创伤与电影》一书的编者不为这样的认识所局限,而从文学与影视中大量存在的创伤再现与叙述见证出发,提出"文化创伤"(cultural trauma)这一概念,以"跨文化"

(cross-cultural)研究作为方法论指南,通过话语实践描述创伤经验,探测其黑暗之深渊,旨在反思文明与野蛮携手并进的"现代性矛盾"。论文集回顾20世纪以来不同文化的历史创伤记忆与视像传媒的紧密关系,指出无论是法西斯主义、全权主义或殖民主义,一面给人类带来灾祸,一面也操纵影视的创伤再现功能,达到政治与意识形态的目的[1]。

其实某种意义上,创伤记忆与电影本身结下难解之缘,即具现代性吊诡。卢米埃尔兄弟(Auguste Lumière,1862—1954;Louis Lumière,1864—1948)的影片《火车进站》所创造的"震撼"效果成为电影史上的佳话,而火车的影像给观众造成"震惊效应",不啻是一个现代性隐喻:历史"火车头"由"革命"的活塞所驱动,在疮痍满目的废墟之间呼啸而过。从另一方面说,电影与观众结成啼笑因缘,让人逃避现实;为了保持对生活的憧憬与对未来的美好幻想,创伤需要抚平,噩梦需要忘却。然而创伤记忆何以一再被搬上银幕,结痂的疮疤又被揭开?创伤再现是为了政治上的需要、意识形态的宣传,还是为了反思历史、正视现实?在创伤再现中如何处理娱乐及教育功能?这方面《创伤与电影》通过具体作品文本的解读揭示政治含义与美学表现之间的张力,尤其是从观众接受的层面分析不同类型的创伤再现渗透着不同作者的道德姿态与艺术风格。

希区柯克(Alfred Hitchcock,1899—1980)的《爱德华大夫》(*Spellbound*)和《艳贼》(*Marnie*)这两部名片,在表现心理创伤记忆方面演绎了弗洛伊德(Sigmund Freud,1856—1939)的"童年创伤"理论,个人心灵创伤根植于"核心家庭"的种种问题,而曲终奏雅,创伤是能被医愈的,正体现了好莱坞对于这类题材的经典拍摄方式。的确,另如美剧《绝望的主妇》(*Desperate Housewives*)描写根源于某个家庭的创伤记忆引发出一连串暴力和荒诞,衍生出新的童年和家庭创伤,使整个小镇的日常生活为黑色幽默所笼罩。这部连续剧所描写的也不出个人、家庭及中产阶级社区的范围,但大受观众青睐,连连得奖,若放在"9·11事件"的心理背景中加以解读,颇可玩味。《创伤与电影》的编者指出,这类创伤表现固然受弗洛伊德的理论影响,但如果对他的论述做一番探究,可

---

[1] E. Ann Kaplan and Ban Wang, "Introduction," in *Trauma and Cinema: Cross-Cultural Explorations* (Hong Kong: Hong Kong University Press, 2004), pp. 1—22.

发现造成创伤的原因不止一端,既有来自俄狄浦斯"情结"或家庭的"内因",也有由事故或战争等所造成的"外因"。尤其是弗洛伊德的晚年之作《摩西与一神教》,其时他为躲避纳粹迫害而流亡英伦,探究集体的创伤记忆由于历史与文化的原因,造成犹太教对一神教的历史"忘却"②。这种情状可联系到近年来文学史上"被压抑的现代性"的说法,同样也反映在中国电影百年纪念热潮中。大量"重写"电影史的论著或影片常出现"记忆"的字眼,铭刻着银幕的历史沧桑与文化创伤。长期为"正史"所排斥的影片与人物被发掘出土,当那些被访的幸存者勾起尘封已久的回忆,仍有不堪回首之感。

二、"海派"文学刍议

本文着重讨论周瘦鹃(1895—1968)。众所周知,他是中国现代文学的重要作家之一。1911年其短篇小说《落花怨》和剧本《爱之花》分别在《妇女时报》和《小说月报》上发表,遂步上文坛③。1914年在《礼拜六》周刊上发表大量"哀情"小说而声名鹊起。1917年翻译了《欧美名家短篇小说丛刊》,受到当时在教育部任职的鲁迅的嘉奖。从20年代起主编《申报·自由谈》《半月》《紫兰花片》和《紫罗兰》等文学副刊和杂志,至40年代《紫罗兰》复刊,尤以发表张爱玲成名之作而成为文坛佳话。范伯群(1931—2017)先生形容周瘦鹃"几乎撑起了上海大众文坛的'半爿天'"④,肯定他对于上海都市文化的发展所作出的杰出贡献。

周瘦鹃是文学家、翻译家、报人,也是中国最早的"影迷"之一。1914年他把看过的西洋影片写成"影戏小说",在《礼拜六》上发表。1915年翻译好莱坞女星曼丽·璧克馥(Mary Pickford,1892—1979)的

周瘦鹃20岁小影

---

② *Trauma and Cinema*, pp. 6—8.
③ 瘦鹃:《落花怨》,载《妇女时报》第1号(1911年6月),第65—73页;泣红:《爱之花》,载《小说月报》第2卷第9—12期(1911年9—12月),第1—11、13—22、23—33、35—43页。
④ 参见范伯群:《周瘦鹃论》,收入《填平雅俗鸿沟——范伯群学术论著自选集》,江苏教育出版社2013年版,第102—130页。

文章,"明星"一词就是他翻译发明的。1919年其《影戏话》在《申报·自由谈》连载,提出"盖开通民智,不仅在小说,而影戏实一主要之锁钥也"⑤。这可说是继梁启超(1873—1929)在1902年声称"小说为文学之最上乘"之后的又一重要宣言⑥,对于20年代初国产电影的成型起了推动作用。对这些,笔者做过一些探讨⑦,本文打算以周瘦鹃为例讨论文学、电影与创伤记忆的关系。的确,他的"哀情"小说多半与创伤记忆有关,与他个人的童年往事、失恋及国仇家恨纠缠在一起;若对他在1917年发表的《九华帐里》和《红颜知己》以及其他小说进行分析,可见作品中含有其"影迷"的观赏经验与感知方式,而在表现创伤记忆时将电影技术装置渗透于叙事空间之中,使小说具时尚化特征,从而有效地给都市大众起到抚慰与宣教的功能。然而在展开讨论之前,笔者觉得有必要对本文的"海派"角度做些说明。

这数十年,文学"海派"已不再受过去现代文学史上关于"京派"与"海派"之争的局限,而是指"所有活跃在上海的文学派别",包括鸳鸯蝴蝶派、左翼文学和新感觉派等。这类"百度"式解说反映了某种流行观念,如果从概念上界定大约会比较复杂;不过"海派文学"或"海派作家"应当是多元开放的,可能也得有一些限定。周瘦鹃作为"通俗文学"或"海派"作家都不成问题,但是称他为"海派"作家意在强调历史的在地性和现场感,如我们常说"全球-本土"(glocal)这一话语范式,须在深入开掘本土经验的基础上发现具有普适性的理论意义,这方面安德森(Benedict Anderson,1936—2015)的民族"想象共同体"(imagined communities)研究堪称典范。本文开头引述了电影方面的"创伤记忆"理论阐述,而周瘦鹃的创作与电影有关,也含有文学形式的革新,因此他的跨媒介(multimedia)书写特征具有文学史与电影史意义,也给文学文化的研究带来方法论启示。

在文学方面,电影技术的介入刷新了小说的叙事结构与修辞手法,如现代文学中常见的把回忆当作影片的比喻,恐怕不得不追溯到周瘦鹃那里。而他对影视技术与社会功能的前瞻性想象与实践既含有传播电影观念的企愿,也对受众的"感情结构"发生作

---

⑤ 瘦鹃:《影戏话》,载《申报》1919年6月20日,第14版。
⑥ 任公:《论小说与群治之关系》,载《新小说》第1期(1902年11月),第1页。
⑦ 参见陈建华:《紫罗兰的魅影——周瘦鹃与上海文学文化,1911—1949》,上海文艺出版社2019年版,第483—606页。

用。确实,他的作品体现了中西交汇、五方杂处的上海地域特征,在其同代作家中表现得尤为突出。所谓"海派"的在地性和现场感,涉及与主体性有关的局部与整体的关系。一方面,上海的城市文化发展固然具全国性影响力,然而不能以此遮蔽其他城市文化的历史经验;另一方面,我觉得尤其对于清末民初时期上海的文学与文化研究需要一种历史的态度,且须尊重与挖掘文人与大众对于传统与现代的创造性转化,而不必对传统或城市带有新旧或雅俗偏见。至今在现代文学教科书中仍普遍把"五四"作为现代的起点,对于清末民初文学的研究仍不免后设历史的价值评判。其实这种偏见还是跟当年《新青年》诸公对上海的"文学想象"有关,如我在一篇文章中指出,那跟他们的"科学"与"民主"的主张并不搭配[8]。

关于"海派"的在地主体性,不能脱离上海的半殖民历史语境。简言之,上海自开埠以来首先是西方传教士和西人通过办报、商人开洋行等输入了现代物质与精神。1872年创刊的《申报》和1884年开始的《点石斋画报》,由英人美查主办,其中华人渐渐有了自己的声音,王韬、蒋其章与韩邦庆等可说是"海派"的先驱。戊戌变法之后民间出版如雨后春笋,小说占据文学舞台的中心,贯穿着革命和改良的政治线。"海派"文学与文化就是在这样半殖民历史环境里一步步成长和发展起来的。

关于上海的主体问题,值得借鉴的是近时国内外的电影史研究。2016年叶月瑜教授等编著的《走出上海》论文集对于电影史上向来以上海为中心的叙事起点提出挑战,主张关注香港、广州、杭州、天津等城市的早期影业生态与电影史[9]。如果"海派"离不开都市的基本特征,那么像广州、香港、青岛等城市的大众文学与文化都有自己的历史与特征。张真教授在《银幕艳史》中对"海派"一词有所保留,而提出"洋泾浜"一词更能代表上海"风格":"洋泾浜赋予上海这一通商口岸一种复合的世俗特征,使之兼具世界性与本土性,张狂而务实。"[10]我觉得"洋泾浜"与"海派"并不冲突,或更能凸显"海派"的本地文化根源,另如"老城厢"也含同样意义。

---

[8] 陈建华:《〈新青年〉的上海文学想象》,载《收获》第276期(2019年7月),第170—178页。
[9] 叶月瑜、冯筱才、刘辉编:《走出上海》,北京大学出版社2016年版。
[10] 张真著,沙月、赵晓兰、高丹译:《银幕艳史——都市文化与上海电影,1896—1937》,上海书店出版社2019年版,第95—108页。

章培恒(1934—2011)先生的关于20世纪初现代文学"开端"的论述富有启示,如今文学史研究中"清末民初"成为一个新的分期概念,其研究方兴未艾。在民国初年的上海,文学、戏剧、美术与电影同时并进,在30多种文艺杂志中,《礼拜六》周刊风靡一时,销量逾万册,主编王钝根(1888—1951)在《〈礼拜六〉出版赘言》中强调文学的"消闲"功能,突破了"文以载道"的传统,声言周刊是供城市工薪一族周末消遣的读物。他标榜"新奇小说""轻便有趣",比"戏园顾曲""酒楼觅醉"及"平康买笑"是更为健康而省俭的⑪。不像当时文人圈子偏重诗文自娱自乐的文艺杂志,而模仿英国《伦敦杂志》(*The London Magazine*)专登小说,开启了都市文学消费的模式。《礼拜六》的读者包括洋行职员、中小学教师、青年学生及普通市民,十分广泛,说明市民的文化需要的增长。与之相应地,1917年起先施公司等四大百货公司先后开张,南京路成为新的都会景观与商品消费中心⑫。虽然仍是租界,但随着人口与经济的发展,华人形成了属于自己的物质与文化的世界。

　　内容上,《礼拜六》与都市现代化紧密相连,如周瘦鹃的"哀情"小说宣扬"高尚纯洁"的自由恋爱,观念相当西化。由美术编辑丁悚(1891—1972)所绘的《礼拜六》封面或他的《百美图》映现了服饰时尚的变迁,对象不再是晚清的妓女,而是女学生、家庭主妇与闺阁淑女等。如描绘她们开汽车、游泳、体育健身乃至驾驶飞机等,表达了女子现代生活的愿景。《礼拜六》以"消闲"为主,也纪念"五九"国耻,鼓吹国货,与本地工商界同气连枝,在租界的华洋关系中表明一种民族立场。关于近代上海租界的政治结构与华人参政的历史方面,20世纪90年代唐振常(1922—2002)和李天纲等做了一系列研究⑬,他们对"市民意识"或"市民自治"的论述,对于"海派"文学的主体性与现代性研究是值得借鉴的。

---

⑪ 王钝根:《〈礼拜六〉出版赘言》,载《礼拜六》第1期(1914年6月)。
⑫ 参见菊池敏夫著,陈祖恩译:《近代上海的百货公司与都市文化》,上海人民出版社2012年版,第111—121页。此书把"南京路的创成"看作"'摩登上海'的诞生"。连玲玲:《打造消费天堂——百货公司与上海城市文化》,社会科学文献出版社2018年版,第92—95页。此书在复杂的华洋关系中讨论了华资四大百货公司的兴起与南京路的消费中心的形成。
⑬ 参见唐振常:《市民意识与上海社会》,载《二十一世纪》第11期(1992年6月),第11—23页。李天纲:《1927:上海市民自治运动的终结》,载《二十一世纪》第23期(1994年6月),第24—33页。

三、《九华帐里》:家国创伤记忆与影视装置

1914年11月《礼拜六》刊出周瘦鹃的"影戏小说"《Waiting》,前面有一段小引:

> 比来予无聊极矣,闲愁万种,欲埋无地,苦海舟流,罔知所届。长日若有所思,抑抑弗能自已。顾中心所蕴,人初不吾问,而吾亦不为人道也。宵来一灯相对,思潮历落而起,四顾茫茫,几于痫作。于是借影戏场为排遣之所。不意华灯灭时,触目偏多哀情之剧,笑风中辄带泪雨,伤心之人乃益觉荡气回肠,低徊欲绝。⑭

《等待》是一部美国1911年摄制的言情短片,1914年9月间开映于维多利亚影戏院(Victoria Theater)。这段自白中"无聊""伤心之人"的自我形象是作者套上"哀情"面具的修辞表演,也基于个人充满创伤的成长经历。这自述也可读作一个普通都市观众的影视体验,为了逃避日常的无聊与寂寞,在影戏院中求得片刻的慰藉;事实上如此的感官享受与情绪交融,似乎对于那种"几于痫作"的精神状态具治疗效能。所谓"于是借影戏场为排遣之所",已包含了机械复制时代艺术与消费的新关系。在当时为数不多的外商影戏院中,数维多利亚装备最完善,票价至少要一块银元。周氏属于少数华人观众之一,既如此迷上影戏,也容易萌生出对于艺术与大众传媒的新观念,即艺术的"排遣"功能,当然包括制造幻觉的"再现"特征。

电影作为现代社会中大众传媒的主要形式在形塑都市大众新的感知方式,克拉考尔(Siegfried Kracauer,1889—1966)形容柏林人如何沉溺于"消遣的魔力"(cult of distraction),置身于影院中的观众目不暇接,完全为影片的光影世界所迷醉。本雅明(Walter Benjamin,1892—1940)在《机械复制时代的艺术作品》一文中,指出电影在影响大众意识形态方面的巨大潜能⑮。而周瘦鹃的"排遣"说在对电影使他"荡气回肠,低徊欲绝"的认识中,则含有治疗"痫作"即现代人的精神病态的功效,也涉及其个人心理创伤的层面。这部《等待》的影片正是有关创伤记忆的主题,讲述一个青年在火车站等待

---

⑭ 瘦鹃:《Waiting》,载《礼拜六》第25期(1914年11月),第1页。

⑮ Walter Banjamin, *The Work of Art in the Age of Mechanical Reproduction*, trans., Harry Zohn, in Hannah Arendt, ed., *Illuminations* (New York: Schocken Books, 1968), pp. 217—252.

从远地来探望他的未婚妻,却得知火车出事,女友罹难。此后他天天去车站等待,直到老死。

如此诗情画意的表述,可以说作者在有意追求某种影视效果,就在写这篇小说的前一年,周瘦鹃在《小说名画大观》的序文中说:

> 小说亦名画也。凡写风景无不历历如绘,或为山林,或为闺阁,或风或雨,或春或夏,但十数字即能引人入胜,仿佛置身其间。写人物则声容笑貌各各不同,或美或丑,或善良或奸慝,无不跃跃纸面,如活动写真。而描写心曲,一言一语,不啻若自其口出,则有为名画家所不能者。⑯

在把小说与名画相比较时,值得注意的是"活动写真"一词,当时为"影戏"的代名词。作为小说家,要求小说语言像电影一样,说明他认识到电影这一新的传媒的表现力,既感到挑战,当然对他自己的写作也应有新的期待。他的短篇小说《九华帐里》发表于1917年包天笑(1876—1973)创办的《小说画报》——国内第一本专刊"白话"的杂志上⑰。小说是作者在新婚之夜对新娘说的一番热烈而柔蜜的"情话",以"周瘦鹃说"开始,即采用传统说书人的口吻,先向读者交代作者的新式婚礼如何在城里著名的公园里举行,他的朋友们如何在洞房中戏弄新人。这个简洁的开头好像明清话本故事里的"楔子",源自13世纪杂剧的手法。既使用这个套路,也为他的枕边情话设置了"舞台",预告了某种表演性。以这样开头的自我指涉不只是自我提升,它确定一种尊敬和期望的基调,为后面的叙述唤起幸福快乐的氛围。当周瘦鹃答应将满足他朋友们的好奇心,要把洞房情话写成小说且公诸众时,却转向一个主要的戏剧性场景——"九华帐"——即将内闱的私密空间置于舞台的灯光底下。在中国人熟知的婚礼仪式和象征指涉中,那些涉及洞房的描写神秘而富于诱惑,也最能激起窥视欲。

自20世纪初,周瘦鹃发表了大量"哀情小说",不仅写得情真意切,哀婉凄绝,且灌输新观念,描写了新的都市主题。那些爱情故事发生在新的公共空间中,如公园、电车、

---

⑯ 周瘦鹃:《序》,胡寄尘编:《小说名画大观》,文明书局1916年版。
⑰ 《九华帐里》,载《小说画报》第1卷第6号(1917年6月)。另见范伯群、范紫江编:《哀情巨子周瘦鹃代表作》,江苏文艺出版社1996年版,第96—104页。

医院和影戏院,打破了传统小说里的言情话语和浪漫方式。在形式上常采用受外来影响的第一人称叙事,因此深受青年男女所喜爱。周氏甚至被视为"爱神"之化身,据说女学生藏有他的小照。在他的创作经历中,《九华帐里》标志着某种突破,即转向喜剧类型,将情书、忏悔录和自传等要素混在一起,通过夫子自道的方式进一步自我时尚化。《九华帐里》的热烈"情话"与周瘦鹃1919年发表在《申报》上的系列短文《情书话》相关。这些散文谈论拿破仑(Napoléon Bonaparte,1769—1821)、拜伦(Lord Byron,1788—1824)、雨果(Victor Hugo,1802—1885)和其他世界名流的爱情故事,尤其是他们所写的情书,如热情洋溢地谈论雨果给他的未婚妻写下了120封情书[18],或描述战争中的拿破仑从来没有忘记写信给他的妻子约瑟芬(Joséphine de Beauharnais,1763—1814)。周瘦鹃介绍至此写道:"词旨热烈,似揭其心坎中之深情,一一倾注其间。其最后一语曰:'吾欢请纳吾一千之接吻,特汝勿还吻,将令吾血脉中沸也。'"[19]因此《九华帐里》可说是嫁接某种欧洲浪漫主义的产物。

在上述简短的"楔子"之后,叙事转为第一人称:"凤君啊,今天是我们新婚的第一夜,今天是我们家庭生活的开幕日!我们以后的闺房是天堂,是地狱,便在今天开场;我们以后的光阴是悲苦,是快乐,便在今天发端。"绵绵不绝且激情荡漾的枕边情话在风格上富于抒情和装饰意味,在修辞上口语化和图像化,如对联和对仗、暗喻和重复,融合了中国古典和西式的词汇、句法。新郎接着大谈"爱"的哲学,为日后的美满小家庭描绘出令人醉心的情景:

> 夫妇俩要是相亲相爱,白首无间,如此我们一辈子的岁月,直好似在花城月窟之中,寸寸光阴都像镀着金,搭着蜜糖,大千世界也到处现着玫瑰之色。我们耳中,常听得好鸟的歌声;我们眼前,常瞧着好花的笑容。一年四季,都觉得风光明媚,天地如绣,虽在严风雪霰中,也自酝酿出一片大好春光来。

这样的语言画面鲜亮,富于装饰性,今天的读者恐怕难以欣赏,但在当时青年眼中,几乎可当作情书的范本。而这样流丽的白话出现在"五四"白话文运动之前,是非常值

---

[18] 《情书话》,载《申报》(1919年7月1日),第14版。
[19] 《情书话》,载《申报》(1919年8月12日),第14版。

得注意的。《九华帐里》并没有出现"影戏"的字眼,但在形式上却运用了电影技术把帐中情话视像化,通过"帐""幕"的技术装置使读者产生类似观看影戏的效果。

"开幕"和"开场"在习惯上比作开始的意思,但"幕"字指涉影戏院或剧场的幕布,这从20世纪初话剧和电影从西方引入时才开始为中国人所熟知。周瘦鹃以"开幕"作比向新娘宣布家庭新生活的开始,同时戏剧性地在帐中呼唤出那个春鸟唱歌、春花微笑的天堂。然而,在"情话"开始之际就重复出现的戏院的意象也意味着作者不仅向他的新娘——帐中唯一的观众诉说,同时也面向着隐含的帐外观众们。读者已经从一开头就得知,作者将要把他的情话公之于众。其实,"九华帐里"这个富于想象力的标题已含有视觉特征,并通过"帐"的比喻,隐私空间被转化为公众瞩目下的戏院。

起更重要作用的是"帐",悬挂在床四周的帷帐,被用来在卧室中隔离出夫妻生活的隐秘空间。而"九华帐"使装饰意味的陈设更具有仪式作用。按照影戏院的结构,幕布拉开后,观众所见的即为搬演影戏的银幕。对这篇小说的读者也是如此,在叙事者宣布"开幕"之后,见到的即是"九华帐"。《小说画报》上为小说配上了一幅插图,即一对新人在喃喃私语,两人后面背景深处即是一张挂着"九华帐"的床。由小说标题所示,两人应当是在"帐里"。从叙述者的视角看,他和新娘在帐里搬演戏文,当然也是给帐外的观众看的。在观众眼中,可看到银幕上夫妇俩的投影,然而文字叙述把读者带到了帐内,一同看到了"风光明媚,天地如绣"的"大好春光"。

周瘦鹃本来就醉心于汉武帝(前156? —前87)隔"帐"观影的"神话",而小说里则把这个神话放到现代观影经验的具体场景之中,凸显了幕布这一早期影戏院的技术装置。这篇情话游戏于"帐"和"幕"之间,在把它们融入想象的"九华帐里"时,叙述被置于多棱镜中,而产生叙述者与新郎,新娘和观众,公共领域和私人空间之间的对话式互动。《九华帐里》诉诸视觉想象,架构在内外两个空间之间,既向帐内的妻子又向帐外的想象中的观众进行叙述。他本人作为个体和集体的存在被表现出来,同时诉诸私人领域和公共领域的听众。

正如这一枕边情话所显示的,在影像技术与意识形态的背景上呈现出一个复杂的主体,一方面对未来满怀憧憬,另一方面负荷着沉重的历史创伤记忆。投射在银幕上的是作者的痛苦家史:"我在六岁时候,就变作了个孤儿。"于是周瘦鹃以痛楚的语调,叙述当年他父亲怎样去世,以及他守寡的母亲如何含辛茹苦地光靠她做针线活儿把四个孩子带大。更令人撕心裂肺的是:"阿父死时,恰是庚子年(按:即1900年),北京城中闹得个沸反盈天,不想家忧国恨,竟罩在一个六岁小孩子的头上。"这个小男孩经受了历史灾难,既是受害者又是幸运者,在这样的描写中,一种悲剧的升华被有力地传达出来。使读者尤为震动的是"家忧国恨"竟如此无情地同时降落在他的头上,而这里事实上靠了语言修辞的手法。他的叙述听上去好像八国联军侵入北京和他的父亲的死是同时发生的,严格地说,在事实和小说之间存在着裂缝。据周瘦鹃的年谱,他父亲是在北京陷落22天之后弃世的[20]。这种戏剧化的同一性与他混杂着感伤主义和爱国精神的叙述策略有关,还体现了他自己记忆屏幕上的童年创伤的重映与叠显。与数个言及他父亲的死的不同版本相比,《九华帐里》的描写是最具戏剧性的。

周瘦鹃的童年记忆里聚蓄着集体的创伤经验。1900年八国联军入侵北京成为国耻的象征,深深镌刻在中国人的心上。当这个"情话"被如此戏剧性地导向伤感的家国之恨时,便体现出这篇小说不仅是说给他的新娘听的,其实他的洞房本身也被转化为公共空间。现在叙述者更意识到公众的在场。为了唤醒集体的痛苦记忆,叙述中更绘声绘色地插入对他父亲死亡的具体描写。对作者而言,这也是一个检验他戏剧性修辞的关键时刻:

> 阿父临死,好似发了狂的一般,陡地从床上跳将下来,赶到外室直着嗓子仰天大呼道:"兄弟三个,英雄好汉!出兵打仗!"喊了这三句,才又回到床上。不多一刻,气绝了。

家史的叙述仍是充满表演性的修辞。比方在讲到冷酷的童年时期,叙述者发出孩童的声音;不消说字里行间经常出现如"眼泪""悲哀"或"痛苦"之类的字眼。尽管来自日常生活的情节,但其中的姿势和动作都被戏剧性地夸张了,为的是煽起异常激烈的情感反应。当然把他父亲的死与庚子国耻相联系,更易于在情感上唤起集体的认同。小说过度地使用了副词,以加强劝说力量和戏剧效果。值得注意的是叙述者本人所扮演的角色,他似乎对于使用过度的表达方式从未有过犹豫。

---

[20] 王智毅编:《周瘦鹃研究资料》,天津人民出版社1993年版,第20页。

但是另一方面,作者对于婚后"小家庭"的前景既充满信心,又临深履薄;对新娘既花言巧语做诗意的劝说,又施以说教,希望她担当起贤内助的角色。整篇说辞围绕着一种普适之爱的哲学,体现了一套现代的伦理价值。他说:

> 从今天起,你便是我家的人,你那胡凤君三个字儿上边,已加上了一个周字。你既进了我姓周的门,自然要替我姓周的出些子力。我们一家的重担,须我们两口子合力挑去,一半儿搁在你肩上,一半儿搁在我肩上,彼此同心同德,排除前途无限的困难。堂上老母,须得好好儿侍奉;家中百事,须得好好儿料理。有时我有甚么愁闷,你须得体贴我,怜惜我。要知夫妇之间,重在一个爱字。这爱字便从体贴中怜惜中发生出来……
>
> 所以夫妇相爱,实是要着,其余富贵穷通都是小事。倘有了金钱没有爱情,红丝无赖,又不容你摆脱,如此名义上虽是夫妇,实际上还有甚么乐趣?从古以来,不知道坑死了多少好女子咧。今天是我们的新婚第一天,总得想一个永远保持爱情的法儿。日后天天晤对,两下里该当掏出心儿,相印相照。

根据作者的爱的福音,爱情必须是双方的。这个观念通过叙述过程本身得以体现:向新娘讲述他的过去这一行为作为一种信任的标志,旨在求得新娘对他的理解和信任。而向她诉说他的求知和成为一个小说家的来龙去脉,则是希望她拥抱他的精神世界,由此,情话展现了它的文化意义。故事还表现了他自己虽然前景乐观,却只是一个平常人,他的性格坚韧而脆弱。与此同时,他的家庭经济并不稳固,也难以逆料,他们生活在艰难时世中。这就意味着当新娘分享他痛苦的过去与展望未来时,她必须承担起对他及其家族的义务与责任。

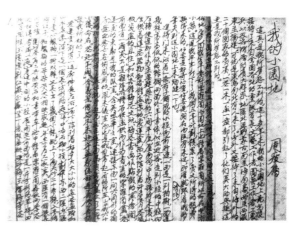

周瘦鹃手迹

周瘦鹃的说服修辞同样暗示出新娘处于小家庭的中心,她必须服从新的道德伦理。正如作者进一步描述的,他怎样在这个"小说最发达的时代",凭借他的天才、勤奋和多产,成为一个全国著名的小说家。当说到他的家庭经济如何迅速好转,随后周家从破旧的老城厢乔迁至高尚的法租界,他喜悦的声音与故事的开端相呼应。叙述者继续说:"唉,凤君啊!我的身世已经说得很明白,你听了,便知道我是从千辛万苦中血战肉搏过来的。阿母更不必说,比我还要辛苦万倍。"这种感伤的恳求所传达出的资产阶级伦理道德不亚于一部"现代启示录":这是一个艰难时代,但它充满了希望和公正,即通过辛勤劳作,每个人都可以得到上帝所赐予的应得的东西。

《九华帐里》表达了比"心理安慰"更多的东西:通过情话表达了新的中产阶级伦理价值,背后是一张现代"公民社会"的蓝图。这一情话的对话特征不仅根植于作为鸳鸯蝴蝶派期刊文化核心的以愉悦为宗旨的文学消费原则,还基于该派的集体风气。在说明中产阶级"爱的社群"(love community)怎样在18世纪的英国从文学的私人空间诞生出来的时候,哈贝马斯(Jürgen Habermas)说道:"作为私人空间最内在核心的主体性是一向都已经以公众为导向的。"[21]周的情话不只是游戏似的响应了他的朋友们的窥视好奇心,也是在履行其爱的诺言。它可能体现了"那种肯定比意识形态更有意义的从夫妻家庭的私人领域的经验中产生的人的自由、爱情和教养的观念"[22]。

即使在花烛之夜,家国创伤记忆挥之不去,投射在"九华帐"这一银幕上。更为诡谲的是,在对新娘的甜言蜜语之中,却隐含着周瘦鹃个人的爱恋创伤。正如我们知道的,他一生爱恋着一位叫"紫罗兰"的梦中情人,其实在《九华帐里》已略有暗示,即对新娘说到他之所以同她结合,"只为了老母份上,又不得不略尽人事",而他的内心只"守着"一个他的小说里的"好女子"、他的"精神上理想中的贤内助"。的确,在周氏的文学里,他与紫罗兰之间的恋情被表现得真真假假,哀婉欲绝,尽人皆知。不管是出于浪漫主义的自我虚构,还是出于促销目的的商品包装,这一贯穿在周氏生活和文学中的爱情悲剧却反映了现代都市心态的某种真实。悲剧的造成既有历史文化的原因,或更如哈贝马斯所指出的,资产阶级伦理道德本身包含着自我分裂,由于社会或经济的因素,在

---

[21] Jürgen Habermas, *The Structural Transformation of the Public Sphere: An Inquiry into a Category of Bourgeois Society.* Trans. *Thomas Burger with the Assistance of Frederick Lawrence* (Cambridge and Mass: The MIT Press, 1991), p.49.

[22] *Ibid.*, p.48。

真爱的婚姻与出于其他动机的婚姻之间存在着冲突。这种"爱的社群"的内在冲突成为文学再现的不竭源泉[23]。至于周瘦鹃与紫罗兰之间的罗曼史,既是不可多得的文学佳话,又涉及民国时期爱情、婚姻和性别的复杂课题。

蕴含着这样富于寓言的家国创伤,这个枕边情话意味着个人、家庭和国家被紧紧绑在一起,由此构成一种"爱的社群"。作为被说服的对象,新娘不仅仅是妻子和爱人——她同时被视作一个公民。通过双重幕布的设置,在私人空间和公共空间之间,叙述充满了作者的焦虑,表明离开了民族国家的认同,私人领域就不可能具有自主性。某种民国的主体性借助说服的言说行为在家庭空间内体现出来。

四、《红颜知己》：大众传媒的现代狂想曲

与《九华帐里》同一年,周瘦鹃发表了中篇小说《红颜知己》[24](以下引文标页码),书中同样出现了电影技术的描写及家国创伤记忆,然而对电影技术的运用方式很不同。故事讲杭州小说家钱一尘写成一部三十万字的题为《雁影》的小说,去上海各书店兜售不果,遂失魂落魄,身无分文。半夜他在黄浦江畔踯躅之际,邂逅一妙龄女子,自称为他的粉丝,且赠以一枚胸针,使他通过典当换得回家的路费。后来他的小说为京中一出版商赏识,出版后风靡全国,且被译成外文成为世界名著。钱一尘想方设法要找到这位"红粉知己",因不知道她的名字,无从寻觅。于是他写了一篇小说曰《秋水伊人》,刊登于报纸,佳人前来相认,终成眷属。

钱一尘有作者的影子,他先在学校里教书,很不称意,看见报纸征求小说,一投即中。后来一发不可收,报纸上连连刊载他的小说,遂闻名遐迩。周瘦鹃也是这样,据他的回忆,最初向《小说月报》投稿成功,当收到寄来的稿费时,全家欢喜若狂,这些情状都在钱一尘那里一一重现。周的个人发迹史与民国建立之后印刷资本主义的机制化是一致的。小说创作繁荣,愈益成为都市的文化粮食,而商业竞争机制逐渐完善,如稿费成

---

[23] Habermas, *The Structural Transformation of the Public Sphere*, p. 47.
[24] 周瘦鹃:《红颜知己》,中华图书馆1917年版。

为制度,周瘦鹃以之为生。《九华帐里》表现了作者对身份认同的喜悦之情,在成家立业之际瞻前顾后,悲喜交集,那一番情话语重心长,不乏日常生活的实际考量。而《红颜知己》里的小说家,其成功的喜悦则无限膨胀,由自我身份认同带来的骄傲和感恩被体现为一种价值,光照于印刷资本主义、报纸、小说与电影。简言之,这部小说不啻是一首狂想曲,对于大众传媒时代的来临充满了乐观。

小说所表达的不外是"书中自有颜如玉,书中自有黄金屋"的现代童话。但有趣之处在于描写钱一尘成功与挫折的过程,展示了小说创作、商业运作、名利和爱情的种种环节,无不充盈着喜剧气氛,夸张与滑稽的口吻处处皆是。《红颜知己》也是周氏要突破"哀情"套路转向喜剧的尝试,如作者自述:"因为在下这枝笔一向写惯了伤心史断肠书,笔尖上涂着心血,蘸着眼泪。倘要描摹人家快乐得意的情景,就有些不大在行。"(p. 58)像这样模仿传统说书人"看官"的话头大量出现,一面插科打诨、自我解嘲,一面信笔放任钱一尘的狂想,如最初看到报纸上刊出他的小说:"一尘见了,直要蹲蹲而舞。瞧那下边署名钱一尘三字,觉得字字都有光彩。料想一纸风行,至少总有个一万份,吾这名儿,便也能进一万人的眼儿,二十二行省到处传遍,好不显焕……仿佛听得那字里行间都有金钱铿锵之声,还夹着二十二行省看报人一片击节叹赏的声音。"(pp. 5—6)当他完成了《雁影》:"想象中似乎见那各书坊争出重金,上门来买他的稿儿,新闻纸上已登着个空前绝后大著作《雁影》的大广告,那'钱一尘先生著'六个头号字上,还加着个当代大小说家的衔头,比了什么公侯伯子男什么虎威将军猫威将军的虚衔,加上几万倍荣耀。"(pp. 10—11)

对于小说家自我陶醉的描写,含有对于当时北洋政府滥封官爵的讽刺,凸显的是小说的尊崇地位和报纸的威力。小说和报纸传遍"二十二行省"落实在"红颜知己"身上。钱一尘在上海遇见他的小说迷,书中写道:

> 那女郎一听得钱一尘三字,顿时失惊似的,放着那娇脆的声音,喊将起来道:"嗄!原来是杭州鼎鼎有名的小说家钱一尘先生,委实失敬得很。去年在杭州留学的时候,曾天天在新闻纸上拜读过大作,情文斐亹,字里飞花,直佩服得什么似的。想究竟是西子湖灵气所钟,才诞生出这么一个大小说家,将来怕不能蜚声海外,和托尔司泰、狄根司一流人先后辉映么?"(p. 30)

女郎侃侃而谈,说小说能"改良社会,开通民智。所以他们西方的人,直把小说当做促进文明的大利器"(p.29),好像让读者重温了20世纪初梁启超的一番论调。的确从那时起,报纸和小说担当起如安德森所说的建构现代民族的"想象共同体"的任务。《红颜知己》不仅在演绎这种想象,更将之变成一种全球性狂想:"半年以后,钱一尘的大名,居然跳过了浩浩茫茫的太平洋,诞登西土了。更隔了半年,连巴黎市上,也有了这《雁影》的译本,委实好算得一部震烁世界的杰作,任那赫赫有名的《红楼梦》也要对之失色。"(p.61)这还不算,当写到钱一尘做梦,见到他的心上人在香花四溢的云层里读他的小说:

> 那安琪儿已把一部《雁影》读完。莺声刚绝,便翩翩的飞下台来,向着了一尘展然一笑,传达出上天下地无限的情愫。接着就有千百只金羽玉啄的仙雁,飞集一起,搭成了个飞行艇,给他们两口儿并肩坐着,电掣般飞去。不到一点钟光景,已把八大行星游遍,却见那八大行星中的人,都在那里读他《雁影》。(p.47)

尽管整部小说都笼罩在喜洋洋近乎漫画的夸张中,但集体的创伤记忆仍然在字里行间冒出来。如钱一尘在上海售稿失败,独个儿坐在黄浦滩头,却来了个印度巡捕把他赶走,说"这椅儿是外国人坐的"。一尘"没奈何,只得立了起来,到那路灯下边立着,一时私忧国恨,几乎撑破了一尘的胸脯"。并且痛恨起"那些在朝的肉食诸公,却还争权夺利,闹个不了。即使这大好河山,全个儿进了人家的手,他们却还在那里做他们的功名富贵的好梦咧"(pp.23—24)。周瘦鹃确实具有强烈的民族意识,对于袁世凯窃国,反应极为激烈,先后写了《亡国奴日记》和《卖国贼日记》痛加抨击。但在《红颜知己》中,创伤记忆浮现在背景里,对于时局的牢骚讽刺时时散见于全书,如钱一尘和他父亲言及"自由",一尘愤慨说:"这自由两字,早被人家踹在泥淖里,作践都尽。"(p.48)甚至借女郎之口说:"国家大事也正如此。你不见那正人君子流浪在外,大盗小丑充斥于内。"(p.37)似乎流露出作者对孙中山的同情。

《红颜知己》里报纸、小说及其国族想象的功能可说是表现得淋漓尽致,但小说和报纸的现代民族寓言却被"内化",与其为国族想象服务,不如说一切都围绕着钱一尘个人对名利和爱情的梦想。最后他通过报纸和小说找到了女郎,发挥了最大的功效。典型的莫过于这一段有关钱一尘"奇怪的感觉"的描写:

17 Shanghai style

> 觉得这世界已经过了一度沧桑,人种兽类都已寂灭,大地山河都已变迁。这荒田中的三尺地却变了一片花明月好之乡。旁的人一个都没有,但有他自己;除了他自己外,还有那美人儿。仿佛五大洲所有的生物,但剩他们两人。那美人便是他的性命,那美人便是他的世界。他做了书,但去给那美人看,只消那美人的妙目一着在他书上,就仿佛见全世界的人都把蔷薇露洗了手儿,忙着读他的书。只消那美人的檀口中发一句赞美他的话,就仿佛见全世界的人堆做了一座人山,都向着他罗拜。这时一尘的心目中,不但当那美人儿是个知己,直当他是三十三天上一个救苦救难的大神咧。(p. 40)

当钱一尘日夜思念他的"无名侠女",出现了关于电影与记忆的关键一幕:

> 一尘胡思乱想,想不出个计较来。日间多念,念念中带着那侠美人。夜间多梦,梦梦中也带着那侠美人。有时搁笔静坐,只消把眼儿一闭,脑儿里就立刻作怪起来。瞬时影戏开场了,那在上海所经的一切事,好似都摄成了影戏片,一张张连续的演着,末后便演到那荒田中的事。电力既足,片子自然也清楚。当时原在黑夜,没有瞧见那美人儿的芳容。不知怎样,这影片中却现出个月明花艳的绝世美人来。珠香玉笑,栩栩如活。赠针一段,益发做得生动。加着这影戏,并不是寻常的影戏,且还是哀迭生发明的有声影戏。一壁摇着影戏机,一壁又开着留声机,眼儿注在那雪白的布幕上,耳中还听得一串珠圆玉润、莺娇燕脆的妙声,委实和那夜所听的一模一样,并没一丝变动。(pp. 63—64)

这是在《雁影》已经成为世界名著之后,钱一尘心心念念不忘"侠美人",要报答她的知己之情,于是用电影来表现他内心的强烈渴念。电影给周瘦鹃带来抚慰心灵创伤的功效,在这里被转化为操纵机制与生产功能。原来一尘在半夜里遇到女郎,不见她的面容,而这里在他的影片般的回忆里"电力既足",他的幻想中增加了灯光,于是"绝世美人"出现在银幕上。电影技术如此神奇的运用,似乎实现了中国人拍片的梦想。周氏在这里也加上哀迭生留声机,那也是不久前在外商影院中开始使用的,说明他对于"有声影戏"的期待。

尽管周氏两年之后提出电影与小说同样是启益民智的关键,但这里已将电影用于满足主人公一己的幻想。不过按照钱一尘的逻辑,他能拍片的话,也仅仅为了"美人"。事实上在这部狂想色彩极其浓厚的小说里,不少所谓"奇想""腻想"的段落无非是他的私人狂想空间，如那枚女郎馈赠的"胸针"所引起的情色想象："这一个针儿，便扣着吾的心，天长地久，永永向他咧。想着，把两手握住了那胸针，放在嘴上亲了几亲，觉得针上还留着那美人儿酥胸上的余香，宛宛的送进鼻子，沁得心脾都甜。"（p.41）

这部小说的最有趣之处，在于对印刷资本主义、小说和报纸功能的形象描述，可读作安德森"想象共同体"理论的注释，而电影这一媒体的增入，却是个惊喜。在中国的现代性境遇里，一面极力渲染大众传媒的力量，并表示其热切展望；一面以个人、家庭为中心，使之消融于私人空间里，某种意义上是对于"想象共同体"的消解与颠覆。

五、海派文学的跨媒介现代性

《九华帐里》和《红颜知己》是小说，关于记忆创伤的表现在内容上与本文开头《创伤与电影》的论述颇多重合之处，周瘦鹃的创伤记忆中，个人、家庭与国家的命运连接在一起，含有国恨家仇与个人情史的复杂层面。他在电影院中得到感情的慰藉，体认了影像的魔力，不寻常的是在他那里形成一种操控意识。小说里的影视叙事并非一般比喻修辞或"蒙太奇"之类的表现手法，而是由视觉技术装置构成的一种"辞格"（trope），并运作于叙事肌理之中。《九华帐里》中创伤记忆夹杂着家庭伦理与个人励志的说教。《红颜知己》中钱一尘在放映影片的想象中缓解他对无名"侠女"的渴念，驱使他利用现代传媒圆成爱情的梦想。因此他的小说文本是高度影像技术化了的，已属一种艺术产品，具有实用与美学功能。

周瘦鹃对于影视复制技术的敏感并积极诉诸社会实践，为我们提供了一个"海派"主体生成的有趣个案。他出生在一个上海老城厢的普通家庭，六岁时父亲去世，守寡的母亲靠针线活把几个孩子养大，并支持周瘦鹃读完中学。他自十七岁开始投稿成功之后便走上了职业文人之途。数年后名声斐然，家庭经济大为改善，由是全家搬到较为高档的地段。他的初恋女友的父亲是个富商，因为门第不当而拒绝婚事，于是他写了许多"哀情"小说，一面寄托悲伤，一面将创伤记忆转化为文学商品。1917年周瘦鹃建立了家庭，为此他出版了《欧美名家短篇小说丛刊》，获得四百元稿费。这一年他创作了《九华帐里》和《红颜知己》，无论真实或虚构，都喜气洋洋，对家庭和社会充满希望，富有向上的气息,可读作一个普通平民晋入中产阶层的寓言。他的创伤记忆带有近代中国与半殖民上海双重印记,作为一个擅长言情类型的职业小说家,不得不受到维多利亚式资本主义的文学市场规则的制约。如 1913 年以长篇小说《玉梨魂》风靡一时的徐枕亚(1889—1937),在 1918 年编了《人海照妖镜》一书,序言中说:"二三年来,说部风靡,言情之册,充塞市肆,今则稍稍凋敝,而所谓黑幕者,乃跃起而代之。"㉕他看到市场需求的变化,编了像《人海照妖镜》的"黑幕书"来应市。因此,周瘦鹃一反以前"哀情"而转向喜剧风格,也是服从市场需求的表现。

周瘦鹃把创伤记忆转化为文学产品,并进入都市媒介与消费渠道,带有宣传爱国与都市"小家庭"美好愿景的意识形态,这跟《电影与记忆》一书中所说的殖民主义或法西斯主义利用创伤记忆做政治宣传有某种相似性,本质上却十分不同。在周瘦鹃那里既

周瘦鹃先生玉照

有追求个人事业发达的经济学,其文学产品受到印刷资本与读者市场的互动调节,且他大力鼓吹先进的影像技术,正是半殖民上海的在地文化政治的体现。他指出英美诸国影院与观众之盛而带来巨大利润,因此要求国人奋起直追发展电影工业,经济上也是肥水不流外人田之意;另外通过国产电影表现民族精神,即开启"民智",旨在改变外国电影丑化中国人的局面。因此并非偶然,在他的《影戏话》发表的次年,《阎瑞生》《海誓》与《红粉骷髅》三部长片接踵问世,奠定了中国电影工业的发展基础,这跟他多年竭力宣传电影文化是分不开的。在他主编的《申报·自由谈》上及时登刊这些影片的影评,也是开风气之先。在 20 世纪 20 年代他编剧本、做广告或采访报道等,与电影界打成一片,为推动国产片不遗余力,在半殖民上海当然具有与好莱坞影片竞争的意味。

周瘦鹃的操控电影技术装置的主体意识及其跨媒体文学书写发生在"五四"新文学运动之前,对于中国文学"现代性"具有重要意义。在这里足资比照的是鲁迅(1881—1936)的"幻灯片事件"。早年留学日本的鲁迅在课堂里目睹幻灯

㉕ 徐枕亚编:《人海照妖镜》,小说丛报社 1918 年版,第 1 页。

屏幕上中国人遭日本人砍头的惨状,深受震撼,从而做出"国民性"的症断,此后他弃医从文,决心以文学拯救国民的灵魂。历来中外学者对"幻灯片事件"做了大量研究,涉及鲁迅《呐喊·自序》中追忆与史实的落差、"幻灯"还是"电影"以及"看"与"被看"的多种复杂视点等议题[26]。与本文直接有关的是周蕾在《原始激情》(*Primitive Passion*)一书中从心灵创伤与影视技术现代性的角度对"幻灯片事件"的解读。长期以来鲁迅的"弃医从文"被认为是中国现代文学的发端,这固然含有"正典"史学的后设性,但他发出"救救孩子"的"狂人"的"呐喊",在代表"国族文学"方面无人能与之比肩。这一点似无疑问。周蕾重读此插曲,视角由文学转向影视,认为"鲁迅的这一描述是对于经由电影媒介传递的奇观之力量的经验"[27],顺理成章地认为"幻灯片事件"标志着中国"视觉技术现代性"的开端。这一论断经不起推敲,因为周蕾在中国电影史的语境里试图论证"幻灯片事件",但"幻灯"不等于"影片",鲁迅的中国现代文学开端也不等于中国电影史的开端。

观念离不开物质条件,对于"电影"来说,"视觉性技术"须在中国电影史脉络中加以考察。如果鲁迅的《呐喊·自序》是个渗透着"技术化视觉性话语"的文本,那么像王韬(1828—1897)在1875年出版的《瀛壖杂志》中对"影戏"的大段描写,如洋房失火、波涛翻滚之类已富于动感[28]。尽管王韬所见到的是幻灯。后来电影进入中国,像《游戏报》上的《观美国影戏记》所描述的观影经验[29],其实跟王韬的描写差不了多少。而在周瘦鹃那里,"视觉性技术"得到长足发展。他把影戏院里的观影经验融汇在小说叙事空间中,如《红颜知己》里人脑成了一个电影院,钱一尘操控放映机把影像映射在银幕上,并调度电力和配置留声机,这就体现了一种较为成熟的电影观念。与鲁迅相比,周瘦鹃的记忆创伤的文学表现缺乏"国族想象"及"国民性"的专注深度,却积极接受外来新的视觉性技术并通过跨媒体文学创作将自己的感情与家国想象和大众分享,正体现了"海

---

[26] 王德威:《从"头"谈起——鲁迅、沈从文与砍头》,收入《想象中国的方法》,生活·读书·新知三联书店1998年版,第135—146页。竹内好著,李心峰译:《鲁迅》,浙江文艺出版社1986年版,第47—60页。张慧瑜:《"被看"与"看"的三种主体位置:鲁迅"幻灯片事件"的后(半)殖民解读》,载《文化研究》第7期(2008年秋季),第105—148页。
[27] 周蕾著,孙绍谊译:《原初的激情:视觉、性欲、民族志与中国当代电影》,远流出版社2001年版,第23—27页。
[28] 王韬:《瀛壖杂志》,上海古籍出版社1989年版,第130页。
[29] 《观美国影戏记》,载《游戏报》第74号(1897年9月5日),第1版。

派"的在地特征与兼容并包的文化取向,其实某种意义上跟"五四"新文化所提倡的"民主"与"科学"精神并无实质的差别。

另一方面周蕾指出"幻灯片事件"对鲁迅带来极其深刻的"震惊效应",造成他对影视媒介的规避和对抗。他通过文字力量来实践拯救国民灵魂的伟业,既显示一种对抗国际强权的视觉技术"侵略"的"第三世界"的立场,也含有中国传统知识分子力图保持其文字特权,伴随着重文轻图的态度。这一看法颇具见地,所谓"鲁迅对该威胁的后续反映并不是明显拒绝视觉,而是通过视觉性的两难回到文学"[30]。其实影像媒介究竟给鲁迅造成多大创伤也很难说,比方说他喜欢拍照,讲究书籍装帧封面,比亚兹莱(1872—1898)的颓废画也没有引起他的道德上的恐惧。至30年代鲁迅在上海期间倡导木刻美术运动,从他的日记可见,他喜欢看好莱坞影片,即使偶然看了如《新人之家庭》的国产片,便说"劣极"[31],或许在他眼中上海的电影产品根本是乌烟瘴气。这令人联想到他在30年代初的《上海文艺之一瞥》里把上海文人一概斥为"才子加流氓",认为他们是从晚清上海"洋场"的才子演变过来的,跟《点石斋画报》里"流氓气"小孩的蹩脚画法一样。凡是沾上了"旧"传统落后的东西,鲁迅全都看不顺眼。这篇名文也说道:"现在的中国电影,还在很受着这'才子+流氓'式的影响。"[32]这是对当时国产电影的整体性评判。当然鲁迅是极其复杂的,对于"视觉性技术"持一种反殖民"第三世界"的立场,同时以更为高阶的普世文明的标准来排斥中国"旧"文化。因此对这方面的鲁迅还有深入探究的空间。

鲁迅对国产电影的排斥态度颇具代表性,正如毕克伟(Paul G. Pickowicz)教授在1993年发表的一篇论文中指出,20世纪20年代的电影界几乎是"鸳鸯蝴蝶派"的天下,而"五四"可说是整体的缺席[33]。20年代的"五四"知识分子像鲁迅一样,由于高调的缘故,对影视大众媒体持轻视态度。夏衍(1900—1995)说,当时"所谓'文化界人士'——

---

[30] 周蕾著,孙绍谊译:《原初的激情:视觉、性欲、民族志与中国当代电影》,远流出版社1995年版,第29页。
[31] 据鲁迅1916年的日记:"下午去长安街观影戏"。自1924年之后日记中这类记载愈多,极个别的称"影戏",一般皆称"电影",所看的多为外国片。
[32] 鲁迅:《上海文艺之一瞥》,收入《二心集》,人民文学出版社1973年版,第82—96页。
[33] Paul G. Pickowicz, *Melodramatic Representation and the "May Fourth" Tradition of Chinese Cinema*, in Ellen Widmer and David Der-wei Wang, eds., *From May Fourth to June Fourth: Fiction and Film in Twentieth-Century China* (Cambridge and Mass.: Harvard University Press, 1993).

尤其是以新文学运动主导者自任的革命的知识分子,却还完全将这种新的艺术看作'化外区域'而不加顾盼"[34],即道出了实情。众所周知,直至30年代初夏衍等"左翼"文人介入电影工业之后,出现了《神女》《十字街头》等优秀影片。在60年代初的《中国电影发展史》中据此确立为中国电影真正的开始,而把以前的"鸳鸯蝴蝶派"电影一概贴上"反动"的"封建阶级与买办势力"的标签而加以批判与排斥[35]。

我们知道科技力量对于人类文明演进扮演了至关重要的角色,从绘画、摄影、电影、电视到今天的手机荧幕、数码电影、沉浸式虚拟幻象等,数字时代的高科技突飞猛进,各种形式的视觉产品层出不穷,时时在改变人们日常的生活与思维方式。周瘦鹃在主动接受视觉技术方面显得相当前卫,这一点足以打破一般所谓"新派""旧派"的习惯性认知。确实,直至40年代他不断书写个人与家国的创伤记忆,始终紧贴在地的历史与现实,也在铸塑市民大众的集体记忆与身份认同,不忘过去而瞻望将来。1944年他在散文《等待》中表达了他对身在远方的"紫罗兰"的刻骨思念[36],文中大量运用古代文学中有关等待的典故,诉诸历史上民族的创伤记忆与等待的集体性格,渴望战争早日结束而能与情人团聚。

用电影比喻创伤记忆是周瘦鹃发明的一种修辞。1917年发表的《忘》是一篇白话小说。浦一麟与兰娟自小相识,感情很好,在他从军前夕两人定情。此后他驰骋疆场,一心报国,屡立军功,而把兰娟忘得一干二净。当浦一麟凯旋家乡之后才想起她,到此时他"不知不觉想起那忘怀了三十年的意中人兰娟来,霎时间历历前尘都像影戏片似的现在眼前,悄悄地咀嚼了一回,很觉回肠荡气咧"[37]。而此时她已经奄奄一息,造成无可挽回的悲剧。小说描写他的忘情对她造成的心灵伤痛,谴责了只顾国家利益而轻忽个人感情的行为。1921年周瘦鹃在《礼拜六》上发表的《留声机片》是一篇基于他个人失恋的"哀情小说",进一步运用了电影与记忆的比喻:

> 情劫生在太平洋岛上,带着情书,箧中藏着的,原来是一大束情书,裹着很美丽的彩绸,束着粉红色的罗带,另外还有小影和好几件信物。八年来他常把恨岛中一

---

[34] 夏衍:《鲁迅与电影》,收入《夏衍杂文随笔集》,生活·读书·新知三联书店1980年版,第7页。
[35] 程季华、李少白、邢祖文:《中国电影发展史》,中国电影出版社1963年版,第54—57页。
[36] 周瘦鹃:《等待》,载《紫罗兰》第10期(1944年11月),第59—75页。
[37] 瘦鹃:《忘》,载《小说画报》第4期(1917年4月),第6a页。

种非兰非麝的异香熏着,使得香馥馥的。他闻了这种香味,就回想八年以前伊人的衣香发香,也是这样甜美可爱,当下他脑中便像变做了个影戏场,那前尘的影事好似拍成了影戏片,一张张那里翻过,顿使他回肠荡气,兀地追味不尽。[38]

情劫生与林倩玉相爱,遭到女方家长的反对而伤心欲绝,这一形象是周瘦鹃与紫罗兰的失败情史的镜像投射。情劫生自我流放到太平洋一个小岛上,日日思念林倩玉,其记忆如电影般展开,"追味"往事在时间之流中延绵,"回肠荡气"的感情体验交杂着痛苦与幸福。作者通过修辞创新把大众的观影体验融入文学现代性,情感叙事在结构上得到强化。林培瑞(Perry Link)在他那部论述"鸳蝴派小说与都市上海"的开山之作中指出,鸳蝴派小说本质上为现代压力下的都市读者提供一种"心理安慰"(psychological comfort)[39]。虽然在周瘦鹃的小说中这种"安慰"常与痛苦相伴,且不无自我反讽的意味。的确,林倩玉令人想到林黛玉,情劫生含有佛家"劫数"的典故,两人的爱情故事落入传统才子佳人的套路,这方面周无疑受到旧传统的影响而为新文学所诟病。然而在运用视觉性技术方面却不限于制造娱乐或提供慰藉,而带有深一层意涵,这多半是传统的人文精神在起作用。就像《留声机片》开头说"留声机本是娱乐的东西"。情劫生在临终前请岛上的百代唱片公司把他的思念之言灌入留声机片,由邮局把它送到上海林倩玉手中。她反复听这留声机片,直到唱片被碾碎,她也死在留声机旁。这样的结局不光对留声机那样的娱乐之具,也对作者所尊奉的文学"消闲"宗旨产生某种颠覆性效果。在这里,西方的技术在表现男女主人公的旧恨新伤时扮演了吊诡的角色。百代公司使情劫生如愿以偿,当然意料不到会产生悲剧,就像小岛上为资本家经营的游乐场,其顾客却是来自世界各地的"情场失意人"。

毕克伟认为20世纪20年代的鸳蝴派电影比起"五四"的小说是更为"现代"的,我想就周瘦鹃运用影视技术这一点,其小说也要比"五四"更为现代。20年代的小说里常见电影与记忆的修辞。陆小曼(1903—1965)在1925年的日记里描述对徐志摩(1897—

---

[38] 周瘦鹃:《留声机片》,载《礼拜六》第108期(1921年5月)。
[39] Perry Link, Jr., *Mandarin Ducks and Butterflies: Popular Fiction in Early Twentieth-Century Chinese Cities* (Berkeley: University of California Press, 1981), p.20.

1931)的思念:"再无聊时耽着思想,做不到的事情,得不着的快乐,只要能闭着眼睛像电影似的一幕幕在眼前飞过也是快乐的,至少也能得着片刻的安慰。"[40]这跟情劫生的例子没什么不同。鲁迅不落常套,如作于1925年的《伤逝》中涓生想道:"她却是什么都记得;我的言辞,竟至于读熟了的一般,能够滔滔背诵;我的举动,就如有一张我所看不见的影片挂在眼下,叙述得如生,很细微,自然连那使我不愿再想的浅薄的电影的一闪。"后来又写到他看到子君在自修旧课时:"只是我很怕她看到我那可笑的电影的一闪。"[41]青年人看电影已成为日常生活一部分,以电影作譬喻来描写涓生属时髦之举。涓生看着子君像看电影,"叙述得如生,很细微",内心感受当然过瘾,但是为什么"电影的一闪"是"浅薄"、是"可笑"的呢? 不协调中似将电影视作一种不登大雅的意思,或正蕴含着鲁迅的保留态度。

到20年代末,茅盾(1896—1981)、丁玲(1904—1986)等人的"革命加恋爱"小说里年轻男女看电影的情节已必不可少,也热衷表现模特儿、裸体等母题,凡十年前在鸳蝴派那里描写过的,都一一出现。一方面也是受了"无产阶级文学"口号的鼓舞,新文学家开始向都市靠近,朝大众媒体凝望,不免怀着陌生和惶惑。丁玲《一九三〇年春上海(之二)》中的男主角望微,平时喜欢看电影,却又觉得"有时竟是可痛恨的东西,因为它太容易麻醉人,它给社会的影响,太坏了。这实在不是他,不是他们一类人所能过目的,这只是资本家和他们的太太小姐们的消遣品"[42]! 这几句话可读作涓生觉得电影"可笑"或"浅薄"的脚注,颇能象征"五四"作家对电影的吊诡心态。

总之,周瘦鹃在民国初年的记忆创伤再现中,就密切结合文学与影视的跨媒介书写来说,不仅体现了"海派"文学的现代性特点,在中国现代文学史上也具有不可忽视的意义。处在今天互联网数字时代,影视技术及媒介的飞速发展使我们的日常生活形态变得更为复杂,因此如何坚持人文价值回应时代的挑战,如何从传统挖掘人文精神资源,都是我们需要面对的课题。在这意义上,周瘦鹃的跨媒介书写仍然具有前瞻性,值得更多关注与探讨。

---

[40] 陆小曼著,柴草编:《陆小曼诗文》,百花文艺出版社2002年版,第134页。
[41] 鲁迅:《伤逝》,收入《彷徨》,人民文学出版社1998年版,第189页。
[42] 《丁玲文萃》,文化艺术出版社2002年版,第192页。

郑逸梅日记
（1954年2月）

郑有慧提供　梁颖整理

二月一日　晴　寒

晨起有露。

阅《天苏阁丛刊》及《心园丛刻》。《心园丛刻》有强恕斋本，《樊绍述遗文》《李文诚公遗诗》《谭复堂词话》《先公徐印香府君先妣陆太淑人传志》《大受堂札记》。《天苏阁丛刊》一集有《天足事略》《乐府补遗》《纯飞馆词》《肜芬室文》《肜芬室笔记》。肜芬室者，仲可女新华之斋名也，嫁无锡张照南，早卒。《丛刊》二集有《五藩梼乘》《内阁小志》《可言》《五刑考略》《秀水董氏五世诗抄》《高云乡遗稿》《复庵觅句图题咏》《小自立斋文》《真如空诗》《纯飞馆词续》。予尤喜《可言》，足录者如云：西湖之莼，淡食之久，曾治愈一肺叶已烂、医术已穷之人。其人既瘳，西医某大惊，欲验烂后之肺叶，愿酬银币千，乞剖视，其人诺。剖视之，肺作浅绿色，盖莼菜所补成也。又云：甲子十月，仁和吴印臣昌绶卒于京师，自拟讣且自书之，及卒，治丧者影印讣之真迹，所填日时与印臣所书绝似，度必代填者模仿真迹也。其文曰：仁和吴昌绶，字伯宛，一字印臣，晚号松龄。生清同治戊辰五月十四日午时，殁民国甲子年十月初七日未时，存年五十七岁。有子早殇，夫妇奉佛，身非大宗，禁勿立后，以僧服敛，寄殡佛寺，预书讣告奉别亲知。又云：宵分人静，风撼小楼，剪烛观书，自领荒山幽香之趣，诵昔人"只有一株梧叶，不知多少秋华"二语，为之爽然，而又觉富贵之于我真如秋风之过耳也。又云：今盛行汗衫，得免裸裎之羞，至善也，可以"羞袒"名之。又云：沪之塘山路，有甘翰臣之别业，曰"非园"，槿篱竹屋，幽邃绝尘，位置琴书，楚楚有致。翰臣与靶子路赵园主人皆粤产，而志趣异矣。甲子冬，潘兰史言翰臣近得峭石一，高逾丈，背有龙文，人呼为"龙石"。石为简照南南园中物，照南得石而病，病且死，家人以为不祥，乃赠翰臣，遂植立于非园，松桂交荫，巨观也。

访韩非木，赠以章甫书幅。

赠王辰之以章甫试用乾隆御墨所书之直幅。饭后静坐，思得一春联：梅花数点，月色一寮。

傍晚邓广生来,带来一托修之时计。

高肖鸿来,邀请予与寿梅、小鹤往彼家吃年夜饭,并晤肖鸿之弟庆云夫妇。是日邓秋马亦在座,予赠以章甫书幅。肖鸿母特备葡萄酒,肴馔又极丰盛,为之醉饱。归家已十时许矣。

二日　晴　寒

起身较迟。

子鹤今日起休息,年初四再治事。

张鲁厂邮赠所藏印谱目录,内打印目四百余种,何人题跋亦列叙之。有《拊焦桐馆印集》,吴江蔡真刻,郑逸梅跋,予则已遗忘之矣。

阅《可言》,有可录者。如云:近有姓名之意义与其职务相称者二人,一民国大总统黎元洪。黎元,黎民之元首也;洪,大也,是当然为民国之大总统也。一商务印书馆总经理印有模。印书之字粒必先熔铅于铜模中而铸之,是当然为商务印书馆之总经理也。其命名之始若暗示其役司之事业者,古之所谓谶,今之所谓预言欤。又云:予侨沪久,曾书联于门云"海上居,大不易;人间世,将何之",又"传舍十四迁,傍谁门户;眷属二三口,累我饥寒",又"扫径得延客,闭门思读书",又"'东海家声忧或替,西湖乡梦约谁寻?'西湖句以眷属皆非浙人,故用'约谁寻'三字,且儿子新六方以服官财政部,契其择居京师也"。

饭后出访吴眉孙丈,丈微患气喘,疝气则已愈,见告二十九日文史馆宴诸馆员,到者凡九十人。是日肴核甚佳,惟不备酒,亦惟摄影最近发表之馆员,有钱冲甫、向仲坚等,而毛子坚已下世。子坚予与之数度接席,神采奕然,食量兼人。犹忆某日茶点小叙,品茗之余,各啖点心一篮,而子坚却谓如此戋戋,有如老虎吃苍蝇,不够大嚼,遂连进一篮始已。岂知即此一晤,便成永诀。(茶叙凡数十人,以子坚食量为最宏。)

访黄蔼农丈,适有闽诗人郑尹起叟在座,丈为绍介。丈见告黄新民为儿媳所控诉,尚未了案,刘晦之又为其妾所告。丈因谓老年娶少妻总不相宜,曩时陈石遗妾怀孕,石遗告人:"偶一不慎,又复种因。"闻者笑曰:"得毋出于枪手乎!"相与大笑。丈又告张镠子日前忽小溲不通,幸服药始解,予即往探之,适外出未值。

　　大自鸣钟畔有一老人写春联,作书尚不俗,予即购红笺倩其挥毫,书"梅花数点,月色一寮"以粘室门,索润只五百元,可谓低廉。

　　晚饭后陆隐陶来访。陆居闸北共和新路,助人治瓷陶业。予曰:君名陶隐,可谓名实相符矣。知沈隐濂失业在家,甚感艰困。

　　赵知岩来谈。

　　蒋崇年约华吟水同来予家作长谈,寿梅见饷荠肉馄饨。《天苏阁丛刊》予即归还吟水,以巢章甫书幅赠崇年、吟水各一。

　　寿梅点守岁烛。睡甚迟。

　　崇年借予所抄梁众异狱中诗一册去。

三日　晴　寒

　　今日为元旦,锣鼓声喧,人以为乐,予却厌苦之。

　　郑伟民、陈以山来拜年。

　　进糕汤。

　　钵水斋苏渊雷赠其所作《和平鼓吹》一书,署名"苏翻",即渊雷也。

　　覆谢张鲁庵所赠印谱目录,而目录中有《王冰铁印存》,有袁克文题诗,因托鲁庵抄下,以便转致巢章甫。

　　庄人杰来拜年。

　　徐碧波偕陈奕良来拜年。碧波谓黄礼芳约予明日午饭,地点山阴路、祥德路一四四号。

　　覆苏渊雷谢赠《和平鼓吹》。

　　覆陆丹林信,拟七日参加梅龙镇春节联欢。

　　一昨闻吴眉老见告周孝怀近录十三经,去其与时代不合者,拟译为白话文。

　　昨蒋崇年谈尤半狂家中嗣母患神经病,彼之夫人及其侄均为神经病患者,环境如此,亦良苦矣。什物变卖一空,只一桌一椅,客至让座则已侍立于旁,并碗箸亦无之,乃进包饭以为常。

谢闲鸥来拜年。

丁小曾、陈大昭夫妇来拜年。

阅《白书记》毕。

赴碧波处拜年,以《白书记》还之,并赠以巢章甫书幅,适方冲之在座,言笑甚欢,碧波夫人见饷点心。

子鹤被高肖鸿邀去吃夜饭。

前彭谷声所赠之尺牍姓名无可考者乃考得三家,亦一快事。

睡眠较早。

四日　阴　甚寒

起身较迟。

高二学生来拜年。

华吟水来拜年。

赴祥德路黄礼芳之约,车甚拥挤。下车过鲁迅故居而西,同餐者徐碧波、方冲之、王庭华、王驾、张孝达、潘维白。餐毕打桥牌,嘱予加入。予初不解,看人打一副即略知门径。予恐家人有客,乃先辞归。

抵家则夏石庵已坐待多时。知彼家之枸杞尚殷红多子,既而谈及市上之梅,谓梅以苏梅、皖梅为佳,市上习见者乃日本法桃接本之梅,无姿韵,不耐玩赏也。又谈及毛子坚之死,谓毛进肴最恶用味精,称为白砒霜,如用之能辨出,即摈而不食。又谈及朱其石,谓其石画梅有一印:"且画梅花过一生"。

侄浩奋伴其弟浩荃来拜年,予不在家。

王传□来拜年,亦未值。

赠石庵巢章甫书幅。

戴果园邮寄《甲午元旦诗》,如云:午岁欣逢元旦节,辛□还剩来年蔬。破裘长物难偿债,炳烛余光尚读书。马齿虚增黄发叟,龙门空作曝鳃鱼。老犹健饭侥天幸,同步康庄万象舒。今年果老已七十六岁矣。

子鹤见告,市上购热水袋必须有医生证明,若健康之人不能购用,盖橡胶甚缺少也。

啖茶叶蛋。

五日　晴　寒

晨赴校,晤樊丰龄,赠以巢章甫书幅。

赴华业大楼访丁小曾,尚未起身,予嘱仆人不之唤,投一名刺即行。

向谢闲鸥夫妇拜年,蒙饷点心。闲鸥女翠文适来予家拜年,知其姊翠琴已适人,且有子,闲鸥夫妇不赞成此项姻事,致父女不往来。予赠闲鸥章甫书幅一。

途晤应荪舲。

玉佛寺参观玉佛者排队长里许,盖开放三天,今日为末一天也。

饭后赴华吟水处拜年,又蒙见饷点心,并阅其新购书如《献县志》《花笺录》等。《花笺录》封面有徐识耜所书篇目,则书为识耜旧藏也。又《云在山房丛书》,凡五册,予借之归。

张咀英覆示,录示袁寒云题《王冰铁印谱》一诗云:刻画变泥封,高才万象供。握中揉铁石,腕底挟蛟龙。神技惊先睹,清晖叹晚逢。一廛千古思,刀笔老吴淞。

陆丹林来书,自称"赤子",谓上月廿九日文史馆年宴,为六肴,不能算丰。是日备有医师四人,以防不测,讵知翌日即有一人去世矣。闻陈小翠最近有油印诗词集,即覆之。

高肖鸿下午来拜年,在予家晚饭。

阅《云在山房丛书》,凡十四种,如黄体芳之《醉乡琐志》、杨寿枏之《云蔼漫录》、汪曾武之《外家纪闻》、徐沅之《檐醉杂记》、顾恩瀚之《竹素园丛谈》、侯毅之《洪宪旧闻》、李步青之《春秋后妃本事诗》、丁传靖之《明事杂咏》、姚朋图之《扶桑百八吟》、杨寿枏之《贯华丛录》、丁传靖之《福慧双修庵小记》、冒广生之《云郎小史》、章廷华之《论文琐言》、李放之《八旗画录》。又有拟续印而卒未印者,有吴昌绶之《吴郡通典》、沈宗畸之《便佳簃杂钞》、杨寿枢之《壶公书画录》、杨寿枏之《沧粟斋杂记》、傅增湘之《藏园所见宋本题记》、陆增炜之《鸳湖梦影记》、吕凤之《和漱玉词》。首冠一小序,如云:"侯子疑始采时贤新著,辑为《翰海》,排日付印,以饷艺林,余读而善之,劝择其尤者编订丛书,侯子诺之而未行也。余适得黄漱兰师所著《醉乡琐志》,欲为印行,又虑别本孤行,易于零落也,乃搜集师友中所著小品文字荟萃之,得十四种,所纪多珍闻佚事、胜迹雅游,旁及评论诗文、考证书画,虽零缣碎锦,篇帙无多,而笔墨馨逸,意味浓郁,足使读者砭俗虑而涤烦襟,聊以供酒后茶余之谭助而已。沧流横地,羲晷西驰,隐几空斋,百念灰冷,每忆平生文字之契若姚子柳屏、章子绂云、顾子涵若、李子小石,数年之间,先后凋落,采其遗著,编入丛书,亦以寄逝者之痛也。印既成,叙其缘起如此。戊辰春日无锡杨寿枏序。"

区澄芬来书,以前求独鹤法书迄今未惠,托予代催,并谓袁松年去腊所画拜年卡托文华、伊文思两书局推销,求过于供,借以勉渡年关。

午前子鹤携糖果赴松雪街润弟处拜年。

六日 晴 甚寒

子鹤今起又去治事。

致严独鹤书催索写件。

章甫书幅邮赠彭谷声、朱石轩、区澄芬,又赠王传枚一幅。

赴校,得巢章甫邮来方地山油印词,托转丹林,又邮寄章甫书幅赠王凤琦、吴贵芳。

阅《洪宪旧闻》,侯毅竭力为其师严又陵辩诬,如云:"某具柬邀侯官晚餐,柬叙同座姓名,皆后来列名筹安会发起人者,侯官以疾辞。至晚,某宴客竟,复乘车至侯官宅,一再求见,终托疾不面,某怏怏去。时交丑尾,某忽遣使以一函抵侯官,大意谓昨所谈事实告公,盖承极峰旨与公商榷,极峰谕非得公为发起人不可,固辞恐不便。事机稍纵即逝,发起启示限明日见诸报端,公苟知底蕴,度无见拒理,已代

郑逸梅日记一

公署名付报馆,不及待复示矣。"缄后并缀"阅后付火"四字。(此函侯官尚藏诸箧笥。)侯官阅尽,竟仓促不知所措,急以电话召毅商应付之策。毅深夜奉召,颇惊骇,疑有大

变。既见,侯官以后先事相语,矢言不勉强附和。毅曰:"先生既曰不勉强附和其事,惟有登报声明盗名而已,然项城既欲假先生为用,必胁以强力,罨以网罗无疑,先生能乘夜潜逸乎!"侯官踟蹰久之,曰:"吾年且耄,而喘哮时作,张俭望门投止,殊非所堪。"毅乃为侯官画策:"盗名不妨听之,但始终勿与闻其事可矣。明哲保身,先圣所取,是非历久自明,天下终当为先生谅也。"侯官闻言,意遂决,曰:"吾心可告天地,纵被莽大夫之名,庸何伤。矧有侯芭在,子云心事不患不大白于后世,吾从子言矣。"又,"次日遂有发起筹安会启事现于报纸,而侯官门首晨间即有荷枪壮士二人鹄立其间,询之则谓长官恐匪党或相扰遣来守护也。侯官既决策,意态殊安闲,惟会中人招共议事辄称疾谢之,直至筹安会解散,未尝一莅石驸马街望筹安之门。"又,"《八旗画录》有曹雪芹一则,云曹霑号雪芹,寅从孙绘。《镜轩读画记》云:'工诗画,为荔轩通政文孙,所著《红楼梦》小说称古今平话第一。(嘉庆时汉军高进士鹗,酷嗜此书,续作四十卷附于后,自号为红楼外史。光绪初京朝士大夫尤喜读之,自相矜为红学云。)'惜文献无征,不能详其为人,惟宗室敦敏有《赠雪芹》诗云'寻诗人去留僧壁,卖画钱来付酒家',差可想见其高致云。"

检得《大报》及《上海画报》,多寒云遗作,录之。

晚梦学生不率教,予一气而醒。

七日　晴　较暖

上午高二学生来拜年,且观余文物。

区澄芬来拜年,馈橘一筐,邀予下午二时建国酒楼茗叙,予许之。

录《上海画报》寒云遗作,邮寄巢章甫。

陆丹林来书,准九日参加梅龙镇茗叙,谓是日四时后另有春茗,如陈匪石、汪旭初、向仲坚诸老参加。八日彼拟赴医院治目疾。

饭后安步当车,至南京路棋盘街一带闲逛,所见春联无佳者。朵云轩笺庄一联为"朵含翰墨留香远,云轩图书绎味长",尚有古意。二时赴云南路建国酒楼,则瞿镜人、区澄芬已先在,既而袁松年、邓樱桥、韩劲持、唐怀白诸子来,相与漫谈。樱桥诗才殊敏捷,赠予一首云:"卅年前已识君,一见翻疑是后生。老不龙钟缘底事,梅花曾否唤卿卿。"怀白亦赠予一诗:"茗边乍见笑颜开,笔底风生遇逸才。今日登楼忝后辈,未题佳句愧同来。"劲持、澄芬亦即席口占,已不忆。镜人癯然一老,为南通诗人,任苏北医学院教授,曩时怀超社社友也。啖春卷及炒面,由澄芬作东道主,散已五时矣。

冷摊见《海虞诗话》,凡四则,阮囊羞涩未购也。

灯下阅高中语文课本第四册,盖授课之前必须统体阅览一过,作思想准备也。

阅《云在山房丛书》,有可录者,如云:"云自在庵主人徐积余先生藏《天香满院图》,容若三十二岁像也。朱邸靖嵘,红栏绿曲,老桂数株,柯叶作深黛色,花绽如黄雪,容若青袍络绨,伫立如有所思,貌清癯特甚。禹鸿胪之鼎绘。"又云:"高宗谓程鱼门类西洋人,见祝芷塘诗注。按西洋人多深目高鼻,意者鱼门有此异状耶?"又:"姚柳屏之《扶桑百八吟》多可诵之什,如云:'松雪香光摹响拓,评量肥瘦各名家。自从一见杨风子,法帖家家仿韭花。(书体好仿赵董,传摹多木刻本,俗恶已甚。自杨惺吾守敬至日本,遂开北碑一派,日下部鸣鹤辈遂尔知名,然学校汉文习字帖尚多旧时体格,不能变也。)''不忍池边落日斜,绿阴深处走香车。酒家与我殷勤约,八月凉秋看藕花。(东京之不忍池,游宴胜地也,池中荷花亦一大观。今年中历闰夏,花时当八九月矣。)''楼头圆月在天涯,春去秋来客忆家。纸帐夜深凉似水,可能一梦到梅花。(纸可制衣,甚坚,或以造蚊帐,多用手漉纸为之。其机器纸亦佳,然未能造船建屋也。)'"又《云薖漫录》云:"欧阳公云:'秋霖不止,文书颇稀,丛竹萧萧,似听愁滴。'苏公云:'岁云暮矣,风雨凄然,纸窗竹屋,灯火青荧,时于此间得少佳趣。'王渔洋最喜此数语,盖清旷寂寥风味与渔洋诗境相合也。"又云:"洞庭之月、庐阜之云、峨嵋之雪、钱塘之潮、岱顶之日、邓尉之梅、黄山之松,皆天下之奇观胜境,然相隔约在千百里外,不能取归几案,辄思征名手图诸屏障,以当卧游,而世无倪、黄、文、沈,谁为我驱使烟云者?"

八日 晴 较暖

阅《云薖漫录》,有隽永可诵者,如云:"解组以来,案无簿书,门无杂宾,俯仰啸歌,萧然有得。拟仿白香山之法以一日分为五时,晨起散步园亭,课奚奴洒扫三径,灌花莳竹,寓中展玩法书名画,弄笔晴窗,随意临草书数十字,阅经史百家,研朱点校。午后焚香熏帘,静坐片刻,取唐宋说部及近人笔记阅之,倦则净展挑笙,抛书午睡。日晡幅巾杖履,闲步林塘,或访二三知己,棋枰茗椀,论古谈今。归而剪灯窗下,谈李、杜、白、苏诗,兴至或自咏短章,吟风弄月,山妻稚子笑语一室。二鼓就寝,一枕华胥,魂恬梦适,诚香山所谓是非一贯、身世相忘者也。"又云:"园亭种植花木,位置适宜则益增韵态。梅,高士也,宜水边照影,岩曲横枝。菊,寿客也,宜篱畔滋培,斋头供养。牡丹富贵,护以琼砌雕栏;海棠华艳,缀以文轩网户。兰庋风亭,香清而益远;梨开月榭,色淡而弥妍。种桃别坞,烂若绯霞,植桂重岩,霏如金粟。石榴山茶,宜映碧窗;茉莉素馨,宜处绣闼。芭蕉障窗,蔷薇倚篱。芰荷绕水亭,藤萝掩山径,均有天然位置。至若鸡冠、秋海棠、雁来红之类,墙阴庭角,点缀秋容,太多则杂。平章花史,亦具经纶,至于裁剪扦插,古各有方,取以考月令、辨土宜,亦幽人之务也。"又云:"琴声古,宜松下高斋、梅边小榭,焚香操缦,令人尘虑都消;箫声幽,宜梧桐月下、杨柳风前,凄咽缠绵,回肠荡气;笛声清,宜高秋与明,倚百尺楼头,临风三弄,披羽衣,戴华阳巾,登宏景三层阁,答鸾吟鹤唳;磬声远,宜空山月白,古寺烟青,泠然一声,顿醒尘耳;筝声艳,宜美人坐玉梅花下,挑银甲,挡冰弦,为周郎劝酒;琵琶声靡,宜伎堂张燕,令席上双鬟慢捻轻拢,讴竹枝水调;筑声激,宜酒酣耳热,击节倚歌,泻烈士胸中不平之气;鼓声雄,宜如祢生着岑牟、单绞作《渔洋掺》,渊渊有金石音;角声壮,宜黄云古戍,白草穷边,月夜听之,使壮士拊剑,征夫垂涕。声音之道,最易感人,然亦宜与境地性情相合,如使画堂鸣角,佛寺弹筝,猛士吹笙,美人击筑,亦复有何趣味?"

检《上海画报》,录寒云及方地山诗联。

体稍不适,饭后作昼睡。

傍晚江问雨至自杭州来,谈杭州情况。

九日　晴　较暖

晨起稍迟。

高二女生来拜年。

致黄岳渊丈书。

致广益书局当局,因予曩时曾有《三国演义考证》及表格,由广益收购,兹人民政府提倡《三国演义》,催该书局乘此时机印行问世。

饭后代寿梅配眼药水。

途遇叶克平、黄礼芳。

赴梅龙镇参加春节联欢会,是日到者一百余人,座为之满。所知者为张秉三、杨千里、陈研因、谢彬如、沈俊丞、钱芥尘、高吹万、孙雪泥、桂未辛、商笙伯、姚虞琴、朱德篁、庄通百、戴果园、蒋竹庄、黄蔼农,而予与陆丹林、费行简、朱蓉庄、吴凯声同座。茶点费由凯声作东。知丹林治目,据医诊断尚须越三个月始能开刀;王巨川仍在扬州工作;俞剑华不久来申;曩时陈市长以四百万金购入之《藏民献马图》,据藏人批评,认为所绘之马悉为劣种,且所绘藏人服装亦多乖误,甚矣艺事之难。又严载如亦在座,闻陈灵犀已赴海南岛。

子鹤今日假期,午赴高肖鸿处吃饭,肖鸿则到予家晚饭。

阅汪曾武之《外家纪闻》,有云:"司农公作画,必以宣德纸、重毫笔、顶烟墨,曰:'三者一不备,不足以发古隽浑逸之趣。'客有举王石谷画为问,公曰:'太熟。'复举查二瞻,曰:'太生。'盖以不生不熟自处。"司农,盖王麓台也。

十日 晴 较暖

邮寄章甫书幅,张仲友、孙筹成各一。

一昨陈伯勋自苏来,晤寿梅,谓俞仪君病喘不肯治,寿梅倩予作书劝导之。

诸小型报合订本积存室隅,加以整理。

赴校,晤徐碧波,谓小青曾来申,匆匆即去,谓语法势在必教,但吕叔湘者易钻牛角尖,不如黎锦熙之较易通晓也。

饭后访邓秋马,赠以黄彭年、褚松窗二札,秋马赠予黄应昌书幅一。予托彼与高家一谈婚事,拟彼此简省从事。

访钱芥尘丈,赠彼章甫书幅一纸。彼见告熊松泉已入文史馆;张恨水著《梁山伯与祝英台》行将出版;吴湖帆画在北京价值甚高,每幅可售百万元;徐卓呆夫人制酱油因无原料已辍止。

访程竹庵,适外出,晤其友某君,作闲谈。知竹庵仍赋闲在家,甚感苦闷。予本写就一信,即留置之,并赠以章甫书幅一。盖子鹤结婚在即,必需一新房,势必请房客周子文迁让。当时订约者为竹庵与周之姨杨氏,因托竹庵向杨氏一谈。杨氏居天津路五福街七十五号,劳竹庵走一次也。归途遇李献章。乘电车,以拥挤待候甚久,抵家已昏黑矣。

报载北京与莫斯科已通车。

灯下阅《上海画报》。

夜半微雨。

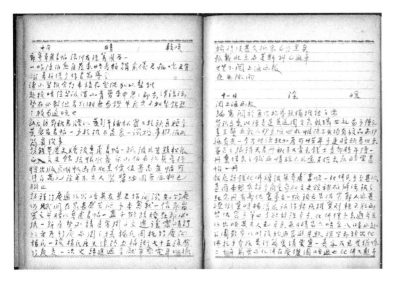

郑逸梅日记二

十一日 阴 暖

阅《上海画报》。

编写关于写作指导,预备授课之需。

邓秋马来,以陈老莲、黄道周、文嘉、顾璘四札易予陈元素、王鏊、吴榖人、伊秉绶四札,惟陈、王、吴均有复品,而伊只有其一,今乃付诸阙如,为可惜耳。予更赠秋马以未署名之张得天书册,秋马又索去《钱士青都转年谱》一册。曩借去之《铁血情丝》已见还,另借去《雍睦堂书帖》一册。

饭后访钱化佛,赠彼巢章甫书幅一。化佛见予至,甚喜,因本想来访予商量参加文史馆补救办法。彼之纪念册有郑佐宸摹古一幅,彼见告佐宸鄞人,近甚潦倒,曩时杨渭泉所作《锦灰堆》,实则杨不能画,皆佐宸手笔也。予欲访徐卓呆,化佛伴予去。适卓呆外出,晤其夫人,知卓呆每日清晨六时至八时必赴公园散步,八时后始返家进早点。稍坐即辞出。化佛托余介绍费行简叟,倩叟写一"寿"字。及见叟,犹忆二十年前曾与化佛在爱俪园晤过也。化佛又邀予同访宋小坡于中央公寓,本熟识也。小坡近来诗兴甚佳,承出示新什,甚清隽可诵。小坡劝化佛函请北京柳亚子向上海文史馆举荐,或有希望,化佛即倩予代为之。

程竹庵来书,欲与予面谈。

邮寄章甫书幅给金铭厂、蒋秉铨。

章甫又邮来尺牍二束,如杨士琦、汤尔和、方地山、袁寒云金石、黄本甫双松,如高增秋、沈兼之、邓文瑗、尹佩珩、于克襄、邓铸翁、贺良朴、卢弼、阮忠枢、罗复堪、孙师郑、饶汉祥、张勋等,予乃粘存于册。

途晤蒋竹庄翁,立谈片刻。翁今年八十有二,精神矍铄。

邻家杨小姐来询古典文学。

十二日　晴　尚暖

代钱化佛写一信致北京柳亚子,谋文史馆事。写就即寄化佛。

探陈葆藩病,足部已另换石胶,每日能坐起数小时阅新文艺小说。予赠以章甫书幅。

高二女学生来访未值。

饭后访李伯琦丈,未值。

《云在山房丛书》还吟水。

访李亚伯丈闲谭。亚伯以残存尺牍一束托予转让,有张曜、沈葆祯、沈葆靖、袁昶、万青藜、孙诒经、汪鸣銮、曹鸿勋、刘昆、孙观、郭嵩焘等,愿以三四千元一道出售,予拟留之,并赠予易实甫致陈伯严信封一。访程竹庵,畅谈甚欢,蒙见饷火腿粽子甚佳。既而商讨房屋事,彼允于一二日内为予进行。广益书局覆信,谓《三国演义》已由人民文学出版社出版,广益既已合并,旧版不再印行,而四联为避免重复,亦不拟出版。

晚彭谷声来,赠予叶德辉、徐乃斌、刘聚卿、傅暖红札各一,予即赠以袁爽秋、章缦仙、曹经沅、顾颉刚等札及方地山词。蒙见示洪宪历本及左宗棠致殹甫函十余通,均有关洪、杨者,闻为高葫叟物,拟出让。又李审言致刘聚卿父子札一大本,暂留予处,予询徐沄秋盗卖宋版书及明清尺牍事。据云原曾致沄秋书,沄秋置诸不答。闻近日房虎卿在沪,谷声常晤。

寿梅留女佣辞歇。

十三日　阴雨　尚暖

李亚伯札予拟留曹鸿勋、刘昆、袁爽秋、沈葆桢等数家。

寿梅仍雇一走佣。

覆谢巢章甫并附寒云遗作诗词。

阅李审言致刘聚卿札，有许多考证足以录存者。如云："送阅字画十幅，是舍亲旧藏。南园、心畲为大涤子别号，《画史汇传》所未及。何诗孙藏有大涤子幅，上题七古一首：'南园耕隐老头陀，以诗说法称维那。百万人天掷一梭，老夫且醉□□醛。'云云。读画与字，已知为大涤子无疑，又得此佳证，更为显明。"审言颇自负，如云："题刘诗已拟就呈教，并为代拟题目，乞酌用。此等诗樊山尚不内行也，幸不辱命，辄以自喜。"附有两联，可入《楹联丛编》，如平湖朱氏祀先妣飨堂联云："异宫法鲁颂春秋，祭永蒸尝，祎翟徽音通肸蛮；设主参望溪容甫，衬循昭穆，管彤家牒绍遗型。"注："管彤倒用，本《后汉书·列女传》赞。"又祠堂联云："合循良孝友，闳览名家，兰锜珊戈，何曾金张传七叶；以朝籍邦懋，门材树望，蝉嫣鹊起，别从徽建箸千秋。"注："朱子后有徽州婺源、建宁崇安两派。"

录《上海画报》上之寒云遗作。

阅《大报》载黄叶翁诗，有两句甚佳："醉中偷过新丰市，怕有胡姬索酒钱。"《大报》一再捧蒋君稼，盖君稼为名票青衫，且娴翰墨，固一俊流也。因忆一昨谷声见告君稼近来潦倒不堪，其妻且适人，真不堪回首也。

子鹤见告，知高肖鸿乃青年团员。

临睡阅《芜城怀旧录》。

十四日　晴　寒

寒云遗作邮寄章甫。

章甫书幅邮赠葛士表、芮鸿初各一帧。

彭谷声之李审言尺牍嘱识数语，即另纸书之：兴化李审言先生以博雅闻于时，谭复堂更称许之，谓会稽之章、泾之包、仁和之龚、荆溪之周、邵阳之魏，君兼而有之，其推重有如此，宜其发皇跻达，有所表见。今观其与贵池刘氏父子书，偃蹇抑郁、穷蹙无归之状溢于意表，斯文之阨命，而委弃泥涂，老死草野，足以令人兴嗟于无慨也。

邓秋马来，以雍睦堂书册见还，谓高家之婚事可双方从简，惟彼家拟备酒席二桌，须予家任之。予赠秋马沈葆桢尺牍一通，彼甚喜，既而予示以李亚伯之札两本，秋马选择沈葆桢、郭嵩焘、万青藜、沈葆靖、孙观、张曜等共十二札，出价三万六千元，盖亚伯愿以三千元一通出让也。

饭后访应孙龄，知夏敬观之墓志铭已由叶浦孙撰就，至于李拔可之墓志铭，由陈病树撰，奈其家人以陈作陈旧，不合时代，摈弃之。

访陈季鸣，未值。

访朱大可闲谈，知陆澹庵、方慎庵甚念予；慎庵病已较瘥，澹庵所著《水浒传研究》约十万言，已交棠棣出版社，已审阅过，有出版希望，惟澹庵之名须易去；顾佛影回乡过年，襟亚拟请之编戏曲方面之书，患癌不发展，大约服土方有效也。闻燕市大屠狗，盖狗食影响人粮，有乖计划供应。

购《历史教学》第二期，计二千八百元。晚上彭谷声来，留示所裱之尺牍两大册，有钱叔美致陈曼生札甚精，其它如吴云、吴大澂、杨沂孙、杨守敬、刘聚卿、莫绳孙、郑文焯、任道镕、陈兆熊、李鸿裔、高心夔、汤纪尚、潘欲仁、陈文田、方宗诚、倪文蔚、冯煦、陈湜凡数十通，的是佳品，予即以李审言一册还之。彼索彭菘毓札，予检与之。据云崧毓乃樊樊山之太岳丈。予更赠送彼陶兰泉札一。据云房虎卿近在上海晤过多次。又唐企林之后人处藏有尺牍甚多，拟约期往观。

十五日　雨　寒

今日开学，赴校向图书馆借参考书，又录写教育局规定语文每课之教时表，与诸同人闲谈，及午归家。

程竹庵来，云访周子文之姨未值，定本周一二通话约晤。

胡叔异来书，欲贾岛《访李凝幽居》全诗，即有"鸟宿池中树，僧敲月下门"二句者，奈予无《长江集》，其它书遍检不得，即覆之。

阅谷声所留之尺牍。李鸿裔凡"商"字均写作"商"，此二字绝不可通，而鸿裔竟不察如此。陈文田措词甚隽，如云："风花参透，案牍久疏，执持黄尘，辄有山深林密之想。方宗诚云喜醇儒存养心性之书，洞释理道之言，文字词章，罕以寓目，亦不应人文字之求，是既不能行乎又不能书，悠哉游哉，聊以卒岁。"杨沂孙云："自皖省抱疾归里，四年于兹，屏除俗念，专以书籍笔墨导养性天，觉去岁较前轻健，每日饮酒斤余，灯下尚可作楷书。去冬与同人咏雪,屡斗尖义,一女四岁,颇可怡悦,亦无力再索矣。"杨守敬云:"小婿黄遴先并梓人陶子麟因事到沪,携带拙刻数种,祈代为销售。"刘聚卿云:"时事败坏,惟学胜国毛子晋之有汲古阁而已。"郑文焯云:"贵局有《申报》即乞暂假,先睹为快。家兄文炳应京兆试,故甚心跂,尚望费心一查。"

  晤王传枚,知马公愚新颜其斋曰"琢庐",大有自新革旧之意。

  邓秋马来书,谓沈葆桢、郭嵩焘札归寓细读,颇觉有味,拟将剩余之札全行购入,又拟孙观、张曜每人加二通。

  阅《斯大林小史》,盖课务有关也。

十六日　雨　寒

  晨阴,赴校无事,即外出访李亚伯拟借《清代学者象传》,未值。

  访邓秋马,又选沈葆桢、杨文莹、沈桂芬、孙观、沈葆靖、张曜等札,并日前所取者,出五万元,暂留余处,缓日给亚伯。

  访高吹万老人,知彼所居之时报大楼黄伯惠所藏之历年《时报》最近归公家保存;姚鹓雏闻已痊愈出院,乃胃溃疡非胃癌,亦一可喜之事。老人案头有陈研因所著《和白居易词》一册,不见佳,研因予于人日曾晤于梅龙镇也。于老人处见其文孙,即君藩子,在专修科读俄文。

  归途即雨。

  付电灯费。

  亚伯之札予再留黄祖络、周自庵,又似乎署"韶"字之书,一一粘存之。

  爱居阁之《入狱集》《待死集》二卷之诗,除夕由蒋崇年借去,今由其内弟秦元熙挂号寄来。

  下午在家预备教材。

  陆丹林来信,附来罗复堪残札。彼已与钱芥尘晤过,本学期不任级主任,较为轻松,但收入未免减少耳;最近顾巨六撰有《造纸非蔡伦发明》及《纸不自后汉始说》,六千余字,考据精详;冒鹤亭与吴眉孙二叟失欢事,有人调解;有人编印《北京岭南文物志》,将由明代至近代粤人在京之公共建筑及其他文物可纪者编入,促其成者乃蔡廷锴、叶遐庵二人,刻在排印中;夏剑丞之子拟将剑丞未刊诗文词稿出版。又谓张志公之《汉语语法常识》极佳。彼又称林庚白之《孑楼随笔》批评人物事理有独到处,但予未寓目过。予即覆之。

户口警来调查,予接待之。

伤风多涕。

子鹤今日假期,在肖鸿处吃饭。

十七日　阴　寒

伤风益严重。

上午赴校借参考书即回。

芮鸿初来信谢予赠书幅,又探询予之生日及瘦鹃地址。

邮寄丁健行、倪高风书幅各一帧,即章甫所写者。又寄郑留、梁燕、吴康各一帧,又金通谦一帧。

托同事范琼女士转交章甫书幅,陆费叔辰、孙宗复各一帧。

微雪。

周屏侯送参考资料来予家。

金铭之来访谈,与之同赴校。听校长及教务主任报告,至五时半始毕。

晚上业余中学报考新生,委余监试三场,十时后始归家,甚感寒冷。

宋小坡为予书一册页,录其与疏畦赏腊梅诗三绝,由邮寄来。

十八日　阴　严寒

零下二度,有坚冰。

微雪,即止。

上午授初三语文,为新班级,上学期乃碧波所教也。下午授高二课,共四小时。

家用乏绝,向工会借十万元。

向图书馆借参考书。

程竹庵来信,对方中间人避不见面,可恶之至。

伤风仍未愈。

灯下备课。

十九日　晴　甚寒

上午三课,下午听小组长传达购买公债报告。

润弟来电话询近状,知浩荃于九日赴保定读书。

备课,甚感烦重。

二十日　阴　较暖

上午参加周会二小时,又授课二小时。

下午听校长传达中等教学会议报告,又小组讨论,近六时始返。

原叶克平校长调往上海中学主持,晋元由澄衷中学校长张植来主持,今日张已在会议上谈话。

巢章甫来信,寄赠伍廷芳、陈澹然、田步蟾、曹昌麟四札及江阴何骈熹挽联油印品。

周炳炎内侄来信。

金雪塍寄示其近诗。

倪高风来信,谢予所赠书幅。

万若曾来谈。

李亚伯来谈,予将让售之尺牍共七万元与之,并以沈葆靖、张曜札各一见赠。

睡眠较迟。

二十一日　晴　寒

今日星期,未赴校。

录寒云遗作。

邮赠巢章甫沈葆桢、张曜二札,既付邮,始知予之覆信未封入,甚矣心之纷乱也。

韩非木来闲谈。彼购一萧退闇联,只三万元,钤印"罪松",不知其意义何在。

覆倪高风书,并向索《南国相思录》。

抄语文参考提纲,盖碧波借来,必须在短时期中见还也。

寿梅直接与房客谈迁让事,房客出言不逊,只能忍受之。

覆程竹庵书。

备课。

傍晚胡思屯来,已年余不见矣。彼仍在浦东任学校事务,知彼弟思悌于土改时死于非命。先师石予先生敦厚俭约,而后人结果如此,真出意料也。

灯下再备课。

区澂芬来信,云瞿镜人返南通,有七绝四首赠予,为友人借观,日内再邮下。

二十二日　晴　寒

上、下午三课。

认建设公债三十万元,分六个月付清。子鹤在治事处亦认十万元。

付自来水费,等候甚久。

填写教学进度表,先起一草。

领薪全四十四万元,因除去春节预发之款也。

丁健行来信,谢予所赠章甫书幅。

录教学参考提纲毕。备课。

林介侯托其孙女锡佩交来其隶书册页一纸,惜写白话文,觉不调和。

二十三日　晴　较暖

上、下午三课。

今日子鹤休假,高肖鸿来予家午、晚饭。

陆费叔辰托范琼女士转来一信,谢予所赠书幅,但书幅已被其友攫去。

新校长张植与予谈话。

备课。

折实公债予所购剩六分,已缴校方负责人,其中三分中签,三月底可领取并息金。

报载巴金购建设公债五千万元。

寄巢章甫札。

教学进度表完全写就。

二十四日　雨　暖

气候湿润,甚感不适。

三课悉在午前。饭后编写教学进度表,予已编就,即从事备课。

灯下录寒云题杨东山画剧册。

二十五日　阴　暖

初三作文,又高二两班授《从伏尔加-顿运河通航想到中国的今天、明天与后天》,将全篇作一总结束。课后又听普陀区宣传食油供养,到六时始毕。盖今后规定每月每人一斤,郊区十二两,大口小口不论,发油票每月分两次领。

倪高风送来一信,并《南国相思录》一册,中录予诗"多情最是江南女,红豆拈来颗颗圆",予已不忆。

购《语文教学杂谈》,何琼崖著,计三千四百元。

批改作文。

灯下备课。

邻居邹家赠熏鱼一篚。

啖甘蔗。梦晤柳亚子,盖已数年不见矣。

二十六日　阴　暖

上午二课,又周会一小时许,由张植校长报告食油供应问题。

饭后无课,出访李亚伯,以张曜手札册送给之。亚伯出示郭璞《游仙诗》真迹摄影片,惜越年久影片已黄淡,不甚清楚矣。予向之借《清代学者象传》四大册,盖秋马要阅览也。

寿梅拟保人身险,予代为询问,该公司在静安寺对面,始知道个人保险必须经医生诊察,满五十五岁便不保。

在旧书铺见《安酒意斋尺牍》,乃顾印愚之札,用朱墨两色景印,甚精微,予以囊涩未敢问价。

赴校参加食油供养小组讨论,凡一小时许。

批阅作文。

巢章甫邮来李宏惠所著《柳子厚〈永州八记〉疏》,此书予已有一册。

寿梅访统益里四十二号吴永祥,盖里弄组织之干部,请彼与房客周子文一谈迁让事。

灯下备课。

夜半雨。

二十七日　阴　较寒

上午三课,又批阅作文。

邓秋马来电话,予适在上课未接谈。予欲回电,而校中电话忽损坏,以致未通。

下午理发。

四时举行送旧迎新联欢,各组俱有代表发言。晚间聚餐,每人八千元,而肴馔甚丰。饭后有文娱节目,如京剧、昆剧、歌唱等,既而舞蹈,予即归家,则已八时矣。录寒云遗著。

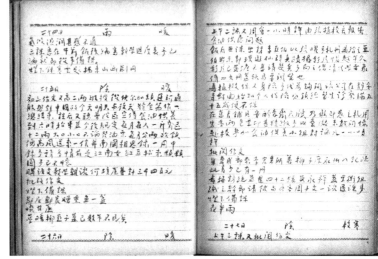

郑逸梅日记三

寿梅向里弄组织领取油票凡三斤。

高肖鸿之兄庆镛忽患腹疼,已送入劳工医院一楼七十四号病房。子鹤于晚间向高家探询,即在高家晚饭。

二十八日　阴　较寒

今日星期天赴校。

阅《清代学者象传》,凡四巨册,盖叶遐庵之大父南雪请大兴黄小泉所绘者。小泉从南雪游凡廿年,工人物、花卉,殁于光绪中。首冠王秉恩、樊增祥、沈尹默题序。

录寒云遗著。

边政平来访,知屈弹山已迁杭入杭州文史馆。既而谈及古铜器,谓今人绘画古代居室辄于室中列置钟鼎以为陈设,实则此种铜器最近始多出土,在昔殊属罕见,故汉帝得鼎改号"元鼎",可见其稀贵。至于若干铜器有作锅者,有日用器具者,在当时决无以锅炉及用具为陈设品,绘画如此,甚不合理。

饭后访邓秋马,以《清代学者象传》借与之。秋马一昨因张鲁庵、高肃雍赴彼家,故拟约予叙谈也。秋马出示祁寯藻日记手稿本一册。

探沈庆镛病于劳工医院,并晤其母,知患疝气,痛已止。

访金雪塍丈,蒙见饷年糕汤。

访胡玉祥,未值。

备课。

微雨。

邮赠彭谷声《柳子厚〈永州八记〉疏》。

代寿梅致书苏州郭惠乔。

郑振铎旅欧期间致岳父高梦旦的明信片

郑 源

祖父郑振铎(1898—1958)著有一本《欧行日记》很有名,由上海良友图书印刷公司于1934年10月出版,以后又多次再版。

《欧行日记》记录了祖父1927年"大革命"失败后,为躲避国民党当局的迫害,被迫远赴欧洲避难期间每日生活的真实境况。原本这些日记只是给我的祖母高君箴一个人看的,里面有许多倾诉离别愁绪的私房话,没有想拿去公开发表。但由于数次搬家,以及1932年"一·二八"日军轰炸上海商务印书馆,祖父位于东宝兴路的家也遭受殃及,被日军刀劈斧砍损失惨重,在颠沛流离的慌乱中大部分的日记原稿都散失了,最后仅剩下这四分之一的日记原稿,幸得祖母细心保存,才能够经"历劫"而未毁,祖父对此格外珍惜。同时祖父也担心如果再经历一次浩劫巨变,这剩下的手稿,也将和那四分之三的原稿一样,同样被埋葬在灰堆火场之中。此时,正好良友出版公司向祖父索稿,为避免剩下的这些日记原稿再遭损失,也是因为迫于生计,需赚取稿酬养家糊口,于是祖父便将剩余的日记交予良友出版,也就是今天我们所看到的《欧行日记》。但该书仅记录了1927年5月21日至8月31日的日记,正像祖父所说的是半部之半。后来幸而陈福康教授在国家图书馆藏的祖父手稿中又发现了部分残存的祖父在海

郑振铎致岳父高梦旦明信片1正面

郑振铎致岳父高梦旦明信片1反面

外的日记,这些都是祖父生前未曾发表过的,共有 12 张小纸片,用线简单装订,时间跨度是从 1927 年 11 月 28 日至 1928 年 2 月 29 日。这些残存的海外日记后来被收入补充到陈福康教授编著的《郑振铎日记全篇》中。至于 1928 年 2 月 29 日以后至祖父离开欧洲这段时间,在欧洲都经历了什么,都发生了什么,祖父每天的生活是怎样的,我们仍不得而知。陈福康教授通过查阅大量文献资料,从祖父的文章中,或从当年的报纸杂志中,从祖父友人的文章、日记中寻找蛛丝马迹,掌握了大量的史料,最后编著成《郑振铎年谱》,从而弥补了部分缺憾。然而对于祖父在欧洲的最后一个月的情况,一直没有任何记载,在《郑振铎年谱》中也只是笼统地记录:"约四月:游意大利,访问罗马、那不勒斯、佛罗伦萨、威尼斯等地,参观了不少文化古迹。"

  然而有时意外的惊喜会在不经意中降临。2019 年的一天,我的表哥突然给我发来微信告诉我,以前曾经住在愚园路东庙弄 44 号(愚园路 67 弄 44 号)的一位老邻居朱先生,手里有几十张他人写给我的曾外祖父高梦旦(1870—1936,我祖母的父亲)的明信片。我的这位表哥是祖父郑振铎妹妹的外孙,我叫他晓芒哥。祖父 1949 年离开上海前往北平后,东庙弄 44 号寓所就一直是祖父的妹妹一家居住,一直到 20 世纪 90 年代末东庙弄地块拆迁。晓芒哥就是在这里出生和长大的。我当即向晓芒哥要来电话号码,给朱先生打去电话,约好第二天登门拜访。次日我如约来到朱先生家,受到他的热情接待。朱先生现已 80 多岁高龄,他的父亲与我的祖父是好朋友。朱先生将全部明信片拿出来给我看,我一张张地看过这些明信片,发现里面有些是高梦旦的亲属寄给高梦旦的,还有十几封是沈葆桢的孙子沈昆三在国外旅游时寄给高梦旦的,有四张是祖父从瑞士和意大利寄给其岳父高梦旦的,时间是:1928 年 4 月 7 日(寄自瑞士两张)、4 月 10 日(寄自意大利米兰一张)、4 月 14 日(寄自意大利罗马一张)。

  以下是明信片内容:

    今晨八时到瑞士,拟住二日以后即赴意大利由意转奥德至法回国。瑞士湖山惜不能仔细领略也。书籍及行李之大部分已交伦敦通济隆运至胶州路了(运费未付)。

郑振铎
4 月 7 日

岳父母大人：

前天寄上一信，谅已收到了。今日在莱蒙湖畔坐了许久，绝似西湖，惟多带雪之山峰耳。路费也许略有不敷，乞电汇三十镑至巴黎使馆转交为盼。后天早晨，由莱蒙湖坐汽船到对岸，然后换火车入意大利。在意约二星期，然后入德奥。

振铎　4月7日拜

在米兰住了一天，走了一个大礼拜堂，两个公园，四个博物院。晚上还要去世界上容人最多的歌剧院去听戏。顷坐在公园中，桃色的木笔花树之下，偶作数字寄回。盛开之花朵，似微微透出香气也。

铎　4月10日傍晚

昨夜到罗马，今日游古罗马遗址。罗马之离今日的欧洲，正如我们之离秦汉。秦宫汉苑，今已片瓦无存。而罗马的遗址则尚一一可追溯。此不能不令人慨然兴叹者。夕阳将落时，徘徊于斗兽场上，如非读历史，谁也不记得二千年前，于此场上，曾发生过空前的大屠杀也。拟在此住一星期。

振铎　4月14日

从祖父的这几张明信片可以看出，祖父在4月7日以前在伦敦已将书籍和大部分行李交给运输公司托运回国。此时祖父只需要带上日常换洗的衣物等随身用品，可谓一身轻松也。祖父起程从英国伦敦出发前往法国巴黎，沿途顺便欣赏欧洲的风

郑振铎致岳父高梦旦明信片 2

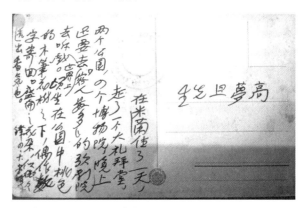

郑振铎致岳父高梦旦明信片 3

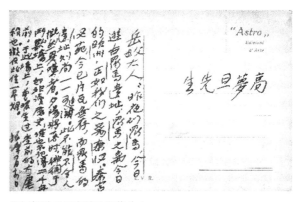

郑振铎致岳父高梦旦明信片 4

光美景。瑞士的湖光山色令祖父流连,在瑞士小住两天后,祖父于4月9日前往意大利,先后游览了米兰、那不勒斯、佛罗伦萨、罗马、威尼斯,参观了许多名胜古迹和博物馆。最后在罗马住了十天左右,大约4月25日从罗马乘火车经德国和奥地利,最后到达法国,由马赛乘船回国。

　　这次发现的虽然只有区区四张明信片,却从另一个角度证实了祖父回到祖国的时间。因为围绕祖父回国的具体日子,以前一直没有明确的结论。起初根据祖父的好友叶圣陶先生晚年的回忆,祖父是1929年2月回到上海;但陈福康教授根据掌握的一些史料,认为叶圣陶先生晚年的记忆有误,并推断祖父回国的日期可能是1928年10月中旬[①]。直到2006年,陈福康教授从王伯祥先生1928年6月8日的日记中看到有如下记录:"依时入馆,知振铎今日二时将抵沪。下午四时出,与圣陶、调孚同往本馆发行所。予取款后复与二君往冠生园茶馆晤振铎,盖预先电话约谈者。阔别经年,骤见大喜,但欲言正多,反成无语默对也。铎以初归须访亲戚,未及多坐即起去。"由此断定祖父回国的确切日期应该是1928年6月8日。陈福康教授在2008年10月以后出版的《郑振铎年谱》中做了修订。这次发现的这四张明信片的内容也可以作为旁证,推算出祖父大约4月25日从罗马乘火车经德国和奥地利,4月26日可到达法国巴黎。在巴黎休整几天,于5月初再前往马赛乘船回国,海上行程一个多月,正好于6月初可到达上海。由此可以认定,《王伯祥日记》记录的祖父回国日期1928年6月8日是正确的。

---

① 　陈福康:《郑振铎年谱》,书目文献出版社1988年版。

夏衍致张石川的一封信

沈 芸

我祖父夏衍(1900—1995)进入电影界是在1932年。那时候,明星公司正处在《火烧红莲寺》带来的丰厚利润和舆论讨伐的胶着状态,"明星"三巨头张石川(1891—1953)、郑正秋、周剑云,感到民意不可违,是适当引进新文化的时候了,于是,听从了洪深的建议,由周剑云出面请左翼文化人加入明星公司,担任编剧顾问。

虽然说当年明星公司已是风生水起,但是拍摄电影的方式依然是粗糙简陋的,我祖父在《懒寻旧梦录》记述:"拍戏时用的还只是'幕表',没有正式的电影剧本,……他们拍戏之前,先由导演向摄制组(当时也还没有这个名词)全体讲一遍故事。所谓'幕表'只不过是'相逢''定情''离别'之类的简单说明。开拍之前,导演对演员提出简单的表演要求,就可以开灯、摇动机器,而且很少NG。我真的佩服,他们的本事实在太大了。"

1948年夏衍在香港水池边

由此,双方开始了互相学习、共同成长的过程。

我祖父在电影院里,一边看着好莱坞电影,一边自学编剧技法。同时,认真研究郑正秋的经典名片《孤儿救祖记》《姊妹花》,他反复宣传郑正秋所说的"要拍一部好电影,要记住两点,一是情理,二是分寸"。

在实践中,他们几位编剧顾问给出了建议,根据已有的故事情节,帮导演、演员写出一个有分场、有表演说明和字幕(默片时期)的"电影文学剧本"。与程步高最初合作的《狂流》就是这样完成的。

童年的张姨和张石川何秀君夫妇

转眼十几年过去了,在经过了一场残酷持久的抗战之后,一切早已物是人非。此时,我祖父的剧作成就在话剧舞台上达到了高峰,在他诸多角色中,剧作家的身份赫赫有名。

1947年的9月3日,在香港的他给上海静安别墅128号的张石川发去了一封信。由于当时身份敏感,信封上的落款用的是香港1821号信箱周缄。

这是一封回信,应张石川之邀谈对一部《碧海情天》剧本的意见,他对剧中人物情节开出的修改方案遵循的是"情理、分寸"的把握,这是他从郑正秋那里继承来的原则。原信上后三分之一部分蓝色的浅色字迹,不是我祖父的笔迹,有可能是周剑云的,但不能确定,如下:"上列意见两点,弟完全同意,去冬在港曾对兆璋弟言之……"何兆璋是张石川的大女婿。这个剧本所处时期大致是张石川为香港大中华影业公司和大同影业公司拍片期间,但未见成片。

又过了近50年,这封饱经沧桑的信札传到了我的手上。张石川先生的女儿张敏玉阿姨,临终前从贴身物件里把信札拿出来,亲手交给了我,没做任何交待。她的信任让我感动。

我深知,这是她对明星公司、她的父亲、我的祖父,最珍惜的一份记忆,她希望我可以为她保留下去。

附:夏衍1947年9月3日致张石川信释文

石川兄:

《碧海情天》剧本已拜读,画意诗情,甚佩。

就故事言,拙见以为五十二场之华发觉海珠为凌桐之女而表示决绝一场,有不近情理之处,反汉奸(即凌桐)为理智上的问题,而之华与海珠之恋爱与所受之恩惠则为人情上的问题。之华为一爱国志士,与凌桐无私仇,即惩治汉奸条律尚罪不及妻孥,况海珠有大恩于之华乎。愚意之华闻讯苦闷矛盾则可,决然与海珠决绝,哀求亦不理则不可。此段戏可改为之华苦闷矛盾,自此忧郁寡欢,海珠知其隐,为保全之名誉而离去如何?

最后海珠盲目一段,以前虽有伏笔,但不甚有力。医学上是否可能因伤感而骤然失明,一般人恐亦不能理解与心服。拙意以为结尾有故意造作悲剧之意,能于海珠出走后之华追悔寻获而即在"大团圆"中结束否?草草就正于作者。

即颂 秋安。

　　　　　弟 子布 九月三日

兆璋兄均此候之

夏衍致张石川信封

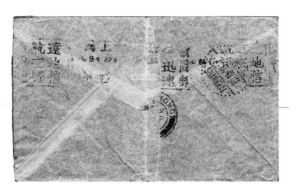

夏衍致张石川信封背面

夏衍致张石川信函

邵洵美致舒新城的三封信

邵绡红

十多年前我在北京,在网上看到有本书收入我的父亲邵洵美(1906—1968)致舒新城(1893—1960)的信。在国家图书馆找到,复印了,书名记不清,可能是《中华书局收藏现代名人书信手迹》。书里收录两封邵洵美致舒新城的信。编者注第一封信是"1931年5月致舒新城"。那是写在上海新月书店用笺上的,内容如下:

新城兄:

去年在宁波船上匆匆一面便从没有第二次会面的机缘,时常在志摩那里听得你公忙的消息,只得希望你有空闲的时候再约期大家聚聚,好在不久悲鸿要到上海来了。

现在有一件事情要拜托你。我的好友芳信君曾译有英国 Walter Pater 伟著《文艺复兴》一书,拟交中华出版。此书为文学批评录重要的作品,为我国出版界中所不可少的。芳信君译笔亦为弟所钦佩的,曾作序文一篇登芳君自办之《绿》杂志上,嘱先寄来以做样本。如蒙中华采用,版权费至少五元。一切多请费神。不胜感激之至。

　　此期
　　著安

弟邵洵美谨启　五月二十日

舒新城是中华书局的编辑所所长。1931年邵洵美已结束自己的金屋书店,参与胡适、徐志摩等办的上海新月书店。读信可以感受到他和舒新城是业内的好友,舒新城与徐悲鸿、徐志摩也很熟悉。邵洵美在信里向编辑推荐的书稿作者芳信是其在法国时结识的。他的回忆录《儒林新史》谈到那些中国留学生在法国组织的文艺团体"天狗会"的活动里就有芳信。新月书店出版的《声色月刊》有芳信、邵洵美、徐志摩等人的作品,可见他们是文友。邵洵美是热心人,推荐出版这本书,还为作者争取多一点稿费。同是

1931年,陈梦家编的《新月诗选》定价7角。

第二封信编者注"1935年11月致舒新城"。是写在上海时代图书公司信笺上的,内容如下:

新城吾兄:

多慈先生画集已收到,谢谢。兹有询者,现有好友林君拟为中华译著书集及关文学上之理论,如蒙 或小说剧本均所乐为。

贵局近来生意大好,宜特别注重文艺周报□□。

专□尚希早日

赐复 俾可转达林君至幸 此期

大安

弟邵洵美谨上 十日

邵洵美致舒新城的第一封信

邵洵美致舒新城的第二封信

邵洵美致舒新城的第三封信

多慈先生,实为女画家孙多慈。她是徐悲鸿中央大学的学生。徐悲鸿请舒新城为她出版画集。由于徐悲鸿与邵洵美的深交,当年因孙多慈,徐悲鸿与夫人蒋碧薇关系紧张,避到上海邵洵美家,邵洵美必然知道原因。如今画集出版,徐悲鸿请舒新城寄一册给邵洵美,亦是当然。

至于林君,想必是林微音。看信,觉得写信时他在一旁。写到"如蒙"两字,林君又说到"小说剧本",于是邵洵美把那两个字圈掉了。

这两封信都是为朋友求情。第三封信,却是为自己向老友求助,内容如下:

新城我兄:

年来国家穷人亦穷。我穷得和秦琼一样要卖马了。卖马无马,我只有书。大书本值五万余金,现厘廉价出售。前与大杰兄谈起,说中华有意收藏。特托王永禄同事代为趋谒,即示接谈为盼。此请

大安

弟洵美专上　九月十八日

此信留有信封,上书:

介绍王永禄兄晋谒

舒新城兄

洵美

落款印有"上海时代图书公司缄"。

读此信不由得引发多个疑问:(1)"大书"是什么书?怎么如此值钱?(2)这封信什么时候写的?(3)邵洵美那时怎么会很穷?(4)王永禄是什么人?(5)信封还在,说明信未发出。为什么?

经过查询,"大书"是古籍,指宋代的四部经典著作:《太平广记》《太平御览》《文苑英华》与《册府元龟》。每部都有许多卷,若真是宋版书,自是十分金贵。现如今,还有"宋版书,一页值千金"之说。

邵洵美的确藏有古书。刊在1935年《时代画报》的一篇《晒书的感想》里,他写道:"我生了出来就过房给我的伯伯寿卿公。""传给我的遗产是两万卷诗书。""两年前滕若渠打德国回来的时候,住在我静安寺路的家里,没事做,于是花了将近一个月的工夫,把它们完全整理过一趟。又为我编了本书目。"所以那些木箱里有些什么书,他是了然于心的。

在那期间,邵洵美曾为王永禄题过扇面,大意是:近来林语堂、刘大杰等争买明代禁书。我也在自家旧书堆里翻寻,找到邵氏始祖康节公著的《击壤集》。

邵洵美的祖先邵雍是研究《易经》的哲学家,谥邵康节。《击壤集》是北宋出版的,但这本肯定不是宋版,当是清代印行的,否则怎么会装进木箱里?

邵洵美既说有"大书",他是识货的,很可能在他祖父邵友濂的书房"碑砚斋"的收藏里翻得。他的生父沉浸在赌博中,弟弟们没有一个对书感兴趣,唯有他喜欢坐在祖父的桌前。早年他发表的文章诗歌就有几篇在文末写着"于碑砚斋"。

邵洵美说他很穷,穷到要卖书。写这封信的时候肯定是在 1937 年之前。因为在"民国二十六年二月四日旧历送灶日"他闲来练笔,写了一张条幅:"祖遗之物十载中已变卖殆尽。穷不弃我者:半屋书,几箱帖,老婆一个儿女五人耳。"

邵洵美致舒新城第三封信的信封

邵洵美 1937 年 2 月 4 日旧历送灶日所写

他怎么会在几年里花销那么大,以至于卖书?

1934 年他为靠近自己的印刷厂把家搬到杨树浦,那时还很阔绰。三层的洋房装修一新,汽车两辆,佣仆十几个,包括自幼照管他的老妈妈"爹爹姆妈"。家里还常年住着个无事闲逛的朋友"郑伯伯"。邵洵美以为远离闹市,朋友来往少些,可以节省开支,也可以静心写作。实际上,他自己的编辑部在霞飞路,朋友们的交往活动也都在市区。漫画家鲁少飞写《文坛茶话图》恰逢其时。搬来后朋友来访并未减少,来了得留下点心晚饭招待,开销反而大。不过,那几年他的确作品颇丰:文章近两百,还为徐志摩续写长篇小说《珰女士》,与项美丽合译小说《边城》;又跟英国诗人艾克顿合作翻译诗歌,专为来访的一个剧作家考德翻译他的剧本。这时他开始为研究新诗理论和文学发展中的问题写文艺评论。

开支的大头自然是用在出版上。正好 1934 年是文坛的"杂志年"。时代图书公司除了出版《时代画报》、幽默杂志《论语》半月刊和《十日谈》旬刊,这时又出版《时代漫画》《时代电影》,还有份《人言周刊》是他自己主编的。张光宇等兴冲冲地出版了图文并茂、豪华精美的《万象》画报,可是叫好不叫座,时代图书公司为之亏了大本;为此光宇、振宇兄弟脱离了时代,叶浅予也因故离沪。剩下邵洵美依然乐此不疲,突发奇想与美国作家项美丽合作试办中英双语的《声色》月刊,纯文学的《文学时代》也问世了,到1936年他还亲自接编《论语》半月刊。书籍的出版,只凭自己的兴趣、朋友的推荐,不管是否热销;他是才子儒商,办出版原意就没在营利。期间他出版了"作家自传丛书""论语丛书";又出版《新诗库丛书》,为十位诗人各人出一本诗集;还有曹涵美画的《金瓶梅全图》,甚至为了林语堂、刘大杰等几个朋友的爱好重印明代的《袁中郎全集》(六册线装书)。

虽然他以笔名和署名发表近百篇时评政论,却不想想繁华的上海只是一时地安定,日寇已向华北入侵,百姓遭殃,哪有多少民众来读这些书刊?他不断借贷,变卖家产填补出版亏空的窟窿。

夫人盛佩玉对他热衷于写作出版一贯竭力支持。但她冷眼旁观,心中明白:之所以他会为出版赔尽家产,是"铺得太开了",一言中的。诗人卞之琳说,邵洵美为了办出版"衣带渐宽终不悔,未到'八一三',就已经捉襟见肘了"。

邵洵美题赠王永禄的扇子

王永禄何许人?信里写"同事",信封上写"永禄兄"。其实,父亲当初在张光宇兄弟手上盘下《时代画报》的美术刊行社时有四个学徒,王永禄是其中之一,拜邵洵美为师。自此他一生追随邵洵美,是其出版事业的忠实助手。"一·二八"事变,邵洵美独自办宣传抗日的快报《时事日报》有他奔走助力;"八一三"后,邵洵美与项美丽在上海"孤岛"法租界秘密出版抗日宣传姐妹版杂志《自由谭》与 Candid Comment,还是王永禄帮助从各个渠道收集资料送给两位编辑,并把邵洵美与项美丽编辑好的文图稿件送到爱多亚路大美晚报馆的印刷所,再把印好的杂志送到发行处。当共产党党员杨刚躲在项美丽家翻译延安送来的毛泽东的《论持久战》并在 Candid Comment 上连载之后,邵洵美帮助她编好单行本,王永禄则去爱多亚路秘密印制 500 本。这些书籍多数由地下党秘密运走,余下的书是邵洵美夜间开了沙逊送给项美丽的那辆汽车,到他们认识的从市区到虹桥的外国朋友家门口停下,王永禄迅速拿了书下车,塞进信箱,然后转头上车,再到第二家。王永禄无畏地协助他们完成这危险的任务。

王永禄与邵洵美可谓有终生之谊的好友。在邵洵美为王永禄写的扇面上,邵洵美称他为"永禄弟",而这第三封信的信封上对他的称谓是"永禄兄"。

这第三封致舒新城的信与信封的照片是王永禄的儿子王子祯四年前送给我的,可见信没有发出。"大书"肯定出售了,会不会是邵洵美当时遇见了舒新城,就当面洽谈,或是售于他人了?不得而知。

附记

邵洵美的祖父邵友濂名其书斋为"碑砚斋"。1937 年"八一三"逃难,邵洵美住在法租界霞飞路,那个一楼的封闭阳台里一直堆放着许多书籍碑帖。1958 年邵洵美蒙冤入狱,居委会主任勒令邵夫人与幼子搬出旧居,所以书籍胡乱放在一处漏雨的棚屋里,任凭霉烂。施蛰存在《闲寂日记》中记述邵洵美出狱后,在 1963—1965 年期间他曾十六次访邵洵美:"始知渠家所有碑帖 1400 种,皆为家人尽数卖去,仅得 140 元。可惜矣。家人见残余十许种,有泰山廿九字及鼎彝拓片三五种,皆佳。"有一次,施蛰存还看到邵洵美藏有其祖父题签的《七姬权厝志》原石拓本。所以这"大书"也可能是珍稀的拓本。

瘦鹃三札

蒋刘生

一直以来都以为周瘦鹃（1895—1968）是土生土长的苏州人，读了陈巍先生的周瘦鹃小传才知道他出生在上海，毕业于上海民立中学，直至1935年王进善接办《申报》才回到苏州家中。收集苏州地方文献，在近现代文人学者中，周瘦鹃是绕不开也是少不了的，偏偏他的墨迹资料流传于外的又极少见，多年以来也只听说朋友经手过他的一副对联。究其原因，想必正如他自己所说的，一个小说机器人，哪有几多闲暇如鬻书之人一般有许多信札和书法作品呢？偶然得知朋友手上有他的书札，当即表示入藏其书札是这一时期的最大愿望，几经恳求，终蒙应允。当然，应该付出的还是必不可少的。至此，瘦鹃三札终入我一知半解之室，可以朝夕相对，品评赏阅，何其有幸！

三札上款人王一之，约1877年生，李宣龚女婿，浙江杭县人，历任上海《申报》馆编辑、驻巴西使署三等秘书、驻澳大利亚使署二等秘书、国际联合会代表办事处三等秘书等。曾在《申报》发表《旅美观察谈》。1935年4月任驻荷兰阿姆斯特丹代理领事；10月任领事。居住在欧洲，为《申报》撰写欧洲通信，其作品命意高雅、词句典丽，为文化较高的知识分子所喜爱，成为新闻写作史上的典范。此三札即写于初出使巴西期间。

三札俱以钢笔书于洋笺之上，信封已轶，邮路不可知，所幸皆书有日期。三札皆为心爱之物，若有轻重则第三札为最爱，大爱其以紫罗兰色墨水书，托一之先生海外寻购一切与紫罗兰相关之品物，并钤"紫罗兰盦"印，书者心迹，相得益彰。此一札纸边为一紫色细条边框，如果信笺亦为紫罗兰色边框，那就太完美了！想来是未有紫罗兰色边框的信笺可用，不然，以周先生的心性断无不用之理。不妨脑洞大开地想象一幅景象：先生端坐于台前，手握紫罗兰色钢笔，用紫罗兰色墨水书于紫罗兰色边框的信笺上，托朋友求购紫罗兰相关的一切品物，最后再钤上"紫罗兰盦"印，则花魂鸟魂皆为紫罗兰矣！

瘦鹃书札见于世者，首推刊于1995年的"姑苏书简"，收周先生晚年（1962—1965）从苏州发给他远在香港的第六个女儿周瑛的书札59通；次则刊于2015年的"郑逸梅友朋书札手迹",内收周先生"文革"时期署名"周国贤"的钢笔短札(据陈子善先生考证,这一通书札作于1967年9月)。以上所刊皆周先生晚年书札,其早年在海上所遗资料,书札墨迹,见所未见。此三札作于民国九年、十年,正是先生于文坛大展拳脚之时,不能不爱也!

多年来,《礼拜六》《紫罗兰》等诸多期刊常有所见,惜无所存留,否则可借此录第二札所说的"哭石像"一文与同好共商。札中所言自创办之《半月》期刊,笔者有幸曾有创刊号过手,依稀记得封面是蓝色,少女仰对天际一弯新月(月为半月),意境很美。惜所刊文章不曾拜读,以至于今日脑中空空如也。至于1920年亡故的沈泊尘先生,其所作《新新百美图》亦为书林尤物,不可多得。拙笔不能为文,草草博诸君一笑。

附:周瘦鹃三封信札释文

第一札

一之先生道鉴:

　　闻声相思久矣,每次未获瞻韩,引为奇憾。当公去国之际,本图一晤,顾以时间问题,遂致相左,迄今犹呼负负也。文旌启行后,承惠函片无算,心感之余兼为神往,思即奉复一言,顾中心耿耿,不知从何处说起,因之搁笔者屡殊缺然也。

　　公行后匝月,弟即应量才(按,即史量才)先生之招,担任《自由谈》编辑。顾次菲才,每虞陨越,任事以还,亦数阅月矣。尊作《重洋咨访记》之后半尚经弟手付刊,每读一过如睹风采,快慰无似。南溟息羽,记来尤为喜跃,盖知公已安抵巴西矣。

　　公两渡重洋,遍览南北美名胜,锦囊之中又添得诗料几许。弟局处海上,见闻皆隘,以比吾公直井底蛙耳。承询某君悼亡诗,兹特录寄一份。巴西亦有《申报》可读否?《自由谈》知多缺点,尚乞指教。附奉小影一帧,乞惠存并希以尊影报我。感感,余容续陈,专复,敬颂俪安。

弟鹃敬上
阳历九年七月十七日

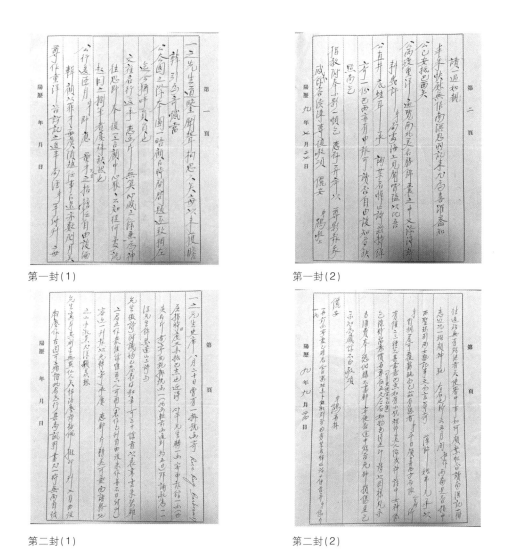

第一封(1)　第一封(2)
第二封(1)　第二封(2)

第二札

一之先生史席：

八月二十日曾有一挂号函寄 RuaRuyBarbosa37，屈指时日，度又未抵巴京也。近得竹平先生转一函寄申报馆，一函（内夹名片者）寄先施挂号函，一（此函较前函迟到约五日)拜颂,敬悉一一。

从先生锦瑟蓬山二诗与先生微诗附识均已发表,得和章可二十余首,以袁寒云、朱鸳雏二君之作最佳,余惟五六人可用(袁作已刊《自由谈》,朱作亦不日付刊),容逐一刊报,以免转寄。承屡惠邮片,精美可爱,而诸胜地之山水淑景尤深颛羡,想先生置身其间,正无异仙人矣。悼泊尘(按,即著名漫画家沈泊尘)诗极佩,拟即刊入《自由谈》。泊尘作古固可惜,此君志行甚高,讽刺画尤一时无两,自彼往后,殆无有能继者矣!使署中事如何,颇繁忙否?读《南溟记》借悉近况一斑,颇神驰左右也。所云五月间拙作两篇是否指中西圣玛利两女塾记事文而言,辱荷藻饰,愧弗克承,以弟自视差可覆酱瓿而已。兹有恳者,弟平日颇喜西方石像,舍间所有仅二三种,不甚当意,巴京如有小号裸体美人像或神话中女神像,乞随时留意,价每尊在五元左右(如有便宜者尤佳),如物色得之,即请以图样见示,当汇费奉恳代购。不审邮寄便否,途中能否免却损伤,并乞示知为感。余不白,敬颂俪安。

弟鹃再拜

再,前函寄处已非君今日寓址,未卜能收到否,内有某君悼亡诗十余首并弟像片一纸。

阳历九年九月十四日

第三札

一之仁兄先生足下:

客岁曾有两函寄南美,知已达览,后以人事卒卒,文债山积,迄未驰书,以倾积悃,落月停云,如何弗念,寸心所裛,常在维也纳也。

公一路赴欧,并游法德诸名胜,承以函片相惠,辄为雀跃。一年来什袭珍藏,已成一巨帙,徒以久延未复为憾,诵昔人"惯迟作答爱书来"之句,惭汗数升下矣。

公在南美时承惠画架一事,次邮人不谨于事,玻璃粉碎,画片亦为划损。既抵巴黎,又承以石像见惠,顾亦因途远之故,竟刖一足并碎其头上之花环。爰作《哭石像》一文刊之《礼拜六》周刊(见一一六期《紫罗兰》,《庵双哭记》),所以志吾痛惜之意也。

公遍历欧美,足迹已及半世界,挹山水之胜,睹人文之盛,人生到此差可无憾。鹃志切壮游,苦无机缘,家累相困,复难摆脱,则亦惟有局处海堧,作井底蛙而已。一年以还,

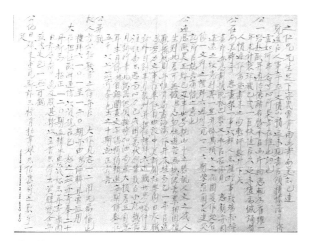

第三封(1)

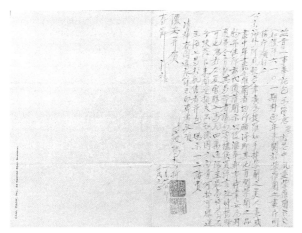

第三封(2)

鹃努力文事,除兼任《自由谈》《中美新闻社》《乐园日报》职务外,自创"半月丛刊"并担任《礼拜六》《游戏世界》稿件,生涯虽不恶,而心力已疲困万状,朋辈戏以"小说机器"见称,所幸此机器但须按时加油,尚无大损,差足自慰耳。《半月》系鹃自办,图画文字俱稍精选,每期销数在五千以上。兹寄奉已出之十期就正于吾公,并愿故人于公务鞅掌之余亦以大作见惠一二,用光篇幅也。《礼拜六》101至120期亦由鹃编辑,且曾盗用大名担任欧洲通信以资号召,乞恕之。兹亦寄奉二十册祈为指正,120期后精彩略减,恕不再寄。《乐园日报》辱荷齿及,感甚。特以主者不肯出资购稿,今亦黯然失色,一无可观。公他日归来重见斯报,不将有杜韦娘不似旧时之叹乎,一笑。

兹有一事奉托,乞为留意。鹃于花中夙爱紫罗兰 violet(如《礼拜六》101期封面),年来关于紫罗兰之画片明信片颇好之,公于海外所见较多,幸广为搜罗,如手持紫罗兰之美人画或画中单画紫罗兰者,均所愿得,即其他有关紫罗兰之品物亦佳,所需代价请开示,以便汇奉,邮寄时幸妥为封裹,弗令有损。其易碎者,请勿寄,尽俟买棹言旋时携归可也。鹃于去夏曾购入马克四万,适涨至最高时,自去冬跌落以来颇受损失,不知德国方面有何物可购运至海上易于脱售者,并乞赐示一二,诸费清神,容图后报。余不白,专肃敬颂俪安,并贺春节新禧。

弟瘦鹃馨折(钤印:周瘦鹃、紫罗兰盦)

一月二十八日壬戌元旦

巴金的"吃饭"往事(上)

周立民

一

一个人的"微生活"研究,更能清晰地透视他的生命真实状态。然而,除了像理查德·艾尔曼《乔伊斯传》[①]这样的巨著外,大多数的作家传记,关注的只是作家的著述、思想和生平活动中的"传奇"。不过,还原一个人的日常生活又谈何容易,它需要大量和完整的文献资料支持。在求"完整"未免有些奢望情况下,从一鳞一爪略窥全身也算望梅止渴吧。

本文尝试从1962年11月到1966年8月不到四年时间里的巴金(1904—2005)那些"吃饭"往事入手,打开巴金日常生活的一隅。巴金日记中所记的"吃饭"主要有三个方面:一是巴金和家人们的日常餐食;二是朋友间的交际;三是作为公务活动的接待。为什么要关注"吃饭"往事?一日三餐乃人生存之本自不必说,单从日记上看,巴金这一时期的应酬和公务交际活动非常频繁,占用的时间已超过写作时间,成为他的主要生活内容之一。从这些活动中,我们既能看到文人之间的交游情况,又能够看出时代风云在他们身上的反映。巴金定居上海,这些上海的饭店和其他公共场所,对上海人而言,蕴含着丰富的共同的社会记

巴金在武康路寓所,摄于1961年9月24日中秋节

[①] 理查德·艾尔曼著,金隄译:《乔伊斯传》,北京十月文艺出版社2006年版。

忆,有着特别的社会学和历史学的价值。

巴金不是一位普通的作家,他是当时全中国最知名的几位作家之一,身兼数职:中国作协副主席,中国文联副主席,上海市文联主席,中国作协上海分会主席,中国人民保卫世界和平委员会上海分会副主席,上海市中苏友好协会副主席,全国人大代表……职责所在,难免社会活动繁多。巴金所担任的各种职务都是义务的,不领国家一分钱工资,一家主要的生活来源是巴金的稿费。好在,巴金的著译量相当可观,仅靠稿费,生活也是有保障的。

以下,是我根据日记所记,统计的巴金三年的稿费收入:

1963年度:

时间	事　项	稿费金额(元)
1962/12/31	"人民文学出版社汇来《春》重版稿酬一千一百零七元。"	1107
1963/1/12	"收到《解放日报》元旦'朝花'版稿费(《迎接一九六三年》)十八元。"	18
1963/5/21	"收到人文社汇来《秋》重版稿费一千四百十四元。"	1414
1963/9/20	"收到《人民文学》稿费六十元。"	60
1963/10/3	"天津百花文艺出版社汇来稿费一千〇一十元。"	1010
总计		3609(300.75元/月)

1964年度:

时间	事　项	稿费金额(元)
1964/1/6	"长影汇来《团圆》原作稿酬一千五百元。"	1500
1964/3/29	"上海人民广播电台寄来去年年底对越南广播讲话稿费三十七元。"	37
1964/4/22	"收到《收获》第二期稿费一百四十七元。"	147
1964/4/24	"收到《萌芽》稿费一百二十元。"	120
1964/5/9	"中国电影出版社汇来稿费五十二元。"	52
1964/6/3	"中央人民广播电台邮汇《访日观感》稿费二十三元七角五分。"	23.75

（续表）

时间	事　项	稿费金额（元）
1964/6/14	"《人民日报》汇来收在《赤道雪》中两篇文章的稿费七十四元。"	74
1964/6/15	"《文汇报》送来《珍贵礼物》稿费七十四元。"	74
1964/7/1	"《光明日报》汇来稿费二十五元。"	25
1964/7/4	"《解放军报》汇来稿费二十元。"	20
1964/12/29	"饭后走到天桥邮局,取《人民日报》汇来的十五元稿费。"	15
总计		2087.75（173.98元/月）

1965年度：

时间	事　项	稿费金额（元）
1965/2/22	"《人民日报》汇来稿费八元。"	8
1965/3/3	"收到《收获》稿费一百零七元。"	107
1965/4/13	"《儿童时代》送来稿费二十八元。"	28
1965/6/1	"收到《文艺报》汇来稿费五十五元。"	55
总计		198（16.5元/月）

第一,这三个年度因社会活动繁忙和文坛形势紧张,是巴金一生创作和作品出版（发表）的低产期之一（比如稿酬记录中没有他译作的稿酬,而巴金一些译作在以往重印率颇高,也有不少的收入）。第二,当年日记中是否有漏记的稿酬收入不得而知,比如1965年下半年几乎没有稿费收入记录,除了发表文章少之外,推测与他从七月初到十月下旬近四个月的时间在越南访问无法记录稿酬收入有关。第三,除当年收入之外,巴金尚有比较可观的存款,故支撑他和家人生活的不仅仅是当年的稿费收入。笔者曾见上海市作家协会编印的一份《黑老K巴金交代记录稿》（1976年8月16日）,其中谈到稿费,巴金说1949年以前,因社会动荡、货币贬值等因素,他没有大量存款。"解放后,我的书开始销路大了,51年《家》出版社（应为'出版后'——引者）,加上以后又再版,因此至64年为止,我先在人民文学出版社就拿到共22万多元稿费,上海新文艺出版社拿到几万元,另外在解放初期一些小出版社也拿到一些,还有译时稿费,就像译了《父与子》后大约就拿了几千元,以及高尔基短篇小说与一本回忆录。《家》剧本上演后,我分到了

几百元左右的上演税,解放后一共收入 30 万元左右,每月平均几百元收入。刚解放时比较少,后来逐步增多,直到 62 年文集出全后,收入也比较少了。平时我是不拿工资的,生活主要靠稿费和存款。"对整个家庭的生活花销,他说:"我家共有六口人,萧珊在《收获》《上海文学》做编辑,是义务劳动,不在机关编制内。初期,他(她)翻译了一些书拿过几千元稿费。58 年来作协义务工作,两个小孩,一个上戏剧学院学习,一个初中毕业,还有两个妹妹,一个妹妹有工作,另一个妹妹要我负担,所以家里实际上是五口人,开支情况约四五百元;家里有一个保姆,工资二十七元。此外有电视机、电冰箱、收音机。平时买的书比较多。这次抄家抄掉二十多万元,现在留着点给我,每月化(花)一百元左右。"

如果这些数字不足以建立感性认识的话,不妨通过巴金留下的几份当年饭店的发票或饭(菜)票,感知一下当年的物价:

巴金留存的饭店发票(1)

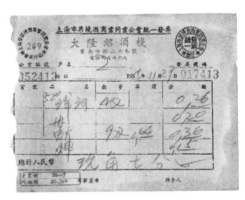

巴金留存的饭店发票(2)

巴金留存的国际大饭店的菜券等

(1) 上海市西菜咖啡商业工会-九层楼餐厅发票(西藏南路123号),日期是1955年10月30日。面筋0.25元,茄皮0.30元,合计0.55元。

(2) 上海市西菜咖啡商业统一账单(代征娱乐税用)-国际大饭店(南京西路170号)二楼。羊1.08元,酒0.13元,合计1.21元。

(3) 老半斋菜记酒楼(老闸区汉口路596号),共计四样酒菜,因字迹潦草不能识读。这四样酒菜的价格分别为0.14元、0.20元、0.35元、0.25元,合计0.94元。

(4) 上海市酒菜商业统一账单-大加利酒楼(老闸区北京东路813号),日期是1955年12月6日,共六样酒菜,因字迹潦草不能识读。其中清楚的是干丝0.15元;其他几样价格分别为0.15元、0.30元、0.60元、0.39元、0.16元,合计1.75元。

(5) 上海市梁烧酒商业同业公会统一发票-大隆绍酒楼(云南中路269号),日期是1955年11月27日。四样酒菜,价格分别为0.26元、0.20元、0.36元、0.15元,合计0.97元。

(6) 东记同合馆(老闸区九江路677号),日期是1955年11月27日。两个菜,价格分别为0.13元、0.08元,合计0.21元。

(7) 国际大饭店底层餐厅的菜饭票:高粱二两0.14元,盖浇饭0.35元(白饭,每碗4分),菜券0.40元各一张。

(8) 上海市猪商业同业公会会员-鸿云斋鲜熟肉野味号(静安区华山路23号)。肉券两种,价格分别为0.30元、0.04元。

沙汀1963年5月15日日记中曾记上海从事理发行业的一对父子的收入[②]:儿子,20岁,读过两年初中,学理发三年,每月工资51元;父亲的工资是81元,还有些许奖励。此时的生活成本反而降低不少,1949年前,他们住在弄堂房子的三楼亭子间,外加一个晒台,每月租金16元;1963年住复兴公园"一座二楼",租金是3.20元。

相对于炮火连天、物价飞涨的战乱岁月,这一时期,巴金和他的朋友们收入稳定有保障,加上家庭和美、社会不再动荡,算是一生中难得的安稳岁月。巴金的生活相对优裕,然而也不难看出他的节俭。日记中虽然多次记到去衡山饭店吃西餐,但是,大多是

---

② 沙汀1963年5月15日日记,《沙汀日记》,四川人民出版社1999年版,第376页。

朋友约请或请朋友，而对子女则不然。1963年4月1日，巴金写道："六点一刻后和萧珊带小林、小棠到衡山饭店西餐部吃晚饭，算是践了半年前的诺言。"③以现在的眼光，吃一顿西餐不是大事，而巴金却说"践了半年前的诺言"，可见，即便条件许可，他们也没有随随便便地花费。

二

巴金早年的理想是当革命家，外国革命家的事迹和回忆录也对他影响很大。在革命者的眼睛里，单纯的个人生活享受是不应该的，他们的作品状写了很多人物内心的活动、思想上的交锋，却很少描摹日常细节。小说《家》《春》《秋》写了那么多大家庭的生活场面，却很少有物质享受的细节，这与《红楼梦》意趣迥然不同，就是编一本像"知堂谈吃""雅舍谈吃"这样的书，在巴金这里恐怕也找不到多少材料。可是，这并不意味着，巴金是一个没有生活趣味的人，他只不过不喜欢在公开文字中晒一些谈论个人的生活细节罢了。

好在，仍然有可以追踪的蛛丝马迹。在晚年，巴金回忆1937年在西湖边上，与师陀、卞之琳的"西湖之约"时，曾点出四样菜名：

> 师陀当时还不曾用这个名字，我们都叫他做芦焚，这是他接受《大公报》文学奖时用的笔名，他笑着说："我们也订个约，十年后在这里见面吧。"我说："好，就在杭州天香楼，菜单也有了：鱼头豆腐、龙井虾仁、东坡肉、西湖鱼……"④

这是他们当年吃的菜吗？巴金记得这么清楚，这几样莫非正是他的所爱？

巴金的弟弟李济生（纪申）写过哥哥"难忘家乡味"，他透露巴金在饮食上的一些喜好，基本上是围绕着川菜来的：素炒豌豆尖、樟茶鸭、夫妻肺片，还有四川人做的香肠、腊肉、酱肉。干浇鱼块、干煸牛肉丝、麻婆豆腐、水煮肉片、蒜泥白肉等，都是巴金常常想吃的。晚年住在医院里，他想吃的是鱼香肉丝、眉州蹄髈、干煸牛肉丝。吃粥时喜欢佐以

---

③ 巴金1963年4月1日日记，《巴金全集》第25卷，人民文学出版社1993年版，第227页。
④ 巴金：《西湖之梦》，收入《再思录》，作家出版社2011年版，第94页。

唐场豆腐乳、皮蛋等⑤。为协助巴金工作，曾有很长一段时间住在巴金家中的李舒(巴金的侄孙)也提到巴金所好：巴金喜欢吃九妹琼如做的"拌面"⑥——九妹琼如做川菜在日记中曾几次被提到："回家刚过六点。济生夫妇已到我家，今晚他们和琼如、瑞珏请我在家吃晚饭，琼如下厨做四川菜。饭后边看电视节目，边聊天。"⑦1965年的一天中午，巴金也请九妹做川菜待客："朗诵演唱会十一点后结束，十一点半前回到家里。休息约一刻钟。杜宣、以群、金公、同生先后来，我和萧珊请九妹做几样四川菜约他们来吃中饭。饭后在客厅闲谈。"⑧李舒还提到过巴金见到川菜的喜笑颜开，有一次有个亲戚做了三道菜：回锅肉、水煮牛肉、麻婆豆腐，巴金吃得津津有味⑨。除此之外，巴金还记过"喜欢"东湖招待所的麻婆豆腐⑩。

在上海，巴金和家人多次选择"洁而精"的饭菜也充分体现了川人不忘本味。"洁而精"是一家川菜馆，1927年开在麦赛尔蒂路(今兴安路，靠近妇女儿童商店)，最初叫洁而精川菜茶室，后改名洁而精川菜馆。1958年，它从兴安路搬到雁荡路82号(近南昌路)。1963年5月17日下午，巴金、萧珊、九妹去大众剧场看川戏，"散戏后和萧珊、琼如在后台谈了一阵。后来她们又陪我到'洁而精'吃晚饭"⑪。1964年清明时节，给继母扫墓后，他们家人也是去"洁而精"："明日是继母的诞辰，瑞珏、济生约好今天九点后同去万国公墓祭扫。十一点后离开公墓去'洁而精'午饭，瑞珏作东。"⑫1963年8月22日，靳以的儿子"大蜀"来看住在巴金家中的马宗融的儿子马绍弥，"留他在我家吃午饭，并打电话到洁而精餐馆叫了五样菜来"⑬。打电话叫"洁而精"的菜，好像是巴金家的"传统"，后来的日记中也有类似记录："明天是小林十八岁生日，萧珊打电话到'洁而精'叫

---

⑤ 纪申：《难忘家乡味》，收入《炽热的心——怀巴金》，四川文艺出版社2019年版，第74—75页。
⑥ 李舒：《老巴金》，天津人民出版社2006年版，第121页。
⑦ 巴金1964年12月13日日记，《巴金全集》第25卷第455页。
⑧ 巴金1965年5月16日日记，《巴金全集》第25卷第524页。
⑨ 李舒：《老巴金》，天津人民出版社2006年版，第233页。
⑩ "六点同生坐车来接我和萧珊去东湖招待所，他请罗荪全家和我们夫妇吃晚饭(我喜欢这里的麻婆豆腐)。"(巴金1965年2月7日日记，《巴金全集》第25卷第478页)
⑪ 巴金1963年5月17日日记，《巴金全集》第25卷第243页。
⑫ 巴金1964年4月19日日记，《巴金全集》第25卷第372页。
⑬ 巴金1963年8月22日日记，《巴金全集》第25卷第286页。

了四样菜来,家璧、萧荀、瑞珏都在这里吃晚饭。"⑭也有朋友请巴金等人去"洁而精"吃饭:"五点师陀来,六点一刻家璧来,他们请我去'洁而精'吃晚饭。"⑮不到一个月后,"十二点一刻后到洁而精餐馆,家璧请之琳、辛笛和我在那里吃中饭"⑯。1964年春节期间,巴金请朋友在这里相聚:"六点罗荪、以群乘车来,接我和萧珊去洁而精餐馆。今天我们公请菡子夫妇。闻捷、杜宣、叶露西、周玉屏、小刘已先到。"⑰

　　巴金走南闯北,口味不会限于一地,吃西餐也多次出现在他的日记中,衡山饭店西餐部、"红房子"都是他爱去的地方。吃沱茶,也喝咖啡,这才是巴金。"今天是继母的生忌,再过三天清明节又要到了,弟妹们请了半天假,上了两处坟,回来瑞珏请我们到衡山饭店吃午饭。我又请大家喝咖啡。"⑱这是他的记录。1963年,卞之琳来访,辛笛夫妇请他和巴金夫妇在"红房子"吃饭;第二年,巴金夫妇还请过冰心⑲。不过,沈从文好像不太喜欢"红房子",1956年巴金在这里请他吃饭,他是这么向夫人张兆和报告的:

　　　　蕴珍作主人,戴一眼镜比小龙的还老气。穿的还是大红毛衣。一开始即用铁盘盘装半蛤一盘,约十六个,系镶嵌到凹凹洋铁盘中的,图案和唐镜图案相似,说是好吃,不如说是好看,因为内容压缩大致还不及五分之一小香肠!用小叉叉吃,手续也近于游戏。其次是牛尾之汤,味道浓而咸,好吃,只是热些。再其次是烤鱼,章大胖(指章靳以——引者注)吃烤牛里脊,巴金吃烤蘑菇,蕴珍吃炸鸡脯一类……各不相同,我都尝了一点点。再其次是咖啡一杯,其中只放若干滴淡牛乳。煮咖啡是永玉家中式,也是当面表演,白衣伙计从古炼金士圆形玻璃球中倾出的。我只觉得吃得胀胀的,因此也忘了这是第一等上海饭。上街时,才听王畸说可能是三四元一

---

⑭ 巴金1963年12月15日日记,《巴金全集》第25卷第330—331页。
⑮ 巴金1963年9月18日日记,《巴金全集》第25卷第295页。
⑯ 巴金1963年10月14日日记,《巴金全集》第25卷第304—305页。
⑰ 巴金1964年2月19日日记,《巴金全集》第25卷第354页。
⑱ 巴金1963年4月2日日记,《巴金全集》第25卷第227页。
⑲ "辛笛来电话约我在之琳处见面。十一点半到锦江饭店八五号房间,和辛笛、之琳谈了一会儿。十二点后同去'红房子'吃午饭,由辛笛夫妇作东,萧珊也赶来了。"(巴金1963年9月20日日记,《巴金全集》第25卷第296页)"十一点三刻去锦江饭店八楼访冰心,萧珊已先到,我们请她到'红房子'吃中饭,罗荪作陪。一点半我和萧珊冒着小雨送冰心步行回'锦江'后,又去淮海路外文书店购书。"(巴金1964年1月6日日记,《巴金全集》第25卷第339页)

份!早知道如此,我倒不妨正式建议,吃吃什么味雅点心,省钱省费。事实上呢,二十个路摊上水饺也一样好。……吃过后,在路上才知道这还是上海最最著名的馆子。全部不过八座桌面,进门时门小得很,章靳以从外边走进,那就只有天知道如何来维持正常交通了。[20]

口味真是人各不同,难以统一啊。巴金大约不清楚沈从文这般感受吧,只想着要请老朋友在最好的馆子里用餐。二十三年后,他们又聚"红房子",巴金平静地写道:"五点雇车去衡山宾馆(小林同去),接从文夫妇吃饭。在电梯口见到许杰、施蛰存两位,同许到从文房内坐了一会,同从文夫妇乘所雇车去'红房子',辛笛夫妇早到,饭后和从文、兆和同车到常熟路(小林、端端先返家),看见他们上了十五路车。"[21]同一年的春天,巴金与卞之琳也在"红房子"重聚过[22]。可惜,朋友们的欢笑声中,再也找不到巴金夫人萧珊了。

三

吃饭地点的选择有口味的因素,也有地利之便。巴金多次在华山饭店吃饭:1962年11月18日,"王辛笛夫妇请我和萧珊、小林在华山饭店(楼下)吃淮扬点心,同席有罗荪夫妇、陶肃琼、吴强、张乐平、蔡绍序"[23]。当年12月24日,"五点四十分同萧珊到华山饭店,请金公、翰笙、白羽、同生、吴强、罗荪、以群、任干、魏老、师陀吃淮扬点心"[24]。1963年春天,方令孺("九姑")来沪,巴金也曾在这里与她相聚:"上午十点一刻郭信和来电话说九姑过上海去北京开会,现在到文艺会堂休息。十点半坐三轮车到文艺会堂,孙肇基陪我去华山饭店楼上,先后见到俞仲武、商部长、九姑五位。十一点半请他们在楼下吃中饭,任干陪着张鸿来了,加上萧珊、以群、罗荪共十一人……"[25]查资料可知,华山饭

---

[20] 沈从文 1956 年 10 月 31 日致张兆和信,《沈从文全集》第 20 卷第 67—68 页。
[21] 巴金 1979 年 3 月 26 日日记,《巴金全集》第 26 卷第 329 页。
[22] "六点动身去'红房子',辛笛请之琳、占元吃晚饭。在'红房子'坐到将近九点,同之琳、占元搭电车返家,在高安路分手。"(巴金 1979 年 3 月 5 日日记,《巴金全集》第 26 卷第 324 页)
[23] 巴金 1962 年 11 月 18 日日记,《巴金全集》第 25 卷第 186 页。
[24] 巴金 1962 年 12 月 24 日日记,《巴金全集》第 25 卷第 197 页。
[25] 巴金 1963 年 3 月 30 日日记,《巴金全集》第 25 卷第 225—226 页。

店位于南京西路 2004 号,这里原来是国民党励志社第一招待所,又为淞沪警备司令部第六稽查大队大队部,还曾做过上海意大利商务总会。更关键的是,它与当时的文艺会堂比邻。文艺会堂,巴金常来常往,离巴金家不算远,交通比较方便,难怪常到这里吃饭。

毕卡第公寓(衡山饭店)

衡山饭店(位于衡山路 534 号)离巴金家更近,这幢楼建成于 1934 年,最初叫"毕卡第公寓",为法国商人开办的万国储蓄会的产业,他们以当时法国最富裕的省份的名字命名这幢楼。新中国成立后,这里改为专门接待外国专家的招待所,1960 年升级为衡山宾馆。1962 年,在沿衡山路街面一侧开门开办衡山饭店,对外开放。中餐以川菜、淮扬菜、京菜、福建菜为主,西餐以法式风味为主;同年,宾馆又开设毕卡第西餐厅,主要供应俄式和法式大餐[26]。因为有接待外国人的传统,这里的西餐颇有特色。巴金日记中所记吃西餐的地方最多之处大概就是这里。1962 年底的一天,巴金夫妇两人在此平静地吃过一次午饭,为庆祝次日夫人萧珊的生日:"十二点半结束,请萧珊到衡山饭店西餐部吃饭(明天是她的生日,她中午要去沈痩香处打针,不能回家,因此改在今天中午)。"[27]儿子小棠十四岁的生日也是在这里过的:"到衡山饭店,我和萧珊请小棠吃西餐,祝贺他十四岁生日。饭后散步回家……"[28]巴金还记下朋友对这里的西菜"相当满意"的评价:"六点萧珊请我们到衡山饭店西餐部吃晚饭。白羽、沙汀对那里的西菜相当满意,饭后步行回武康路,白羽、沙汀在我们家又坐了将近半小时,九点光景坐三轮车回东湖招待所。"[29]

---

[26] 参见惜珍:《衡山路 534 号:从毕卡第公寓到衡山宾馆》,收方世忠主编:《衡山路》,中华书局 2018 年版。

[27] 巴金 1962 年 12 月 21 日日记,《巴金全集》第 25 卷第 196 页。

[28] 巴金 1964 年 7 月 24 日日记,《巴金全集》第 25 卷第 403 页。

[29] 巴金 1963 年 5 月 29 日日记,《巴金全集》第 25 卷第 247 页。

在衡山饭店,巴金与辛笛、师陀、赵家璧、黄裳、罗荪等人一起吃过饭[30],这都是他在上海交往最密切的朋友。其中与辛笛在这里吃饭恐怕是最多的,翻看日记,随处可见:

十一点半辛笛来约我去衡山饭店午饭,萧珊后来。[31]

辛笛来电话,约我在衡山饭店吃中饭。十二点半和小林同去衡山饭店。辛笛一点钟才来,请他吃了饭后,同小林去邮局汇款。[32]

十二点后辛笛来,约我和萧珊、小林、小棠去衡山饭店吃西餐,两点后他和我们散步回到武康路,坐了一会,替我和萧珊照了几张相。辛笛走后,午睡约半小时。[33]

辛笛来,大蜀来,谈了一阵,大蜀先走,十二点半后请辛笛到衡山饭店吃西餐。[34]

十一点后辛笛来,谈到十二点,同去衡山饭店,辛笛请我吃西餐。饭后散步到淮海中路车站,他去外滩开会,我回家休息。[35]

辛笛说早在1933年底,他还在清华读书时即结识在北平旅居的巴金:"巴金是位我所心爱的作家,我对他总是怀有说不出的尊敬。"1936年夏,去英国留学海行途中,他带在身边阅读的书中就有《巴金短篇小说集》第一集,并把其中《狗》一篇译成英文发表在国外的刊物上。抗战胜利后,两人都定居上海,辛笛说"遂常相往来,可称通家之好"[36]。通家之好,这话不错,辛笛的女儿王圣思说萧珊(陈蕴珍)总是称呼她母亲为"学姐"。

---

[30] 如巴金日记中曾有这样的记载:"上午家璧来,他刚从北京返沪,我和萧珊请他到衡山饭店西餐部午饭。"(巴金1963年1月15日日记,《巴金全集》第25卷第205页)"七点家璧请我和济生、小林、小棠到衡山饭店西菜部吃晚饭。九点带着两个孩子步行回家。罗荪夫妇正在我家纳凉闲谈,在廊上坐到十点半。"(巴金1963年7月25日日记,《巴金全集》第25卷第275页)"上午十一点半黄裳来,约他去衡山饭店吃西餐。"(巴金1963年1月29日日记,《巴金全集》第25卷第209页)"十一点半师陀来,请他到衡山饭店吃午饭,谈到两点。"(巴金1963年3月16日日记,《巴金全集》第25卷第221页)"十点前济生来,谈农村情况。十二点同他去衡山饭店,我和萧珊请罗荪夫妇在'衡山'吃西餐,约济生作陪。饭后步行回家。"(巴金1965年5月3日日记,《巴金全集》第25卷第517页)
[31] 巴金1963年2月21日日记,《巴金全集》第25卷第215页。
[32] 巴金1964年3月17日日记,《巴金全集》第25卷第360—361页。
[33] 巴金1964年7月30日日记,《巴金全集》第25卷第405页。
[34] 巴金1964年10月3日日记,《巴金全集》第25卷第429页。
[35] 巴金1964年10月29日日记,《巴金全集》第25卷第438页。
[36] 辛笛:《把心交给读者的巴金》,收入《嫏嬛偶拾》,上海教育出版社1998年版,第105—106页。

"原来母亲是南开大学毕业,陈蕴珍是西南联合大学毕业。抗战期间,西南联大是由清华、北大和南开合并而成,所以可以说,三所大学与西南联大都有关系,学生都是校友。"她还说:"有时父亲与巴金在外面吃饭,离我家比较近的话,就会顺道上我家来坐会儿。巴金最爱喝母亲煮的咖啡,常常喝两杯才能尽兴。"㊲辛笛在金融和商业部门工作,在朋友中素有"小孟尝"美誉,再加上与巴金夫妇有这样不同一般的关系,多次相约吃饭也就顺理成章了。

1965年11月27日中午,巴金(左三)、孔罗荪(左二)、秦怡(左六)等人从锦江饭店出发到上海北站送别中岛健藏夫妇(左四、左五)等日本友人

1977年9月,巴金与中岛健藏夫妇在上海重逢

"文革"结束后,巴金与衡山宾馆的缘分未断,在这里与不少老朋友有难忘的重逢。如沙汀、赖少其、杨苡、碧野等。碧野在回忆录中提到:

> 在我落脚的衡山宾馆,巴金为我设宴洗尘,参加宴会的有罗荪、丰村、钟望阳、柯灵、任干、吴强、茹志鹃等。而王西彦夫妇以家宴热情地招待我。这种友情之所以特别珍贵,是因为经过十年内乱以后,个个劫后余生,作家们死者长已矣,健在者相见不易,彼此之间愈加亲切。特别是巴金,好像永远保持着一颗童心,为人纯真,待人诚恳。从他创办的"文化生活出版社"出版的文艺书籍上,就可以看到在现代

㊲ 王圣思:《智慧是用水写成的——辛笛传》,华东师范大学出版社2003年版,第214页。

文学创作队伍里,有多少作家是在他热情爱护和培养下成长起来的。[38]

巴金与日本友人中岛健藏、井上靖的重逢也在衡山宾馆。那是1977年8月31日,那天中午,他和杜宣机场接来中岛一行,入住衡山宾馆。傍晚,又陪他们参观豫园,"七点后杨富珍举行宴会,我也喝了茅台"[39]。这是一次漫长的等待,1966年夏天亚非作家会议上分别后,等了十一年,他们才得以相见。日本友人关心巴金的安危,却见不到他,巴金说:"我在度日如年的'牛棚'生活中常常回忆起同中岛先生一起喝酒谈心的日子,我相信我们还有重逢的机会,我等待着。等了十一年,我终于在上海的虹桥机场上接到了他,我们含着热泪紧紧握着彼此的手,'你好!'"[40]

第二天,巴金陪同日本友人在上海活动。上午,音乐学院座谈,听教师、学生们的演唱;下午,是座谈会,几位作家和艺术家谈了自己的一些情况;晚上,去上海乐团看演出。回到衡山宾馆已经九点二十分,"向客人道了晚安,上楼拿到中岛、井上送的书,同孟波乘车回家。……十一点半前睡。睡不着,翻了翻井上的《桃李记》,看到《壶》,读了一遍,感想甚多"[41]。读井上靖的赠书让巴金"感想甚多",《壶》中写到大家共同的朋友老舍。巴金从日本作家对待老舍和他本人的态度中充分感受到友情的温暖。第二天机场送别中,巴金跟井上靖交流读小说的感想:"八点三刻接待组派车来接我去衡山饭店。陪中岛一行去机场。到机场后同井上谈了读《壶》后的感想。送中岛伉俪和其他客人上了飞机,飞机起飞后我坐原车回家。"[42]后来巴金回忆:

> 第二天一早我到了宾馆陪中岛先生和夫人去机场。在机场贵宾室里我拉着一位年轻译员找井上先生谈了几句,我告诉他读了他的《壶》。……我不知道老舍是

---

[38] 碧野:《跋涉者的脚印》,四川人民出版社1983年版,第309—310页。巴金日记记:"回家得罗荪电话,知道碧野到沪住衡山饭店,明天公请他吃饭。两点后丰村陪碧野来看我,谈了一阵,送他新书二册。""裘柱常来,罗荪来,任幹来,他们和我同去衡山饭店十五楼。我和罗荪请碧野吃晚饭,同席还有钟、丰、茹、吴、柯各位。"(巴金1978年4月1、2日日记,《巴金全集》第26卷第228页)

[39] 巴金1977年8月31日日记,《巴金全集》第26卷第156—157页。杨富珍时任中共上海市委常委、上海市"革委会"副主任。

[40] 巴金:《中岛健藏先生》,收入《巴金全集》第16卷,人民文学出版社1991年版。

[41] 巴金1977年9月1日日记,《巴金全集》第26卷第157页。

[42] 巴金1977年9月2日日记,《巴金全集》第26卷第157—158页。

怎样死的,但是我不相信他会抱着壶跳楼。他也不会把壶摔碎,他要把美好的珍品留在人间。㊸

在怀念井上靖的文章中,巴金旧事重提,并补充:"第二天早晨到虹桥机场送别,我向他表示感谢,我说中国作家对老舍之死保持沉默的时候,日本作家出来为他们的中国友人雪冤,我一共读到三篇文章,我们真该向日本同行学习交友之道……"㊹这样的友情中,也少不了大家聚在一起,尽情交谈、欢饮的难忘记忆,巴金回忆文章中也特别提到:"一九六三年我们在上海和平饭店一起喝酒(在座还有杜宣),毫无拘束地交谈。……我们东方人不轻易吐露感情,但是谁触动到我们心灵深处,为了真挚的友情,我们可以奉献一切。"㊺和平饭店那次喝酒,在巴金日记中能够找到记录:"六点后和萧珊先去找杜宣,约他一块儿去和平饭店,拜访昨天到沪的日本作家井上靖,并请他吃晚饭。我们连翻译同志在七楼一个双开间的房里吃饭喝酒,谈了两个半钟头以上,喝光了一瓶茅台,大家都高兴。"㊻"喝光了一瓶茅台",看来,大家真是"高兴"。十四年后,他们在衡山宾馆,又"喝了茅台",旧梦重温,虽然此时,巴金历尽劫难,但是,友情温暖着他。

㊸　巴金:《怀念老舍同志》,收入《巴金全集》第16卷。
㊹　巴金:《怀念井上靖先生》,收入《再思录》,作家出版社2011年版,第61页。
㊺　巴金:《怀念井上靖先生》,收入《再思录》,作家出版社2011年版,第61页。
㊻　巴金1963年10月18日日记,《巴金全集》第25卷第306页。

刘海粟与徐朗西：一场不应遭遇的纠纷

罗宏才

作为早期海派绘画史重要开创者之一，刘海粟跻身多元碰撞、激烈变革的时代岁月，虽"绝响人群"，挟"不畏难之思想"，"发扬国光"①，创"新兴艺术策源地"②，"成绩斐然"③，但也不免遭遇像周湘质疑、模特儿风波、罢课风潮、李楷控告、南海历劫，以及与俞寄凡、汪亚尘嘴仗④，与张丹斧、徐悲鸿、刘子英笔战⑤那样的纠纷、风波，获誉最多⑥，"非议"亦不少。其高潮节点，集中在 1932 年 10—11 月之间，依 1932 年 11 月 12 日《益世报》（天津版）、16 日《盛京时报》披露消息，这一时期的刘海粟可谓"四面受敌"，已及"厄运"。

此等境况，读者也许会首先想到绵延十年之久、影响深远的徐（悲鸿）、刘（海粟）论战⑦，间或也可能顾及刘海粟旧怨宿敌的蓄势进击，但若涉及刘海粟与多年挚友、艺术同道，曾共助上海美专发展，时任新华艺专校长，被其誉为"性爽直豪放，今之义士"，"毁家革命而不居其名"⑧，得孙中山信任的民国元老与海上"奇人"徐朗西（1884—1961）的争执、纠纷，则大多惊诧、疑惑，不谙原委。因此有必要整理多年搜集所得的相关资料，撰文考究，以飨

徐悲鸿（左）与刘海粟（右）

---

① 刘海粟：《发刊词》，载《美术》1918 年第 1 期。
② 于右任为 1937 年 6 月修订《教育部立案上海美术专科学校章程》题耑。
③ 顾树森：《海粟及其作品》，载《申报》1947 年 6 月 21 日。
④ 柳枝：《汪亚尘痛骂刘海粟》，载《福尔摩斯》1932 年 10 月 19 日。
⑤ 丹翁：《恭维刘海粟》，载《上海画报》1926 年第 128 期。刘子英：《答覆刘海粟的答覆》，载《辛报》1936 年 7 月 24 日。
⑥ 陆小曼：《牡丹与绿叶》，载《申报》1947 年 6 月 21 日。
⑦ 《刘海粟与徐悲鸿海上风波》，载《盛京时报》1932 年 11 月 10 日。
⑧ 1924 年刘海粟为徐朗西绘画题识。

读者并期望补充、裨益早期海派绘画的一页历史。

一、奇怪的信函

先是1932年10月初,上海法新租界萨坡赛路302号徐朗西寓所突然接到一封外书"辣斐德路李寄"的信函。函内信件,系用上海美术专门学校信笺写就,潦草数行,语词简单,且受信人名字已经毁灭,只信末署一"海"字。

信文首称:"顷在(徐)朗西处知新华(艺专)已被搜查一次,目下有警军把守,已捕去二十余人云。"信末特别指出:"通知海若,告我校学生会探究竟情形……"云云。

阅读信函,徐朗西不胜诧异!在他看来,打浦桥南堍斜徐路上的新华艺专秋季学期开学尚不及一月,一切安静如常,日来并无警局搜查、捕人之事,不知发信者究是何人,从何处得此信息?缘何如此无中生有,造谣中伤?

他仔细辨认写有信文的上海美术专门学校用笺,并联系信末署名"海"字,信文又有通知刘海粟族弟、亦即时任上海美术专门学校总务主任刘海若"告我校学生会探究竟"等语,第一感觉此信当出自刘海粟手笔;而所谓"告我校学生会"者,则显系指"上海美专学生会"。

"徐(朗西)刘(海粟)风波"时的徐朗西　初创时期新华艺专校园一瞥(关良绘)

不过这些念头刚刚出现,他转而又想到自己多年来在美术教育、绘画创作以及美术市场等方面与刘海粟的真诚合作,认为刘还不至于丧失理智,糊涂若是。继而,他又虑及新华艺专成立之初曾吸收汪亚尘、俞寄凡等部分因上海美专学潮分离出来的师生⁹,六年以来新华艺专竭力经营,又有"飞突之进展"¹⁰,而本月 8 日假本市世界学院举行的书画展览会更吸引数千参观者"赞称不置"¹¹,同业相仇,或因此遭刘嫉妒,心生叵测,特选"新华艺专六周校庆"前夕这一时机"诽谤"中伤;或系另有反对者为泄宿怨,借刘海粟欧游展览开幕之机伪造信件,嫁祸于刘,以达到挑拨他们两人长久友谊目的而快娱私心。种种猜想,不一而足。

再三考虑,徐朗西于纷乱思考中理出两种办法:一是如此信果真出于刘海粟之手,则不管出于何种目的,都有必要通过法律手段来出手干预,追究责任,用以保护新华艺专的"校誉"和自己的"声誉";二是如此信为李某一类"奸人"设计伪造,其目的故当在蓄意破坏徐、刘间友谊关系,因此作为同道友人,亦决不能听之任之,一意缄默,而应及时通知刘君查明真相,依据宪法惩治邪恶,以儆效尤。

谨慎起见,徐朗西似乎又觉得不管如何,都不宜由自己亲自出面,而拟委托与自己熟悉的上海名律师朱章宝、阎世华作为代表,致信刘海粟郑重质询。

得朱、阎两律师建议,10 月 16 日徐公馆遂向辣斐德路松韵别墅内的刘海粟发出信函,指称:

> 本月初忽接李某寄来一函,内储上海美术专门学校一书,文曰:"顷在朗西处知新华已被搜查一次,目下有警军把守,已捕去二十余人云。请注意一探,并通知海若,告我校学生会探究竟情形。"云云。末署一"海"字。查上海美术专门学校校长为刘海粟,书末"海"字,想即系刘海粟;书中所称"海若",即海粟之弟;所称"我校",即海粟所办之上海美术专门学校。据此推断,则该书系出刘海粟之手笔,已无疑义。不知海粟何故捏造谣言,并意图公布于众,以毁损敝校之名誉。且其中有涉

---

⁹ 《刘海粟为上海美专事告各界》,载《新闻报》1927 年 4 月 18 日。
¹⁰ 《新华艺专六周年校庆》,载《申报》1932 年 12 月 19 日。
¹¹ 《新华艺专展览会》,载《申报》1932 年 10 月 8 日。

欧游中的刘海粟（右二）

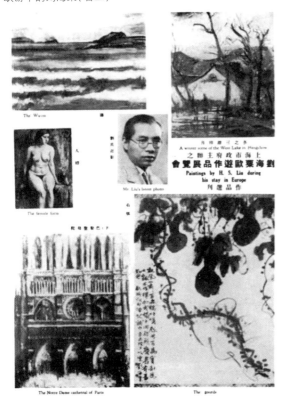

1932年10月上海市政府主办"刘海粟欧游作品展览"作品选刊（《良友画报》1932年第70期，第14页）

及朗西个人之词。究竟散校何日被搜查，何日被捕二十余人，海粟何日在朗西处得知此事，作此书者应负其证明之责，否则实犯刑法第三百二十五条之诽谤罪。特委贵律师代表具函质问刘海粟君，限于函到后三日内答覆，并恳依法进行。

二、刘海粟的回应

徐朗西酝酿发函之际，正值由上海市政府吴铁城市长主办，假上海北京路、贵州路路口七号英士纪念堂举办刘海粟欧游作品展览会开幕之日。15日《申报》遂以"市政府主办刘海粟欧游画展开幕"为题发布新闻赞誉"此次政府主办个人展览会，诚开吾国艺坛空前之盛典、实足增进民族之荣"。徐朗西函到之时（10月17日），则又值刘海粟欧游作品展览会进入高潮的第二日，当日《新闻报》又载："此次市府吴市长主办刘海粟欧游作品展览会，实开政府为个人举行展览会之新记录，亦即中华文艺复兴之肇始。"而"刘氏此次作品之精英"，"洋洋大观"，且"陈设于湖社英士纪念堂全部大厦，其布置之庄严，不但为我国所仅见，即与欧洲最有权威之秋季沙龙亦相媲美"，是则此展"当可转移风尚，唤起民众特别之注意"，闻"二日来各界参观者数达万人"。

毋庸置疑，此时刘海粟正沉浸在欧游作品

展览会获得巨大成功的喜悦之中。尽管十日以来各大新闻报纸连续刊载徐悲鸿启事、挑战使他颇感不快，但由于最终接受蔡元培等友人劝告，一概抱定淡然处之心态，尚不至于伤及基本情绪，惟不意间接到朱章宝、阎世华律师代表新华艺术专科学校校长徐朗西君来函，波及老友，事出意外，且表里之间扑朔迷离，因果诡谲，这就不能不使他心生芥蒂，平添烦恼。为澄清事实，维护友谊起见，他很快想到获得美国密歇根大学法学博士学位的上海著名律师、亦即"模特儿事件"中尽力帮助过自己的上海美专常年律师陈霆锐（1891—1976），经周密擘画，即于19日以陈名义复函辩解，函称：

> 迳启者，兹由鄙当事人刘海粟君交阅本月十七日贵律师代表新华艺术专门学校徐朗西君致渠函一件，并据声称海粟二十年来对于国内外艺术事业，只图建设倡导，何暇中伤破坏？兹接朱律师等来函所云，显见匪人伪造书□，意图挑拨双方感情。详览之下，无任惶骇，用特委请贵律师代表函复。除声明海粟并未书写该函外，并愿与徐君共同追究该伪造函件之人，以明真相。

接获刘海粟19日复函，徐朗西认为其闪烁其词，有意推脱。遂再生疑窦，委朱、阎两律师于21日再发一函，仍称"关于徐朗西君与刘海粟君纠纷事件，对于伪造函件，认为应由'刘君负责'"。

函至刘海粟处，刘不怿徐朗西的一意执拗，不过耽于海上文化艺术界复杂情势以及热烈推展中的欧游作品展览会，求慎重起见，乃计议再三，延至10月31日展览会闭幕后方与陈霆锐律师商议发出第二次复函，集纳证据，再次辨析坚持"顷据刘君声称来函所指，于法于情实多误□。即以徐君认为确证之美专信笺及签名'海'字而论，不但字迹不合，即信笺格式，亦与美专所用者不符，此为奸人造作"，了然无疑。

不仅如此，刘海粟等还认为尽管徐朗西所指信函显为"奸人造作"，但考虑到"彼此友谊关系"及"双方名誉"，"故愿与徐君互相调查，以冀水落石出"。

大概反感朱、阎两律师来函有咄咄逼人的意味，复函在末尾使用了较为强力的"声明"口吻，称"若以法律立场言，海粟亦初无负责调查之义务"，是故对"朱律师等来函要求"，亦"殊难遵命"。

三、徐朗西报端刊发启事

刘海粟的强硬回复，自然令一向"爽直豪放"的徐朗西难以接受。恼怒之际，乃与朱、阎两律师商议借助报纸刊登启事扩大影响，逼刘出面负责真相。

当此之时，素挟自由主义立场的《益世报》（天津版）先获消息，大感兴趣，认为本年《新时代》月刊主笔曾今可在该刊第 1 卷第 3 期及《艺术旬刊》第 1 卷第 6 期发表《刘海粟欧游作品展览会序》引发的徐悲鸿、刘海粟笔战正酣[12]，而徐朗西针对刘海粟的诘问启事又适时鼓噪前来，是则一波未平，一波又起，必掀起围攻刘海粟的高潮，可成为海上文化艺术界又一新闻热点。因为 11 月 12 日在该报显要位置用大字"刘海粟四面受敌——既不容于徐悲鸿——又被质于徐朗西——艺术叛徒之厄运"为题，刊发措辞激烈的介绍、评论。且精心设计版面，同坿徐悲鸿、徐朗西启事，又特意附录末署一"海"字函件照片强化视角，以壮观瞻。开篇言辞：

《刘海粟徐悲鸿海上风波》，载《盛京时报》1932 年 11 月 10 日

自六日本报揭载《徐悲鸿痛斥刘海粟》一文后，平津各报竞载其事。刘海粟被徐所责，自不甘心，遂有反攻之启事见诸报端，内有"法国画院之尊严"等语，讽徐以"艺术绅士"自居之不当。徐见报后，大愤，乃续撰一启事，作进一步之攻击，措词之激烈，较之前次之启事，殆有过之。按刘氏前答徐氏启事中，有"鄙人无所畏焉"之语，则此后必将更有一番剧战，读者拭目俟之可也。

借助"二徐"论战新闻效应铺垫并基于舆论的社会功能，12 日《益世报》（天津版）刊文在缕述徐悲鸿、刘海粟论战原委之后，特别注意宛转笔锋，推波助澜，指称：

---

⑫ 《刘海粟与徐悲鸿海上风波》，载《盛京时报》1932 年 11 月 10 日。

刘海粟之不容于徐悲鸿,已如上述,乃一波未平,一波又起。刘氏以被新华艺术专科学校校长徐朗西氏提出严重□问之事闻矣。按此事涉及法律问题,非笔墨所可了。则刘除受文字之包围外,或不免将再受法律之包围矣。若刘氏者,亦可谓多事之秋矣。兹将徐悲鸿之第二次启事及徐朗西启事一并转载于后。其中有铜版一方则系徐朗西之启事中所原有者也。

《刘海粟四面受敌》,载《益世报》(天津版)1932年11月12日

姑且不论徐悲鸿第二次启事及徐朗西启事复述末署"海"字函件内容,只看后之徐朗西启事的择要辩驳,冀求内奥。

其称来函:"捏造鄙校已被搜查,目下有警军把守,已捕去二十余人云云。展阅之下,不胜诧异。敝校近来安谧如常,从未闻党政当局欲来查究何事之疯说,今无端来□蛊语,谅必有作用存焉。"又续称:"此事姑分两层研究。先从该书之形式与内容观察之,其用纸系上海美术专门学校用笺,书末署一'海'字,书中又有'通知海若告我校学生会'之语,据此推断,则该书想系出于刘海粟君之手笔。然就刘君平日与鄙人之交情而论,想刘氏必不至丧心病狂若斯。姑作进一层之推断,则或系另有人伪造该书,欲嫁罪于刘君,而破坏鄙人与刘君之友谊者。由前之推断,鄙人自应以法律手段对付刘君;由后之推断,亦当请质刘君负责,查明此事真相,冀其责有攸归。"

述及争执交涉经过与启事初衷,徐朗西解释说自己前"再四考虑,不敢鲁莽从事,乃委托律师致□(函)前去质询",而"刘君亦委托函复,两方函件,往来数次",惜"仍无圆满结果",求慎重起见,乃声明"来往函件恐与刘君名誉攸关,暂不宣布,如为刘君同意,亦可续为发表"。并声明其"身任新华艺术专科学校校长,关于敝校之安危,应负全责任"。惟今日之事,"既碍于友谊关系,未便贸然诉诸法律,复苦于□(数)次函件交涉,仍无结果,又未便遽置之不理。公谊私情,交战于方寸之中,莫若自解"。因此只能"将此事颠末,披露于报端,以求艺术界、教育界暨社会一般明达知(挚)友之洞察明断,冀敝校名誉不致中伤,而鄙人与刘海粟君之友谊,不致由此破裂"。事出无奈之间,故有今日报端"启事"之发生。为表诚挚起见,函末尤郑重承诺:"如有能证明该函确为何人笔迹者,本校尤当重谢。"

四、争执趋向白热化

阅读 12 日《益世报》(天津版)徐朗西启事,刘海粟被借助报端"启事"、声称"来往函件恐与刘君名誉攸关,暂不宣布"等方式争取舆论的目标指向彻底激怒,认为徐意在以函要挟,逼他就范,混淆视听,一伤自己名誉,二伤上海美专校誉,是可忍,孰不可忍。因此与律师陈霆锐权衡利害,也借《益世报》(天津版)便利,于 13 日刊发启事实施反击,并抢先公开其与徐朗西之间围绕"信函"一案往来的函件。

因是,当日《益世报》(天津版)步趋事态变化,不甘寂寞,急以《刘海粟答徐朗西——否认捏造谣言》为题再次刊发评论,称"昨本栏载刘海粟'四面受敌'一文,记新华艺术专科学校校长徐朗西因刘海粟有捏造谣言,中伤新华艺校之嫌,特刊登广告,宣布真相,以求艺术界、教育界及社会一般人士之公断。翌日,刘海粟亦刊一启事,答覆并说明此事之真相"。论中更特别指称双方由是各执己见,互不相让,事关重大,势成水火,因此有必要"将其答覆启事转录如次",求诸舆论之监督、评判。

我们略去徐、刘双方往来函件,只选刘海粟启事要点来窥测内蕴,其中指称"本年 10 月 17 日,鄙人举行欧游近作展览会之时,忽接朱章宝、阎世华律师代表新华艺术专科学校校长徐朗西君来函",从而引发往来争执函件,"当委托陈霆锐律师复函否认",辨析明白。不意"今徐朗西君启事有云'来往函件恐与刘君名誉攸关,暂不宣布云云。……'",似乎如此这般"理"在徐方,而"咎"在刘方,是则"鄙人不妨将来往函件据实宣布",并依徐朗西来函手段,"以求艺术界、教育界暨社会一般明达知(挚)友之洞察"。

涉及所谓"捏造谣言"之事,刘海粟启事坚定辩解,称:"全系奸人挑拨恶感,希图毁坏本人名誉而已。察徐君启事内有附□之伪函照片,不但字迹不合,即信笺格式亦属非是。且云函之内容,事理显明,毋庸哎哎。"

守此逻辑,启事故认为"新华艺术学校之是否被搜查,与本人无涉,更何以书一便函转告任何私人"。而"书中又有'告海若,告我校学生会'一节,尤属无稽,更足证明此函出于奸人凭空捏造,因上海美术专门学校现时并无学生会之设也"。因在末尾挟气宣泄,强调:"徐君既以多年友谊为重,迟早当能明白此中真相也。"

事已及此,和气重伤,友谊破裂,"爽直豪放"与"个性又强"[13]的当事双方一时都不愿就此罢休,负气之余,随之各自准备放弃借助律师函件疏通途径,转而寻找对簿公堂的法律途径,这导致此前双方尚殷殷顾及一丝旧谊的君子式争执陷入僵局,趋向白热化。睹此状况,13日《益世报》(天津版)不复再有纠纷初起催动舆论那份勃勃锐气,转而郁郁担心"此重公案结果不知将如何了结"。

五、从混战到寂然

呼应13日《益世报》(天津版),14日《上海报》特意刊发浪花撰写《画坛怪剧:刘海粟徐悲鸿徐朗西混战种种》一文;16日至17日,《盛京时报》又连续以"刘海粟四面受敌"为题发表与《益世报》(天津版)刊文大致类同的文字消息;19日,与《福尔摩斯》《晶报》《罗宾汉》齐名,号称上海小报四大金刚之一,前在11月7日刊发碧云《徐悲鸿不愿充高徒》一文的《金钢钻》也不甘寂寞,再发碧云《徐朗西刘海粟之争》一文用心推毂……

"混战"竟起,舆论至是大哗。溯自20世纪20年代以来以"模特儿事件"为中心的海上绘画界争论,得徐悲鸿与刘海粟、徐朗西与刘海粟两个主题争论的混接推动,围拢"名誉",变奏发酵,再次将"艺术叛徒"刘海粟推向时代的浪潮。

为此,《画坛怪剧:刘海粟徐悲鸿徐朗西混战种种》一文跃跃评判:"在目下刘海粟做美专校长,徐悲鸿做中央大学教授,徐朗西做新华(艺专)校长,本来各自有地位,相安无事。不料一个想入非非的曾今可,忽然发见徐悲鸿、林风眠是他徒弟,还有一个匿名造谣的李某,冒刘海粟的笔迹,中伤与中华艺大有历史关系的新华大学(艺专),遂致这个炸弹,一发而不可收拾了。一个骂他是牛皮大王,艺术流氓,满身俗骨;一个骂他是艺术

---

[13] 姜丹书:《论海粟》,载《申报》1947年6月21日。

绅士,沦于官学派,而不能自拔法国画院之尊严。于是一刀一枪脸皮已经抓破了,而徐朗西、刘海粟又恐校誉和名誉都有关系,所以大家请律师,制锌板,登启事,将要闹到法院里去了……"

互动上文,碧云《徐朗西刘海粟之争》一文又称:

> 徐悲鸿与刘海粟两艺术大师,既演一折"绅士""流氓""官学派""粗制滥造"之争执后,此徐、刘之争,方告静寂,而继起又来徐朗西与刘海粟之徐、刘争执。"此徐"虽异"彼徐","此刘"犹附"彼刘"。我人于此,当可识"浅尝倖进"者之易撄众怒。若谓凡属徐姓者,咸有怨于刘姓,则未免昧于事实矣。徐朗西为中华艺大校长,与刘氏之美专,本"各异作风","马牛不相及",不料近今徐忽接得一函,内为一谤毁艺大之短信,且署名为"海"字。其笺纸为"美专"所用者,函中之关系人"海若",为海粟之弟,而字迹又颇似"刘书",以是徐大不怿,立委律师致函诘问。而刘复书,则认为他人捏造。徐乃将该函制版遍登各报,刘则亦纷登广告以辩护……

《徐朗西刘海粟之争》,载《金钢钻》1932 年 11 月 19 日

涉及"混战"性质及社会影响,《画坛怪剧:刘海粟徐悲鸿徐朗西混战种种》一文还指称"这样五花八门,洋洋大观,诚中国画坛空前未有的怪剧"。碧云《徐朗西刘海粟之争》一文更认为"因此徐、刘之'广告战',遂又如第一次徐(悲鸿)、刘'广告战'之引人注目,遍传艺林矣";只是"经此两次争战之后,当事者在艺坛之地位,已了然于一般人胸中"。是则刘海粟"'中国艺术复兴大师'⑭之头衔,已须重选替人承受矣"。

细睹"混战",徐朗西、刘海粟两人共同或不同的海上朋友如蔡元培、蒋梦麟、朱复戡、陆小曼等一类人物坐不住了,他们纷纷出面斡旋,费力疏解。言海上美术教育界两

---

⑭ 法国巴黎大学教授路易拉洛阿称刘海粟为"中国文艺复兴大师"。

个最有实力的闻人受奸人挑动,发生争执,各不相让,酿成轩然大波,既伤多年友谊,又窒碍艺术之合作发展,导致妒者欢跃,友者忧虑,"名誉"互有伤损,精力至于靡费,君子蹈此,意义全无,亟应"休战"言和,重归于好。

此间情形,19日《金钢钻》不失时机刊载碧云《徐朗西刘海粟之争》一文,含蓄披露,称"现闻徐、刘友人,为此事已出而各为疏解,以免牵动艺术之合作发展"。

接受友人疏解,混战旋趋寂然。一场将要激化变味的争执、纠纷,也迅速趋向平静、和谐。但经此波折,徐、刘间长达数十年的铁杆友谊毕竟受到一定的伤害与影响,想要回归以前共助美专、情同兄弟,刘氏放洋、徐氏守家那样肝胆相照的局面,显然也是不可能了。

及此,我们不知道当年友人调解过程中徐、刘两人是否达成某种信任与默契,我们所能感悟到的,只有而后数十年间两个闻人之间相互恪守的难得平衡与互相尊重,时过境迁,仿佛争执并未发生。

时至今日,我们仍难以完全洞悉伪造函件,引动徐、刘争执神秘人物的真实面貌以及整个纠纷背后更多鲜为人知的内幕。

在特殊时期,选择特殊方式,期望引发混战,置刘海粟于"厄运"者,到底蕴藏着多大的力量?究竟又出于怎样的动机?一切都留待以后时机由后来的人们去思考、判断了。

真实的是,引动纠纷者初始希望看到的最佳结果,终未出现;而对刘海粟与徐朗西来说,这一场突然遭遇的纠纷,本来就不应该发生。或许,这就是那个时期"海派"酿就的特殊味道。

笑嘻嘻的"滑稽事"

梁定东

上海的滑稽艺术和石库门建筑都是国家非物质文化遗产,亦是海派文化的典型。20世纪二三十年代,石库门建筑是主要的上海民居,有众多的滑稽艺人居住于此,这里有鸡犬相闻的邻里关系,有生动温暖的人间烟火,它给滑稽艺术提供了丰富的营养滋补。

滑稽艺术家笑嘻嘻(1919—2006)原先就住于云南路大世界附近的育仁里,后搬迁至大光明影院隔壁的同福里,都是老式石库门弄堂。这里是他栖息生存之地,又是八方人群混居之处。他在弄堂里度过了日久天长的生活,体悟了海派市井的风情,各等人物、各种方言、各式叫卖、各类故事历历在目,根植于心,独具特色的弄堂文化为他后来的艺术生涯打下了扎实的基础。

笑嘻嘻是艺名非真名,他乃苏州吴县阙家桥人氏。他有三个名字,原名阙殿辉,因其父亲13岁只身来上海谋生,投拜张姓艺人为师学魔术,改名为张凤翔,他也稀里糊涂地叫了张文元。一家六口挤在育仁里一间终日不见阳光的后厢房艰难度日。为生活所迫,他9岁登台从艺,稚嫩的肩膀挑起了家庭重担。他天资聪颖,刻苦用功,先与姐姐,后和妹妹在"花花世界"等游乐场唱独脚戏双簧,被大世界老板黄楚九相中,亲自提名为"神童滑稽"。为了取个叫得响的艺名,隔壁邻居朱裁缝建议:唱滑稽的人名字也要滑稽,要引人发笑,让人记得住,就叫笑嘻嘻吧!于是一锤定音改名笑嘻嘻,妹妹则改为笑奇奇。笑嘻嘻的艺名跟随了一生。

神童滑稽最"神"的一招是他12岁时学会了"打莲湘",这原本是城隍庙"出会"时艺人所表演的一种花式,现为上海市非物质文化遗产。表演者拿了一根长竹竿在手中上下挥舞,随着竹竿在身体各个部位的击打,边走边唱着小曲,一个节奏打一下,竹竿不落地上,笑嘻嘻舞耍出神入化、得心应手。后有高手用铜棍代替竹竿,棍上安装响铃,他人小铜棍重,但不畏其难,手臂、大腿、背脊,凡被铜棍击打的地方发青变肿,仍坚持苦练。功夫不负有心人,这个绝招使他受用了几十年,平时只要有空闲时就练上几手,持之以恒,直至1994年75岁高龄的笑嘻嘻在滑稽戏《海上第一家》中腰束彩带、手执莲湘,节奏分明,舞动灵活,让人赞叹不已。

笑嘻嘻师承滑稽三大鼻祖之一的刘春山先生——人称"潮流滑稽",当天的社会新闻当夜便呈现在舞台上。笑嘻嘻跟随学艺12年,不仅学了老师的技艺,也学会了编写。虽说文化水平不高,但非常努力,在恩师的调教下,他锋芒崭露。耳濡目染、看背学记,肚皮里积累了相当丰富的传统段子,就像一本滑稽的百宝全书。同时,他的悟性高,天生一块唱戏的料,表演出众,学啥像啥,各种角色都能演得活灵活现。他说道:他的成功一是有名师指点,二靠自身勤奋努力。

在笑嘻嘻演艺生涯中前半生有两个辉煌。一个是他和姚慕双、周柏春的"电台联姻"。1946年,笑嘻嘻跟朱培声搭档到中央西餐社表演独脚戏。其中有一个节目叫《和气生财》,嘲讽了一些红眉毛、绿眼睛的流氓整天无事生非、欺凌百姓、敲人竹扛。流氓看了演出怒从心头起,恶从胆边生。入夜,流氓在门口等笑嘻嘻出来,把他毒打了一顿。打得笑嘻嘻鼻青眼肿,眼睛出血,最致命的是他的腰腿部被踢伤不能行走。上海滑稽界为笑嘻嘻遭流氓殴打非常愤慨,进行了声援。在笑嘻嘻受伤期间,周柏春特地到仁济医院去慰问,并邀请他伤愈后,到电台和他们一起合作演出。从1946年10月起,一直到1949年3月,他们共同开创了上海滑稽界"姚周笑"三股档的鼎盛时期。在中国文化、民生、九九、合众等好几家电台播出。当时,凡是家中有收音机的市民,到钟点都会收听"姚周笑"节目,陶醉在《孟姜女过关》《三娘教子》《秋海棠》等节目的欢乐气氛中。当年,他们三人年龄相近,形体相仿,经常穿着同款时尚的海派服装同进同出,走在路上非常显眼、引人关注,迅速蹿红。最关键一点是艺术趣味相投,节目精彩,他们共同创造了电台滑稽辉煌。

接着第二个辉煌是"杨张笑沈四大天王的组合"。当时杨华生、张樵侬在上海维纳斯舞厅演出,场方挂牌"重庆滑稽",因为他俩是重庆过来的,自嘲为"乡下滑稽"。上海人酷爱"搭鲜头",因他俩表演别具一格,惹人注目。后因业务日益繁忙,便邀请沈一乐加盟。沈是筱快乐的学生,口齿伶俐,唱功也不错。当时,笑嘻嘻名声在外,正好与姚周拆档,故也被盛情相邀,于是1949年的春天,杨张笑沈"四股档"诞生了,这是笑嘻嘻艺术生

姚慕双、周柏春、笑嘻嘻("姚周笑"从右到左)

杨华生、张樵侬、笑嘻嘻、沈一乐("四大天王"从右到左)

滑稽戏《72家房客》笑嘻嘻饰流氓炳根，杨华生饰伪警察三六九

涯上的又一次飞跃。四人各有特长，戏称"四大"："大眼睛"杨华生擅于唱，"大鼻子"张樵侬擅长托，"大肚皮"笑嘻嘻擅长做，"大嘴巴"沈一乐擅长说。他们每天在大中华、大陆电台广播"四友读唱"，还在"金谷""金都"剧场日夜演独脚戏，上演的节目有《骗大饼》《拉黄包车》《瞎子店算命》《剃头》等。因为"四股档"搭配灵活，节目内容丰富，名声传遍了上海滩以及周边城市，还出版了《四友笑集》，新闻媒体给他们冠以"四大天王"之称。

从此笑嘻嘻如鱼得水，迎来了他后半生的辉煌。凭借他的弄堂生活阅历积累、石库门文化的印记及丰富的舞台经验，笑嘻嘻的文化艺术水准大大提高，不仅创编改编了不少独脚戏的段子，如《钉疤》《小贩叫喊》《各地堂倌》《调查户口》《阿福上生意》《算术》《剃头》《梁山伯讲文明》等；而且还编写大戏，滑稽戏《活菩萨》《三滴血》《拉郎配》《白相城隍庙》《孝顺伲子》等都倾注了他的心血。尤其是《72家房客》就是杨张笑沈在"孵混堂"孵化出来的剧本。因为笑嘻嘻受过流氓的欺凌殴打，印象特别深刻。所以他在编写、塑造、扮演剧中人物流氓炳根信手拈来，入木三分。在复排《72家房客》时,有一节炳根酒后调戏阿香的戏,醉酒的炳根两眼透着淫秽的目光,像饿狼一样晃晃悠悠扑向阿香。因为他演得太投入、太逼真,和他一起配戏的青年演员陶雯以为他要来真的,吓得眼泪也流出来了。另一力作《糊涂爷娘》是笑嘻嘻和绿扬、叶一青在去武汉巡回演出旅途火车上创作的。笑嘻嘻点子多、套子多,火车到达目的地时剧本框架已就,该剧还被搬上了银幕,口碑极佳。正因为他孜孜不倦、倾尽全力的艺术追求,一本本折子戏、独脚戏、滑稽戏由此诞生,一个个活灵活现的社会人物都被刻画得淋漓尽致。他一生写了109部各种作品,并在各类报刊上发表了不少短文、轶事,可谓是个创作型的滑稽艺术家。

笑嘻嘻、嫩娘表演的《矮脚双簧》

笑嘻嘻与梁定东

笑嘻嘻不仅演技精湛、潜心创作,而且是一个酷爱事业、处事认真、作风正派、待人真诚、生活俭朴之人。他平日给人的印象是凸起大肚皮,走着八字路,两眼朝着天,谈笑不轻易。后来才晓得,他是高度近视,你看到他,他看不到你。左眼1600度,右眼2200度,几乎是个"睁眼瞎"。当初家里买了个20寸的电视机,家人都看得津津有味,可他却看不清楚,不是叠影,就是虚影,只好当收音机听。别人看电视,他是听电视。还有一次更可笑的是,他独自去附近文具店买文稿纸,回来路上不小心摔了一跤,旁边有位好心大姐将他搀起,他连声向人致谢,没想到这个好心大姐居然一路搀着笑嘻嘻走回了家,一直搀到了床上,这可把他吓坏了!刚要跳起来,好心大姐说:是我!原来是自己的太太。我曾在人民滑稽剧团担任编剧,笑嘻嘻老师是我的前辈,我经常到同福里去讨教和商谈创作,成了他家的常客。那次中午他留我吃便饭,因师母不在家,他亲自为我去厨房下面。我左等右等不来,就去了灶披间。那里光线十分昏暗,笑嘻嘻拿着筷子撩来撩去。我上前细看,锅子里煮的是块带须的揩台布,挂面还在灶上,真是笑煞人!

他这样深度近视,但在舞台上他从不戴眼镜,全凭着感觉,这是笑嘻嘻多年在舞台摸爬滚打实践证明中领悟出来的。他善于把握人物的基调,演什么像什么,根本看不出来他那么深的近视眼,而且演戏还是那么有灵气,眼神也很到位。他深深理解"笨鸟先飞""勤能补拙"的道理,每到一个剧场,总要先去熟悉一下舞台,走走台。舞台中央行家叫"九龙口",他会先丈量一下到"九龙口"的步数,让自己心中有底。排戏时一遍一遍在舞台上来回走动,摸熟方位。有一回,演《72家房客》,笑嘻嘻演流氓炳根从楼上台阶上走下来。平时他知晓台阶是九格。那天,楼梯在搬上台时损坏了一阶,道具组当时也没注意。戏开场后,他从台阶上走下来,少了一阶,他一脚踏空从楼梯上摔了下来,观众哗然,笑嘻嘻却不慌不忙站起身来说:"哪个瘪三在楼梯上扔了一块香蕉皮,害俦爷滑了一跤,阴生我炳根爷叔,胆子大的。"这一句即兴台词不仅引来了笑声,弥补了刚才摔跤的失误,还表现出流氓飞扬跋扈的本性。

笑嘻嘻对表演艺术精益求精,对剧本创作用心用情。特别在年迈之际还笔耕不止。他总想把他脑海中段子传承给后人,总想把他一生感受的石库门风情展示于世,总想把海派文化发扬光大。随着年龄上去,高血压、糖尿病、心脏扩大、心衰房颤、脑梗等疾病不断折磨着他,但他总是支撑着。微弱的视力丝毫没有减少他写作的热情,他带了高度近视眼镜,加上高倍放大镜勤奋撰稿,自我调侃"华莹山有个双枪老太

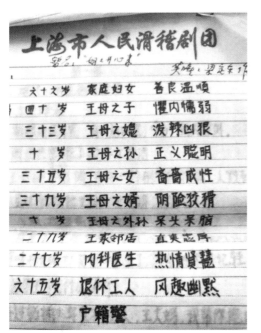

滑稽戏《妈妈开心来》笑嘻嘻手稿

婆,同福里有个双镜老头子"。此景此情让人动容。他常说:做戏做戏,先要做好人,才好做好戏。言简意赅,内涵深邃。他是这样说的,也是身体力行这样做的。

酒色财气忆思楼
——香港海派作家系列之二

沈西城

"江水东流人已淼,风雨声中留'萧'音。"两句歪诗,将时光倒流到20世纪70年代中期。那时,我常到马场去。在人头涌动的马场会员席上,有一个中年汉子,胖胖的,手上挽着一柄阳伞,面孔涨得通红,独个儿一跌一撞地走东闯西。这个人好奇怪哦,引起了我的注目。我想:天气这么好,干嘛要拿着阳伞呢?某趟,跟一个报馆朋友去马场,朋友一见那个汉子,忙不迭地走过去打招呼,寒暄。我问朋友:"那个人是谁?"

朋友白我一眼,说:"亏你还是爬格子的,大名鼎鼎的'过来人'也不认得吗?"

"什么?他便是'过来人'?"我登时精神百倍。

"对,他便是'过来人'。"朋友笑了笑。

"快,快替我介绍。"我慌忙催促。转身一瞧,人丛中,已不见其踪影,不知笃笃笃地溜了去哪儿。

我问朋友:"过来人是不是还有一个笔名叫作'萧郎'的?"

朋友有点诧异:"兄弟,你厉害,怎会知道?"

我回道:"我是《南华晚报》'声色犬马'的忠实读者。"过来人在《南华晚报》写"声色犬马谈"时,用的正是"萧郎"这个笔名。"陌路萧郎,萧郎陌路",这笔名真有

过来人(萧思楼)

点意思。想不到在马场遇到过来人,竟然也上演了一出"萧郎陌路",未能识荆,真教我怏怏不快。后来,工作关系,难得去马场,一直未再遇过来人。

大概是1979年,《香港周刊》创刊,老板董梦妮请我吃饭,商谈稿事。席间,我提起过来人。

董梦妮笑吟吟说:"过叔叔吗?他是我老长辈,下回我请吃饭,替你介绍。"

阿梦言出必行，过了几天，打电话给我，邀请我到湾畔史钊活道同兴楼吃饭，并谓过来人会出席。

那天是星期六，碰巧赛马，过来人大概是刚从马场赶出来，气喘喘，脸通红。阿梦忙替我介绍，他一听，哈哈大笑："西城小老弟，侬个大名我常常看到呢，想勿到介年轻，年轻真好！"伸伸舌头，一派向往。

我叫了声"过叔叔"，伸手跟他相握后，他立刻替我倒了一杯酒："新朋友，老相识，来来来，阿拉干一杯！"酒倒在他嘴里，就像毫无酒精的浓茶，跟着又倒满一杯："再来一杯，再来一杯，再来一杯，你也不会醉……"唱起时代曲来。我不禁皱眉头。我的酒量一向浅，跟过来人那般不知死活地磨下去，不醉倒沙场才怪哩！

过来人喝了酒，话特多，叽哩呱啦，说个没完。一会儿哭马丧，一会儿叹写稿苦。那时，他大约每日要写万余字，长时期伏案，弄得他情绪大坏，是以时而哭、时而笑，教人摸不着头脑。

"过来人"这个笔名，听来有点通俗，其实，他有一个极富于诗意的真名字——萧思楼。光看名字，你脑海里定会浮现出一个文质彬彬、风流倜傥美男子的形象。可天公弄人，过来人身矮臃肿，左看右看，哪有半点作家的范儿？他曾自嘲说："我是武大郎，老婆潘金莲常常欺侮我老头子！"阖座大笑。酒到浓时，心事抖得多，声音也更响，哇啦啦，轰隆隆，震屋裂瓦，不及时掩耳，鼓膜受损。酒以外，过来人对赌也很有心得，他喜欢打沙蟹。金庸也爱沙蟹。我问他金庸是否沙蟹高手？抬抬眉，答道："可以说是高手，比起阿拉，稍稍推扳一点。不过，打到阿末，我弄伊勿过。"我暗忖：既然金庸比你略差一筹，缘何又会赌不过他？奇而问之，过来人摇摇头："小老弟，侬勿懂沙蟹之道，金庸有的是钞票嘛，鸡蛋哪能得跟石头硬碰，伊一叫 Show hand，我拿啥物事得伊 Show！"不过，跟一般朋友打沙蟹，过来人是百分之百稳操胜券。

过来人对沙蟹的门道，可以从他下面一番说话略窥一二："打沙蟹嘛，顶要紧是心平气和，要做到勿动声色，泰山崩于前而色不变。自家牌大，绝勿可以乱加注，加一点，慢慢叫，引人入彀。"

我一伸舌头："喔唷唷！那岂不是很奸诈吗？"

过来人不以为然地说："赌钱勿奸，那赌来做啥？开赌个奸勿奸？"因为够奸，打沙蟹,如同出粮,好过写稿多多。

过来人打沙蟹够精够奸,赌马却不大灵光,结局总是"输多赢少"。听他提到马,便问为什么每趟在马场见到他,总是手提阳伞,面孔通红。过来人笑了几声:"我住在山村道,离马场很近。中午吃饭,必定喝一点酒,然后躺一会,到一点钟左右,便到马场去。人老了,拿着阳伞当士的克,一笃一笃,撑到马场去,特别写意。"怪不得,每趟在马场见到过来人,都看见他手上挽着阳伞。原来是把阳伞当作拐杖,充充上海滩绅士,过过瘾头。

左起:方龙骧、过来人(萧思楼)、陆铿夫妇

过来人对马的爱好,实不下于打沙蟹。在他的专栏中,常提赌马的事儿,炽热程度骇人,可以不吃饭,甚至把西装、手表拿去典当,都要跑进马场厮杀一番。他不是不知道赌马不会发达,可心瘾来了,如来佛祖也拉他不住。唉!有啥法子,瘾了几十年,难戒掉呗!

过来人并没有受过什么高深教育,他自己说,早年在上海当学徒,顶喜欢看戏,泡舞厅,顺手将自己的生活见闻写下来,投到报馆去,想不到这竟成了他异日谋生的工具。过来人、冯凤三、何行、方龙骧在香港报界里,一直被奉为海派名作家。四个人当中,论文笔,过来人最佳妙,文字流畅,韵味厚醇,自成一格,尤其写人情世态,别有细腻深刻之处,他的专栏长期拥有不少读者。晚年,过来人笔锋一转,偏重食经,跟一般写食经的不同,好吃擅烹,独个儿能烧上一桌美味酒席,吃过的人,莫不击节赞赏。

卖文卖了几十多年,对文字生涯可有厌倦?听听他自己说吧:"吃勿饱饿勿煞,有啥办法?我一无所长,除勒爬格子,还能够做啥?做生意?我辩个马浪荡,勿懂得理财,恐怕铜钿吮没赚进,家当已赔人家,唉!我勿是辩种料作,还是爬落去好!"

在香港写稿,找地盘着实不易,过来人却是报馆争取的作家。有一个时期,每天要爬写十几个专栏,加上饭局应酬,忙得他团团转,几乎连睡觉的时间也没有。当然,十几个专栏难不倒他,就算二十个,又算啥?绝不放在心上。教过来人最伤脑筋的,是送稿。十几个专栏分隶十家报馆,这些报馆有的在九龙,有的在香港东区、北角、湾仔、上环,一家家去送,侬说要命哦!后来,稿费加了,过来人特别请了个男孩,替他送稿。工钱不高,男孩很快便撒手不干,过来人只好重作冯妇,自己坐的士,一家一家地去送。写一段稿能赚多少?付掉的士费,简直是得不偿失。幸好,女儿长大了,自动请缨,替老父奔走,这才解决顶顶头痛的问题。过来人写稿的时间颇有规律,早上起来,进早餐后,便去散散步,然后伏案,写到中午吃饭,饭后小睡片刻再写,到四点多,便拿着稿去送。挨下来,就是消遣时间,约朋友吃饭聊天,畅论今古,徵歌逐色,自然离不开酒。中西美酒,威士忌、白兰地、毡酒、五粮液、高粱酒等,无所不饮,饮而后醉。

别看过来人那时已经五十有多,跳起舞来,劲道不输青年人。我跟他一起去跳过舞,过老板毫不客气地抢走我的女朋友,一二三,的士高跳个不停,直把我女朋友的脚跳肿,喔唷唷地叫,过老大仍不言倦哪!阿梦忍不住笑他跳舞像螃蟹在爬,过来人反唇相稽:"小阿弟,侬跳得像一根竹竿在河里上下淘!"性格乐观爽朗,健康不坏。人家到五十岁,肥腻食物已不敢轻易沾唇,他却是大鱼大肉,百无禁忌,照吃如仪,有人提点他小心血管硬化。他毫不理会,挺胸,理直气壮地说:"有人搭侬讲,吃饭会生 Cancer,那侬还吃不吃饭?"歪理变真理,过老板拿手好戏。

过来人的私生活,多姿多彩,几乎每个晚上,都有应酬。为什么有这么多人喜欢请他吃饭?内里原因,听我细细道来。

香港所有酒家、酒楼的老板,差不多都是过来人的老朋友。过老板来吃饭,不仅招呼好,取价公道,而且斤两十足,不会偷鸡摸狗。要知道,过来人是点菜能手,有他在场,什么都安排得妥妥当当。六个人吃饭,他会问清楚各人口味,然后"对症下药",叫来适合各人口味的小菜,吃得开心,宾主尽欢。这样贴心的专家,哪里找?过来人不仅熟悉沪菜、京菜、川菜,南来数十载,粤菜也是门槛精到九十六。可惜他写食经,东凑西拼,天马行空,了无系统。倘能好好搜集资料,排比分类,编集修饰,大有可能成为香港食经的典范,远胜那些捞什子狗屁不通的所谓食经。

写作三十年,过来人有什么满意的作品?

说起这问题,过来人自己颇有遗憾,说:"小阿弟呀!老阿哥实在想勿出有阿里篇是我满意个,要吃饭嘛,瞎七搭八,全是垃圾货色!"客气,客气,太客气了!莸中有薰啊!

如果我不是老昏头,记忆没错,过来人的作品好像从来没有出过单行本,这岂不是天下怪事吗?过来人的作品,严格而言,可以分为两种:

(1) 随笔:多数写身边琐事,旁及食经,人情世态。如《明报晚报》的《朝花夕色》、《南华晚报》的《酒色财气》专栏便是。

(2) 小说:多数写洋场百态,如以阿筱笔名写的《托臀私记》等。

这两类作品,以第一种拥有较多读者。至于用"阿筱"笔名写的小说,读者数目大有不如。老实说,过来人真的不适合写小说,且说欢场小说吧,哪写得过何行!于是多年来,只聚精随笔,成绩不俗。词家风三曾言:"思楼兄的小品,有许多是具有深厚的人情味和生活的实感气息,写情、写景都有一手。"这类作品,自有其一定的价值,如今都湮没了!老木苍波无限悲,奈何!

意犹未尽,横插一段。倪匡跟过来人是好朋友,一老一小,阿青阿黄,有个时期同座大厦,上海男人对门居,朝夕相见成莫逆,无话不讲、无言不谈。有趟酒后醉语:"小叶,萧老板人老好人,搭人家养女儿。"咋说的?原来过来人身边的女人带了两个女儿来跟他。别的男人皱鼻头,过来人却能人之不能,甘之如饴,三日两头在朋友面前夸自己的女儿说:"我两个宝贝女又漂亮又孝顺,人见人爱!"气度之宏,岂常人哉!说来没人相信,过来人笔耕多年,居然没什么积蓄,别说房子,连汽车都没一辆。晚年病革,医院撒手,转嫁疗养院枯候死神至。好友吴思远、雪茄李相伴往探,偌大的胖子,形锁骨立,瘦得不成人形。吴思远眼浅,眼泪泉涌:这真的是萧老板吗?病魔啮人,硬生生把好人折磨致死!断壁分山,空帘剩月,故人天外!萧老板,小阿弟知你最终含男人所痛而殁,垂泪至天明!

《鹦哥》中的周鍊霞白话诗

陈子善

《鹦哥》,绿芙著,1933年7月上海文华美术图书公司再版本。此书版权页未录初版时间,但从作者绿芙的《代序一》诗落款"十七年,十月"和忏红的《代序二》诗落款"七,七,十七"推断,初版当在1928年11月至1929年初之间。

绿芙是徐晚苹(1906—?)的号,也是笔名。他出身望族,曾祖父是清同治年间状元,官拜大学士。其本人擅长摄影,也常舞文弄墨。他与画家、诗人周鍊霞(1906—2000)1927年喜结连理后,留下了两本纪念集,一为夫妇俩合作的《影画集》,收入徐晚苹的摄影和周鍊霞的画;另一就是这本《鹦哥》。

《鹦哥》是短篇小说集,共收入《辣裴脱之笑》《梦》《痛别》《梅花姑娘》《晓色》《鹦哥》《石屋岭》七篇小说。书前有两页题词,一为"献给我友忏红",另一为"献给亡妹小茜",而"忏红轩"正是周鍊霞的室名。《鹦哥》封面上方有一对鹦哥图,出自周鍊霞的手笔,图右下角有她的署名"鍊霞"。书中每篇小说前,又有周鍊霞绘彩色插图一帧,共七帧。因此,说这本《鹦哥》也是徐晚苹周鍊霞夫妇合作的结晶,应是名副其实的。周鍊霞以中式国画享誉海内外,但她早年曾为新文学书籍作西式插图,亦庄亦谐,这大概是唯一的一次。

绿芙这七篇小说大都写青年人的生活,从求学到恋爱,从乡村到都市。《痛别》是对话体,《鹦哥》还写到了北伐革命,总体而言,文字是清通的,但艺术上并不怎么出色,只能说明新文学当时已风行一时,爱好文学的青年都喜欢写写小说写写诗。倒是周鍊霞这些插图风趣盎然,个人风格鲜明,颇具特色。更令人意外的是,周鍊霞的《代序二》是首白话诗,照录如下:

　　清清的湖水呀!
　曾几度载我们来游的轻艭?
　　明明的波痕呀!
　曾几回照我们低顾的容光?

乌黑的云呵！
从山凹随风飞来；
　　骤猛的雨呵！
莫把我们的小船打翻！
衣湿，履湿，身也冷湿，
　　坐在船头的人儿呀！
快加力扳桨，使我们早些归吧。

　　明月才从湖边升起，
我们是繁华场中跑来的人，
　　那里认识你如此大的圆魇？
难怪我们惊奇了一回！

　　等到三潭印月坐了好久，
高悬半空的月儿呵！
　　从树影隙里，眼底波上，
仍显出你娇小的身材！
　　好景去了！
甜蜜的梦也残了！
　　好景等着有来时；
甜蜜的梦呵！
　　要追回你未免太心痴！

　　静静地怀念和幽想，
只留得许多别后的惆怅。
　　除了脆弱的他的心灵呵！
啊啊！和谁去诉说这滋味的凄凉？

七，七，十七，忏红

周錬霞不仅画好,也以旧体诗词名,已有《无灯无月两心知:周錬霞其人与其诗》(刘聪辑,北京出版社 2017 年版)行世,其《庆清平·寒夜》中的"但使两心相照,无灯无月何妨"句,曾传颂一时。同时,周錬霞对新文学也有浓厚的兴趣,这可以拙编《遗珠》(海豚出版社 2010 年版)为证。但她早年写过白话诗,以前一直不知道。《遗珠》只收入了她的白话小说和散文,无白话诗。这首《鹦哥》的《代序二》写周錬霞与丈夫同游杭州西湖的情景,在骤雨中游、在明月下游的所遇所感,平心而论,描绘是较为细腻的,但同样并不怎么出色,与她差不多同时写的《西湖归棹》相比还是有点逊色:

湖光山色两依微,醉里闲吟兴欲飞。

柔橹数声烟树外,小舟载得月明归。

不过,作为一种写白话诗的尝试,作为迄今所见周錬霞唯一的白话诗,还是很难得的。

《鹦哥》书影

《辣装脱之笑》插图

《梦》插图

《痛别》插图

《梅花姑娘》插图

《晓色》插图

《鹦哥》插图

《石屋岭》插图

海派小品文杂志经眼录

谢其章

饶有兴趣读了吴晓东教授的《1930年代的沪上文学风景》，喜欢这种以图书期刊切入现代文学研究的写作方法。书中这章"《人间世》与林语堂的小品文运动"尤其对我有启发。吴晓东教授称之为小品文刊物的《论语》《人间世》《太白》《新语林》《文饭小品》《芒种》《西北风》等寒舍大体完备，亦有话可说。

盛行于20世纪30年代海上文坛的小品文杂志，早已偃旗息鼓丢了话语权，偶尔被现代文学学者提起，仍旧免不了一番以鲁迅的话"此地之小品文风潮，也真真可厌，一切期刊，都是小品化，既小品矣，而又唠叨，又无思想，乏味之至"来贬损挖苦林语堂们及其作者。我倒是为小品文刊物抱点儿不平，鲁迅还有一番弦外之音的话呢："小品文本身本无功过，今之被人诟病，实因过事张扬。"呵呵，鲁迅吃醋了？那倒不见得，可是倡导小品文的两位主帅林语堂和知堂老人（"三堂"还差一个"鼎堂"郭沫若）都是让鲁迅不舒服的人物却是事实。小品文刊物均产自上海，那个时候恰恰鲁迅已定居上海，眼前晃来晃去的，能不招鲁迅烦吗？鲁迅定居上海以后所评论的人物极少有上海之外的，鲁迅杂文的创作灵感和素材多取自上海滩日夜不息的报章杂志。

在没有什么藏书指南，没有什么藏书家指导的当年，我怎么会先知先觉地一眼就相中了小品文杂志作为专题收藏？很像张爱玲还没有红遍天下的当年，我先知先觉地相中了张爱玲作品首发刊作为专题。这些杂志如今安安稳稳地"藏于吾家"。非常巧合的是小品文刊物三大品牌《论语》《人间世》《宇宙风》正是我最初购藏的三种大套杂志。于是以故，从私人的角度，现在可以说小品文及小品文杂志"存在即是合理"，它们是"小摆设"但并不存在"抚慰和麻痹"功效吧，持此观点或许过于抬高文字的力量及过于看低读者大众分辨是非的能力。小品文杂志风行于1932—1936年，等到民族存亡时刻到来，它们（以《宇宙风》为例）不是文风大变挺身呐喊了么？它们并没有"商女不知亡国恨，隔江犹唱后庭花"吧？

当年一脚踏进琉璃厂海王邨旧书店时,脑子里一点儿民国杂志的版本知识也没有,从来没接触过的民国杂志怎么能够那么强烈地吸引我?不但没有版本知识,现代文学史人物也就知道鲁迅、老舍、林语堂、郁达夫等几个人,真是两眼一抹黑。虽然啥也不懂,却看穿了中国书店杂志合订本"夹心饼干"式的把戏。啥叫"夹心饼干"呢,举《人间世》为例吧。《人间世》出了42期,分为3个合订本,我买的这套42本里有14本是复印的,28本是原版,3个合订本花插着安排复印本,复印纸煞白煞白的特别扎眼令人不爽。吾友赵龙江兄买的《逸经》也是"夹心饼干"(1995年10月3日日记:"赵龙江来访,刚刚购三册合订本《逸经》300元,36期有13本原版的。"),但他那套复印用的是灰不溜秋的纸,不像白纸那么耀眼,与民国纸混杂一处倒亦"水天一色"。中国书店20世纪五六十年代装订的杂志合订本绝无"夹心饼干"现象,后来为什么动歪脑筋出此下策,主要还是为经济效益。一套原版的《人间世》一分为三(套),当然比卖一套多来钱了(写到这里忽然想到上海书店会不会也干过"夹心饼干"的勾当,马上请教在上海书店旧期刊部工作了大半辈子的陈克希先生。陈先生告诉我上海书店不屑"出此下策",上海是旧期刊出版重镇,货源之充足北京比不了的)。除了《人间世》杂志,寒舍所存《谈风》和《宇宙风》"乙刊"也是"夹心饼干"。经过了许多年,《人间世》和《宇宙风》"乙刊"被交易和交换出去了,盖有了原版来替代之。《谈风》一直没有机会得到全份原版的,所以仍在手里。顺带说一句,《古今》杂志我起手"一鼓擒之"的即是"老僧古庙"原版本,后来又得到三套,一套是中国书店的"夹心饼干",图它价钱便宜留在手边勾勾画画;一套交易给了书友;第四套是黄俊东藏本(全部是复印本),也留在手边了。

寒舍所得原版全份《人间世》之前曾经买过不少零册,零册凑成全帙绝非易事,零册翻阅起来比合订本方便,合订本宜于长久保存,两者各有各的优点。这套《人间世》到我手时就是合订本,私人装得不够规整,我又在外面店铺花钱重新进行了改装。《文饭小品》也是如法炮制,我也存有复本。良友图书印刷有限公司出品必是精品,几乎无一例外。林语堂发刊词才有底气说"纸张印刷编排校对,力求完善"。对比中国杂志公司出品的《文饭小品》用纸,就能看出两者的差距了,版式上更没得比了,不知哪位说过《人间世》"古香古色"。奇怪的是《文饭小品》敢定价"二角",《人间世》财大气粗只定价"大洋一角五分"。真正出奇和招鲁迅烦的是《人间世》创刊号"卷首玉照"乃"京兆布衣知

 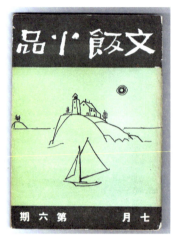 

《人间世》第 35 期　　　　《文饭小品》第 6 期　　　　《太白》创刊号

堂(周作人)先生近照",夸张的,整页的,光头的,目光似疑似怨的"鲁迅二弟"。当时周氏兄弟失和已 11 年,鲁迅已迁居多地躲来躲去,好不容易在上海安顿下来,猛抬头瞅见别来无恙越混越好的二弟心里难免别有情绪(鲁迅收藏有全套《人间世》)。二弟近照后面即是二弟手书《偶作打油诗二首》,目录上写的却是"五秩自寿诗　周作人",林语堂利用主编之权把知堂老人架火炉上烤,引来满城非议。知堂老人后来辩解称:"过了两天,又用原韵做了一首,那时林语堂正在上海编刊《人间世》半月刊,我便抄了寄给他看,他给我加了一个'知堂五十自寿诗'的题目,在报上登了出来,其实本来不是什么自寿,也并没有自寿的意思的。"去年有位书友想借《人间世》去复制若干套,没好意思向我张口,花高价(好像是几万块)在南方买了一套,复制没复制成我就不知道了。近年《论语》和《宇宙风》均有正规影印本正式出版,《论语》177 期,《宇宙风》"甲乙刊"相加 208 期,体量庞大,不知为何小体量 42 期的《人间世》倒被遗漏。

下面来说说《文饭小品》,从名字上来说便是标准的"小品文杂志",1935 年 2 月出版,总出六期。主编康嗣群在"创刊释名"里说:"且说我们这个'文饭小品'这个名字,乃是袭用了明季文人王思任的文集的名字,虽然我们并不详细地知道他当初如何解释这个书名。"其实,康嗣群的另一番话才道出了真实想法:"这一二年,小品文似乎在文坛上抬了头。因为抬了头,于是招了许多诽谤。"诽谤,可不是个好词,是不是指鲁迅,鲁迅可是在《"京派"与"海派"》里不点名地刺了一下《文饭小品》的："是有些新出的刊物，真正老京派打头，真正小海派煞尾了。"明眼人都知道"老京派"是指兄弟失和之后的周作人，"小海派"则是与鲁迅有过节的施蛰存。《文饭小品》发行人施蛰存在创刊号上写有"发行人言"，内云："朋友们听说我将自己发行一个小品文刊物，都觉得诧异。难道施某将借此赚钱？或许他有什么社会上的派系作背景，办个杂志来有所企图？"施蛰存还透露了几个内幕，如上海杂志公司老板张静庐答应"代理发行事物"，康嗣群则称"要办便自己出版，可以任性"。显然施、康两位和现代书局（《现代》杂志）未能善始善终，带着情绪来弄个《文饭小品》散散心。施蛰存甚至连《文饭小品》的结局也预见准了："说不定出了几期便会废刊的。但是废刊尽管废刊，已出的几期总是舒舒服服的任意的出了。"呵呵，"任性"乃当下的网络热词，谁知早有前辈"运用自如"。施蛰存不爱用"停刊""终刊""休刊"而偏爱用"废刊"。《文饭小品》停刊之后，仍不甘心的施蛰存又为戴望舒主编的《现代诗风》杂志当了一回发行人，不料《现代诗风》命薄，即生即死仅出一期，施蛰存却及时在上面留下《〈文饭小品〉废刊及其他》一文。自此施蛰存断了办刊念头，蛰伏十年，1946年4月施蛰存与周煦良合编《活时代》，外形和《文饭小品》别提多像了，内容上别提多不像了。旧期刊目录上称《活时代》仅出一期，实际上出了三期。《上海文化》1946年3月第3期称："《周报》发行人为联华银行经理刘哲民。彼并主持上海出版公司，除发行《文艺复兴》外，另邀施蛰存主编纯翻译刊物《划时代》。"上海话里"活""划"容易念混了。

去年我的一本新书用了"文饭小品"为书名，这个古怪的书名引起了读者好奇心，媒体也好奇，新华网、中央广播电台和广西卫视先后给我做了节目访谈。2016年我的一本书名用了施蛰存的篇名"绕室旅行记"（见《宇宙风》第10期），有一不可有二，终于被读者诟病"谢其章喜欢模仿和抄袭书名"。模仿尚属实情，抄袭则言重了吧。要说抄袭，施、康也算抄袭么，周黎庵1996年出的随笔集亦径称《文饭小品》。

《文饭小品》外形小巧可亲，不似《人间世》那样望之俨然。虽然只存活了半年六期，可是六期封面各具其妙，刊名题字陆维钊（1899—1980），陆维钊书法时称"蝶扁书"。前三期封面绘图依次是吴观岱、汉石画谶舞、苏曼殊；后三期封面绘画用的是洋艺术家的小品画。早先我在六里桥中国书店库房一下子买到《文饭小品》四本，刚要付款（80

元),被经理一把拦下:"这种杂志怎么能卖这么便宜!"只好放下,改天再去时价钱标高了一倍。中国书店古旧书刊定价早年还有个价签管着,后来干脆不标价或临时用铅笔随意标个价,这些招数庶与"看人下菜碟"近之,猫腻多有,书商毕竟也是商人,重利轻义,本色当行耳。

再往下先要纠正一个史实,有说1934年是"杂志年",有说1935年是"杂志年",我也经常一会儿写"1934年",一会儿写"1935年",没个准。很简单就能搞清楚哪年是,查查《1934年中国文艺年鉴》(杨晋豪编,北新书局1935年版)呗,那上面说:"本年度虽然号称'杂志年',而且在六百余种的期刊中,纯文艺性质的占有二三百种之多。"这下确定了1934年是"杂志年"。我的意思是1934年不但是"杂志年",而且是"小品文杂志年"。果不其然,《年鉴》里不断出现"小品散文的广泛盛行""小品文字的极度兴盛""这类文字的期刊有:《太白》《新语林》《论语》《人间世》等"。《年鉴》将小品文刊物"划分为不同的两种:一种以反映社会凡百变动的现实为目的,灌输一切科学智识,使科学与文艺联合起来的,以《太白》为代表。另一种以个人灵性为出发点,而逃避现实的,则以《人间世》为典型"。

既然《太白》是科学的文艺的进步的小品文刊物,理所应当早早就出版了影印本。当初我是在演乐胡同中国书店期刊部买到《太白》影本的,价钱是120元已高出定价好几倍。买到后当作好消息写信报告给成都龚明德先生,他回信托我给他也买一套。没几天龚先生打来电报称已买到了《太白》,担心我买重复了(1994年4月5日日记:"下午收龚明德汇款300元,购《太白》《读者良友》《书比人长寿》。"4月7日日记:"昨晚接龚电报,吓人,暂不买《太白》了。"4月8日日记:"给龚把那几种书刊买到手花了114元。")。为了一套杂志打电报当年应算作豪举了,也说明120元在当年不是个小数目。

《太白》半月刊1934年9月出第1期,生活书店印刷及发行,主编陈望道。与其说《太白》是小品文刊物,不妨称它为杂文刊物。置于1934年的形势,又是"杂志年"又是"小品文"甚嚣尘上之年,《太白》颇有与《人间世》对垒的意思。把《太白》与《人间世》放一起读读,两者显然是不能互换的,甚至连"你中有我,我中有你"亦嫌少有。《人间世》出版在前,《太白》出版在后,《太白》后发制人,傅东华《小品文跟苍蝇》发出暗箭。"小品文"可以说是泛指,"苍蝇"则针对林语堂的发刊词"宇宙之大,苍蝇之微,皆可取

 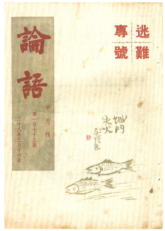 

《论语》第 91 期，鬼故事专号上册　　《论语》第 173 期，逃难专号　　王力收藏《论语》专号合订本

《宇宙风》第 33 期　　《小文章》创刊号　　《谈风》第 6 期，新年特大号

材,故名之为人间世"。与《太白》相近的《新语林》《芒种》,归入小品文刊物还是挺牵强的。《1935 年中国文艺年鉴》称《芒种》"是反对个人笔调、闲适、性灵的杂文刊物"。巡阅书肆几十年,从未碰到《太白》《新语林》《芒种》零本,可见杂文刊物印量远少于小品文刊物。网络兴起之后,我才买到过这三种杂志的零本。全份 24 期《太白》是上海一位隐名埋姓的藏书家转让给我的。唐弢称《莽原》为"佳刊物",《太白》《人间世》亦可称之为不同风格、不同立场的"佳刊物"。

林语堂旗下另外两种小品文刊物《论语》和《宇宙风》，学者们为了表述的方便，往往图省事装在一个箩筐里。其实《论语》应该算幽默刊物，《宇宙风》前半截算小品文刊物，后半截可算作散文刊物（出版了56期的《宇宙风》"乙刊"径称"散文"刊物），《论语》则一直保持幽默本色。这两种杂志既是我最早入手的民国期刊，又是至今没有配齐的期刊。《论语》还少一期（总出177期）。《宇宙风》"乙刊"56期齐刷刷地一次购齐，书品之佳无人能及；"甲刊"152期尚差46期。《论语》刊史分为两截，以全面抗战八年为界，1946年复刊后所出第118—177期较容易搜集，1932—1937年的第117期前一百期也容易买到，越往前数量越多品相也越好。《论语》印量大，中国书店期刊收购目录上一度曾注明《论语》"暂不收购"。《论语》在书市上曾一块钱一本甩卖，我所存期刊复本里数《论语》最多，多到可以再凑出一套《论语》来。《论语》里较珍贵的是那十几个专号，《癖好专号》我只有一本，一直想换一本品相完美的，一直未能如愿。《鬼故事专号》（上下两册）现在网络书店悬价很高。语言学家王力（1900—1986）喜欢收集《论语》专号，2002年我曾在拍卖会上竞得他旧存的《论语》专号手制合订本，封面写有"王力存"，钤"槐荫书室"印，内钤"王力藏书"章。上海驰翰2021年春季艺术品拍卖会126号拍品清初钞本《画法年纪》，钤印数枚，中有"槐荫书室"和"王力存书"两枚，可证王力的书斋名称确为"槐荫书室"。另，1948年"观察丛书"里收有王力的《龙虫并雕斋琐语》，内有《谈谈小品文》一文。显然，王力对小品文是感兴趣的。

　　《宇宙风》寒舍为什么差那么多？那是《宇宙风》的经历造成的。全面抗战八年坚持出刊的杂志《宇宙风》也许是独一份吧，而且是在颠沛流离中的坚持。1935年9月《宇宙风》在上海创刊，出到66期；1938年5月迁广州出第67—77期；1939年5月迁香港（同时在桂林设分社）出第78—105期；1944年迁桂林出第106—138期；1945年6月迁重庆出第139、140两期；1946年2月迁广州出第141—152期终刊号。寒舍缺藏的几十本均为第67期之后的，可见全面抗战时期办刊的艰辛万状。统计一下，（前）广州时期缺一期；香港时期几乎全缺；桂林时期几乎全缺；重庆两期不缺；（后）广州时期一本不缺。总结一下集藏《宇宙风》的心得：和平时期干啥都容易，战争时期干啥都不容易。鲁迅先生如果知道《宇宙风》的后半截历史，也许在《小品文的生机》和《小品文的危机》之后可再写上一篇《论小品文的战斗性》。

宇宙风社、西风社、谈风社同人欢迎林语堂先生（后排左二）去国留影

30年来，我经常向藏书家姜德明先生汇报书肆动态书价行情，姜先生会告诉我哪种期刊稀见哪种期刊重要。1993年秋，中国书店拍卖公司上拍了一批（50种）民国文学艺术期刊创刊号，以7700元成交。事后我打听到买家是北京黄开桓先生，自此经常电话聊天交流信息。某次六里桥中国书店期刊库房展卖会，黄开桓买到《小文章》创刊号，150元。我把这个信息汇报给姜先生，姜先生说他不存《小文章》，我就请黄开桓拿着《小文章》给姜先生看。1998年2月，姜先生写文章《小品文的是非》记此事："多年来，我也寻访一点旧杂志，没有专门找过'创刊号'，先得到的是《每月小品》。一位喜藏创刊号的青年朋友新得《小文章》，承他借我一阅，这才弄清这一刊物的来龙去脉。"从那时起我记牢了《每月小品》和《小文章》这两种籍籍无名的小品文刊物，却直到前两年才如愿以偿，价钱是二十几年前的20倍。我汇报给姜先生，他对于高昂的旧书价已不像过去那样痛斥为胡闹了，只漫应了一声。

末了再讲几句《谈风》杂志吧。该志要算小品文刊物的收梢之作，创办较晚（1936年10月25日），终刊亦晚（1937年8月10日）。发刊"缘起"自称"一脚踢去幽默，两拳打死小品"，第1期卷首大照片"宇宙风社西风社谈风社同人欢迎林语堂先生（后排左二）去国留影"。"欢送"误写"欢迎"，正是小品式幽默。吾友祝淳翔称合影中人（陶亢德、周黎庵、徐訏、黄嘉音黄嘉德兄弟、张海戈）为"林氏班底"，一语中的。《谈风》兼得"幽默"与"小品文"之韵味，小品文刊物里的佼佼者。萧斋存有两套《谈风》及若干零本，原版终刊号（第21期）亦是"消夏录专号"却迟至大前年才入手，足见搜求期刊之不易。

小品文及小品文刊物，洵为1932—1937年海派文坛的一股清流，其兴也勃焉，其亡也忽焉。昔读文载道（金性尧）《期刊过眼录》（载《古今》杂志第47期）心潮澎湃不能平复，今撰小文画虎类犬，刊林一瞥，献丑献丑。

姚苏凤的"侦探小说学"（上）

韩 东

姚苏凤（1905—1974）这个名字对于当下的读者来说恐怕非常陌生,但如果翻回 90 年前,你能在各大报纸杂志上看到他撰写的小说和杂文,而不少电影的剧本如《青春线》《路柳墙花》等亦出自他的手笔。从 20 世纪 20 年代末开始,姚苏凤活跃于上海的报业和电影界,作出了诸多贡献。与姚苏凤曾经共事的冯亦代在《副刊·"姚式编排"·等等》一文中曾说:"《小晨报》主要的一个特点,那就是这两版副刊的编排设计,确是独具匠心,后来我们搞副刊的称之为'姚式编排'……版面上辟栏,长条,加花边,转行等等,甚至是两三个'星'点,都显得那么妥帖,使人看了双目清凉。"然而,正是跨越这两界产出的大量文章和贡献,掩盖了姚苏凤所涉足的另一不为人知的领域——侦探小说。嗜读侦探小说可谓是伴随了姚苏凤几十年的爱好,但时至今日,讨论姚苏凤与侦探小说之间关系的文章鲜见。姚苏凤先生在 80 年前对于侦探小说学的研究和推广所作的贡献,足以让他担得起当时"最了解侦探小说的中国人"之头衔。

年轻时的姚苏凤

初试啼声

姚苏凤原名姚赓夔,早在 12 岁时他就以"姚赓夔"之名在《少年》杂志上发表过文章。1922 年,他与范烟桥、赵眠云、郑逸梅等人在苏州发起成立社团"星社",算是正式走上了文学创作的道路。据郑逸梅在《姚苏凤在电影界》一文中的回忆:"他是名书家姚孟起的后裔,包天笑曾从姚孟起游,所以他和天笑有些世谊,他走上写作的道路,天笑、烟桥是带路人了。"同年,在包天笑的提携和举荐下,"姚赓夔"这个名字开始见诸上海的各种报纸杂志,包括《礼拜六》《星期》和《申报》副刊等,当时他所创作的文章以杂谈和鸳鸯蝴蝶派风格的小说为主。1923 年 5 月,姚赓夔发表了自己的侦探小说处女作《侦探之妻》(《游戏世界》第 23 期)。这篇小说讲述的是私家侦探王若钟收到一封署名×的威胁信,信中谈及要报复王若钟的夺妻之恨。身为私家侦探,王若钟自然展开一番调查和推理,分析信件的来源以及妻子所谓的"情人"。在这篇不足 1500 字的小文中,谜题、调查、推理、翻转等侦探小说中常见的元素都尽收其中,但姚苏凤此时恐怕并没有完全了解侦探小说的特点,所以这篇短文更像是夫妻情感小说,而侦探的元素仅仅起到了推进情节的作用。因此,在篇名之前的"侦探试作"四个字就是贴切的概括,这篇处女作更像是对侦探小说的尝试。

或许是姚苏凤在《侦探之妻》中展现的侦探小说创作才能,在同年 12 月的《半月》侦探小说号(第 3 卷第 6 期)中,周瘦鹃作为编辑,再次邀请姚苏凤与当时的名家同台竞技。这期杂志的作者可谓众星云集,几乎涵盖了所有当时著名的原创侦探小说作家,包括程小青、陆澹安、赵苕狂等。此次以"姚赓夔"之名发表的小说为《谁耶》,相比前作,姚苏凤此时更有野心,因为他为新篇目塑造了一个侦探角色鲍尔文,而篇名之前的"鲍尔文新探案"字样显示了他有将鲍尔文作为系列侦探角色之意。与前作不同,《谁耶》称得上是一篇真正的侦探小说,全文围绕一串钻石项链的失窃展开,侦探鲍尔文通过一系列调查锁定了嫌犯。这篇小说在行文布局上明显模仿了阿瑟·柯南·道尔笔下的福尔摩斯系列,但遗憾的是,在最后与嫌犯对质时,鲍尔文并没有什么实质性证据,反而以嫌犯主动招认真相为结,不免让人失望。与这本杂志中其他前辈名

《半月》侦探小说号

家相比，姚苏凤的小说确实存在不足，但这位 17 岁的少年在侦探小说的道路上前途无量。

或许是《半月》编辑周瘦鹃本人对侦探小说的偏爱，在策划"侦探小说号"之前，《半月》目录中就出现了一个"侦探之友"的板块，专门刊登原创侦探小说，最早见于 1923 年 7 月的第 2 卷第 22 期，刊载的是严渥父的《雨中的枪声》。有可能是因为供稿不足，这一板块并不是每期固定出现，断断续续，起先主要刊载张碧梧的作品，后来以王天恨居多。姚苏凤也曾以姚赓夔之名在这个板块中发表过两篇侦探小说，发表时间都在 1924 年 12 月，分别为《怪人》（《半月》第 4 卷第 1 期）和《不测之死》（《半月》第 4 卷第 2 期）。这两篇小说承接《谁耶》，都是鲍尔文探案系列。《怪人》类似福尔摩斯系列的《身份案》，围绕一个神秘人的身份展开，但这篇小说解谜趣味不足，更像是含有政治隐喻的讽刺小品。之后的《不测之死》是一篇不折不扣的侦探小说，而且是几近不可能犯罪的作品。故事说的是卫礼博士正在研究一种毒药成分，却被人发现死在了家中的实验室里。在晚上六点时，博士曾召唤仆人为酒精灯添加酒精。而在八点时，博士被儿子发现死于实验室内，身上没有伤痕。在这个时间段内，并没有其他人进出过实验室。虽然实验室的门并没有上锁，是否有人侵入也很难定论，但仅从案情描述上来看，它绝对称得上是一篇准不可能犯罪作品。与之前几篇小说不同的是，《不测之死》始终围绕着不可能的案情进行解谜，给出的解答也符合同时期原创的水准，可谓是中国早期原创推理中一篇不可多得的不可能犯罪题材作品。

纵观这三篇鲍尔文探案，它们有着一个共同点——新潮。《谁耶》中的交易所，《怪人》中的俱乐部，以及《不测之死》中的科学实验室，这些场所在上海开埠之前是很难见到的。姚苏凤活跃在报业和电影界，都是资讯飞速更新的领域，对它们自然不会陌生，但普通读者在日常生活中很难接触到。利用这些新潮且常人不了解的场所作为背景，显然成为了这个系列的一个卖点。

除了小说之外，年轻的姚苏凤在侦探小说评介方面也有所建树。几乎在发表首作《侦探之妻》的同时，姚赓夔的名字也出现在了另一本杂志《侦探世界》上。这本杂志是我国第一本专门以侦探文学为主题的杂志，时逢西方侦探小说涌入的热潮，由严独鹤、陆澹安、程小青等人于 1923 年 6 月创刊。姚苏凤以"姚赓夔"之名在《侦探世界》上共发

表三篇评论:《侦探小说杂话》(第2期,1923年6月)、《侦探杂话》(第14期,1923年11月)和《侦探小说杂话》(第19期,1924年2月)。虽然这几篇文章非常简略,最长不过300字,最短只有几十字,但颇有见地。比如在1923年的《侦探小说杂话》中他谈到,"侦探小说不宜说及神秘之机关";说到"疑阵"(即如今侦探小说评论中经常使用的词汇"红鲱鱼"①),"不妨多设疑阵……诸疑阵入后必须交代清楚不可忽略也"。在《侦探杂话》中,姚苏凤谈及心得,巧妙设喻:阅读侦探小说就像品尝松子仁,需要细细咀嚼,方得其味,决不可囫囵吞枣,不得其妙;而写作侦探小说则像品味橄榄,要等到下咽之后才有回甘之味,切不可随意嚼两口就吐弃。在另一篇《杂话》中,他谈到当时侦探小说中必有华生式的助手,发出一问——"助手可有乎可无乎",原因无非是侦探小说作者未能免俗,还是依照福尔摩斯华生式(侦探助手搭档)的模式创作,言下之意自然是侦探小说创作应该避免模式化,写出自己的风格。而上文谈到的"鲍尔文探案"中,鲍尔文身边就从来没有助手,姚苏凤显然践行着自己的想法。以现在的眼光来看,姚苏凤这些观点是超前的,与"诺克斯十诫"和"范达因二十条"②中的一些观点不谋而合,如"不得以尚不存在的手法行凶""不应出现太复杂的犯案工具"等,而这两者的提出比姚苏凤之论晚了五年。

如果说《侦探世界》1924年的停刊让姚苏凤失去了发表评介的阵地,令人疑惑的是,直到1925年11月《半月》停刊,"侦探之友"板块一直存在,但这上面再也没出现过姚苏凤创作的侦探小说。难道是学业紧张,让他无暇顾及? 当时他正在苏州工业专科学校念书,但笔者细查其文章发表,发现在1924—1926年期间他仍为许多杂志供稿,包括《新月》《紫罗兰》《红玫瑰》等。这些杂志或多或少都与他认识的前辈同仁有关,包天笑、周瘦鹃、郑逸梅……不过,这些杂志有一个共同点,它们的读者群并不热衷于侦探小说,反而姚苏凤写的那些情感小说更受欢迎。就这样,姚苏凤的侦探小说学停滞了,而这一停就是20年,但他也迎来了人生中最重大的转折——1926年从学校毕业后,他从苏州来到了上海。

---

① 在侦探小说中,通常代表误导读者思路的诱饵,让读者在看到结局之前,误以为某人或某事件为凶手或破案关键。
② 前者由英国作家罗纳德·诺克斯设立,后者为美国作家S.S.范·达因提出。两者都在1928年发表,主要内容为侦探小说创作的法则,涉及故事脉络、角色、动机等方面,对当时的侦探小说创作产生了巨大影响。

中场休息——从"赓夔"到"苏凤"

在《投入银色的海里:无聊的自传》中,姚苏凤深情地谈及自己初来上海的经历:

> 六年以前,我到了上海。我的职业是一个起码的建筑工程师,三角板、丁字尺、直线笔之类的毫无变化的东西,使我在短短的五个月间就发生了厌倦……我离开这一项职业,也许是一件极愚蠢的事……在我家庭里面知道了这个消息以后,我的家长是勃然大怒了。自然他们以为给我化了几千块钱,读了七年洋装书,学了一些专门学识,而一朝我竟毫不顾惜地丢在一旁,这委实是不长进之至! 于是,由我自己的兴趣决定,我打算加入电影界……③

从此,20 世纪 30 年代上海的建筑界少了一位"姚赓夔",而电影界多了一个大名鼎鼎的"姚苏凤"。1927 年初,姚苏凤经管际安介绍,进入上海影戏公司,担任宣传与编辑。时值《盘丝洞》上映,姚苏凤以自己的小说技巧撰写了相关介绍进行宣传,取得了叫好叫座的效果。大约 1928 年初,姚苏凤再次经管际安介绍,进入《民国日报》,主编副刊《电影周刊》,从此开始在电影界和报业之间游走。

随着"姚苏凤"这个名字在两大阵地中打响,原名姚赓夔渐渐退出了舞台。据现有资料,署名姚赓夔的文章最后一次发表是在 1933 年,为上海市教育局的演讲,题名《妇女与民权》(他曾于 1929—1936 年间任上海市教育局科员),之后彻底消失了。

电影特刊《上海》的《盘丝洞》专辑

姚苏凤曾在《安隐私记:又一苏凤》中谈道:"用了'苏凤'这两个字的笔名,大概已有七年了……至于我所以至今还用着这个名字的缘故,则的的确确并没有'金字招牌'的意义;而老实点说,却实在是为了'多年相处,不忍遽弃'的这一个原因。"④姚先生也

---

③ 姚苏凤:《投入银色的海里:无聊的自传》,载《明星》1933 年第 1 卷第 2 期。
④ 姚苏凤:《安隐私记:又一苏凤》,载《社会日报》1936 年 1 月 16 日。

坦言,假如自己迷信起来,这个名字大有不利之嫌,自己也不大有好感了。但这显然是口不对心,他对这个名字还是充满了感情,否则它怎么能代替"赓夔",陪伴了他一生?关于"苏凤"这个名字的由来,姚先生并没有解释过,据笔者猜测,"苏"字或与他原籍苏州有关。而关于这个名字使用的时间,姚先生显然健忘了,早在1923年末的《申报》上,他就以"苏凤"之名为好友写了一篇婚礼报道,之后又以此名发表了不少小说,因此可见远远不止七年。

从"赓夔"到"苏凤"的转变,有两个很明显的原因:其一,"赓夔"两字无论是读音、书写还是可记性,都远远不如"苏凤";其二,当时"姚苏凤"这个名字在上海的电影界和报业都有了名气,公众认识的多是报纸和电影宣传中的"姚苏凤"而非"姚赓夔"。此外,究其深层原因,笔者认为这或许也是姚苏凤对过往的告别,他以"赓夔"之名来到上海从事建筑行业,之后遵从自己的兴趣,改名"苏凤"游走于报业和电影界,"苏凤"所做的一切可能才代表着他真正想要的人生。

在上海的十多年间,姚苏凤先后主编了《晨报》、《民国日报》副刊、《辛报》等,主笔《社会日报》,还和叶灵凤等人创办了《六艺》杂志。在电影方面,他为电影《残春》《路柳墙花》等担任编剧,还编导了《青春线》。这种种大量输出意味着分身乏术,当时的姚苏凤显然很难再有闲暇重拾侦探小说。

不过,这样忙碌的生活随着全面抗战的爆发而被打断。1937年8月13日,淞沪会战爆发,三个月后,上海彻底沦陷,成为"孤岛"。作为《辛报》主编,姚苏凤在编辑完最后一期(1937年11月13日)之后,离开上海前往香港,创立了《星报》。好景不长,香港失陷后,姚苏凤辗转广西最终到了重庆,从1942年末开始为重庆的报纸杂志供稿,并主编《新民报》副刊。相比上海时期,重庆的三年对于姚苏凤来说更像是一个漫长的假期,远离了忙碌的工作之后,他自然而然与自己少年时爱好的侦探小说重逢了。

重启之侦探小说评介

在1945年9月世界书局出版的"霍桑探案袖珍丛刊"中,姚苏凤撰写了一篇序言,这距离他上一篇侦探小说评介已经过去了20年。他在开篇交待了重拾侦探小说的缘由：

> 重庆的夏季长有恼人的燠暑，教人们惮于出门而且懒于做事，但一个经常使用脑力的人却又不习惯于这样的"安闲"，因此，我不得不给废置了的脑力寻觅一个侧面的出路，而我就有机会去读了五六百本的欧美侦探小说。

之后他评价了当时侦探小说的本土环境：

> 就外国作品说，廿年前推崇柯南道尔，廿年后还是推崇柯南道尔；就本国作品说，则除了程小青先生的霍桑探案以外，更找不出第二种水准以上的作品。这种情形，即使不能说是什么了不起的损失，但在一个真正喜欢侦探小说的读者看来，至少是颇有遗憾的。因此，在今年夏天读过了大批的新的侦探小说以后，我尤其固执地觉得侦探小说实有介绍（不论是翻译或创作）的必要。

霍桑探案袖珍丛刊

与国外侦探小说发展差距之大成了姚苏凤在日后评介中时常提到的一个观点，这其实也是抗战胜利后国内百废待兴的一个缩影。当然，姚苏凤的重启自然也有老友程小青的原因，他们两人同为星社成员，而姚苏凤在20年代发表的侦探小说评介就刊载在程小青主编的《侦探世界》上。在序言中，姚苏凤说到"我自己固然觉得'卑之无甚高论'，而小青先生却欣然许我为'知音'"。知音也好，消闲也罢，姚苏凤就这样再续了侦探小说的道路，他自己恐怕也没想到，他那一系列文章使自己成了当时"最了解侦探小说的中国人"之一。

1945年9月抗战胜利后，姚苏凤坐船从重庆回到上海；同年12月，他与冯亦代一起复刊《世界晨报》，任主编一职。在1946年3月28日、31日的《世界晨报》上，刊载了两篇由姚苏凤撰写的侦探小说介绍，题名为《欧美侦探小说的新进步》和《欧美侦探小说的新进展》。在《新进步》中，他介绍了侦探小说的发展：

> 最近的十年里，英美法诸国已经不断地产生了更多更好的侦探小说的作家与

作品,跟福尔摩斯亚森罗苹诸案比较起来,不单在写作技巧上有了显著的进步,我敢于说它们已经整个地换了一个面目,也迈步到了一个更繁复却更精密更诡奇、却更入情入理的新的境界。

而在《新进展》中,姚苏凤在列举了三位当时已有中译作品的作家(范达因、欧尔特·毕格斯、欧尔·史顿莱·茄特纳⑤)之后,发出一问:"我所最奇怪的是:近年来欧美侦探小说界中几位第一第二流的作家的作品在中国反而没有人有系统地介绍过,如英国的陶绿萃赛育丝、亚伽莎克丽斯丹、和尼渥马煦以及美国的伊勒莱奎恩、雷克斯史托脱、达歇尔汉密脱、梅白尔茜兰、卡德狄克逊⑥等等……"遗憾的是,此文末尾虽然写着"未完",但在结尾介绍了多萝西·塞耶斯和阿加莎·克里斯蒂的作品之后,并没有后续相关文章出现。于是,读者必然也会有一问,文中提到的其他侦探小说作家到底有何成就及作品。

这个疑问最终在1947年的《生活》杂志上得到了解答,从6月到8月,姚苏凤分三期发表了侦探小说评介力作《欧美侦探小说新话》,共计约1.5万字。笔者现将此文的要点总结如下,其价值及意义在后文中会有详细讨论。

姚苏凤在开篇老生常谈,再次提到侦探小说当时在中国新文坛的地位:"侦探小说显然是被认为不登大雅之堂的无聊作品……说理由,自然是不屑写,因为文艺创作是应该有重大的意义的。于是,作家们在严肃的工作的号召之下,大家都觉得写小说而以侦探为题材,是无聊,落伍……"针对这一观点,姚苏凤引用之前为霍桑探案撰写的序言进行批驳,谈到了侦探小说的现实意义,即逻辑推理的思维方法、精密设计与严谨结构对当下杂乱无章的社会大众的启示、以小见大的社会教育意义如正义性等,以及回归小说本身的娱乐性。

从第二部分开始,姚苏凤从国人熟悉的福尔摩斯探案开始介绍,一直到当下侦探小

---

⑤ 今译为:S.S.范·达因(S.S. Van Dine),厄尔·德尔·比格斯(Earl Derr Biggers),厄尔·斯坦利·加德纳(Erle Stanley Gardner)。

⑥ 今译为:多萝西·塞耶斯(Dorothy Sayers),阿加莎·克里斯蒂(Agatha Christie),奈欧·马许(Ngaio Marsh),埃勒里·奎因(Ellery Queen),雷克斯·斯托特(Rex Stout),达希尔·哈米特(Dashiell Hammett),梅布尔·西利(Mabel Seeley),卡特·狄克森(Carter Dickson)。

说发展的情况,与前一年发表的两篇文章相比,更为详尽。姚苏凤再次引述了一段与程小青的谈话:"你(程小青)要负责的。为什么直到现在还是要让福尔摩斯作为唯一的偶像呢?这犹如在今天介绍战争武器,还在介绍毛瑟枪,而竟不提起原子弹。"接着,姚苏凤列举了近十位当时的一流作家和作品,包括埃勒里·奎因⑦、阿加莎·克里斯蒂、厄尔·斯坦利·加德纳⑧等;作品如《埃及十字架之谜》《特伦特的最后一案》《箭屋》等。更进一步,他浅谈了以福尔摩斯系列为代表的短篇侦探小说与当时最新发展的长篇侦探小说之间的差异,涵盖了五点:①从重视物证线索转向"犯罪者的心理上的漏洞";②线索的公平性,即读者与侦探在同一起跑线;③侦探小说的定义,"像秦瘦鸥先生翻译过来的几种爱茹华莱斯的作品只能称为凶案奇情小说……而像程小青先生译的几种圣徒奇案,它们是罪案小说……今日的侦探小说已经纯粹是心里的逻辑的产物";④侦探的多样性,曾在福尔摩斯系列中经常出现的跟踪易容等侦察手段,在现当代侦探小说中的形式更多样化和新颖,包括安乐椅侦探、盲人侦探等;⑤出版量的激增,"今日之新作已有令人读之不尽之实际状态"。

《埃勒里·奎因神秘杂志》创刊号

之后,姚苏凤从理论转向现实,介绍了几种在美国流行的侦探小说杂志,比如《埃勒里·奎因神秘杂志》《黑面具》等;侦探小说在美国的市场情况;侦探小说中的再版和廉价版,如柯林斯出版社的犯罪俱乐部系列、企鹅平装本等。此外,姚苏凤还介绍了自己认为的现代最好的侦探小说作家和作品、文学家所创作的侦探小说、埃勒里·奎因所推

---

⑦ Ellery Queen,这一笔名下是曼弗雷德·本宁顿·李(1905—1971)和弗瑞德里克·丹奈(1905—1982)这对表兄弟,他们堪称史上合作时间最长、成就最高的搭档之一。他们创作的长篇及短篇集超过40部,其中"国名系列"和"悲剧系列"被认为是古典解谜侦探小说的最高水平。评论家安东尼·布彻曾说:埃勒里·奎因就是美国侦探小说。

⑧ Erle Stanley Gardner(1889—1970),美国著名侦探小说作家,早年曾为执业律师,后成为专业作家。加德纳的作品融合法律与推理,其中以律师佩里·梅森为主角的系列侦探小说在美国炙手可热,发行销量超百万册。

荐的侦探小说书目等,几乎涉及侦探小说的方方面面,力求使当时的读者对于真正的现代侦探小说有所了解。

在这篇《新话》之后,姚苏凤又在《红皮书》(第4期,1949年)上发表了《欧美侦探小说书话》。细心的读者或许会发现,这篇文章其实就是1946年在《世界晨报》上的两篇《新进步》《新进展》的汇编。相比旧文,此文多了一段关于侦探小说作家约翰·狄克森·卡尔⑨的介绍,在文末有"下期续刊"字样。姚苏凤显然当时已经完成了续文,其内容应该就是文中提到的"准备把今日欧美侦探小说作家以及作品做一个全面的检阅"。遗憾的是,《红皮书》杂志在这一期之后就停刊了,读者亦无缘一读姚先生的更多洞见。

姚苏凤曾在《新话》一文中说:"编者点题嘱写《关于欧美侦探小说的新貌》一文……这几年来我的脑子里所积储的材料,我相信,至少可以写成一篇百万字的长文。"然而,以当时侦探小说所处的地位及出版环境来看,且不说侦探小说评介缺少发表机会,无论是翻译还是创作侦探小说都不受主流杂志的青睐,往往只有专注于侦探或神秘小说的杂志才会接受稿件。但这些杂志本身并不稳定,比如《红皮书》仅仅出了四期即停刊,《新侦探》也就持续了一年不到,这更为此类文章的发表增添困难。于是,姚先生紧紧抓住每次能够发表的机会,将"百万字的长文"不断输出,为我们留下了两万余字的宝贵资料,从中可以一窥民国时期我国极高水准的侦探小说评介。

一直以来,普遍观点认为民国时期我国对海外侦探小说的了解仅止步于"福尔摩斯"和"亚森罗苹"等早期翻译作品。这两个系列诞生于19世纪末和20世纪初,所以从姚苏凤所处的20世纪40年代来看,我国当时对海外侦探小说的了解与世界侦探小说的最新发展相差了近40年。但纵观姚苏凤的这些评介,此观点不攻自破,事实上当时我国的研究者或资深爱好者对侦探小说的认识发展几乎是与世界同步的。

其一,先进性。这就是姚苏凤的侦探小说评介文章的第一大特点。自1841年埃德加·爱·伦坡发表《莫格街凶杀案》以来,到20世纪40年代,侦探小说一共经历了两大高峰。第一高峰便是阿瑟·柯南·道尔在1887年发表福尔摩斯系列首作《血字的研究》之

---

⑨ John Dickson Carr(1906—1977),美国侦探小说家,曾用笔名卡特·狄克森(Carter Dickson)等。卡尔是侦探小说黄金时代的一位重要作家,和阿加莎·克里斯蒂、埃勒里·奎因并称为"黄金时代三大家"。他独以密室题材的构思见长,一生共设计出50余种不同类型的密室,故有"密室推理之王"的美誉。

后所引起的短篇侦探小说热潮,即"短篇黄金时代"。而第二大高峰则是1920年以阿加莎·克里斯蒂的首作《斯泰尔斯庄园奇案》为开端的"长篇黄金时代"。正如姚苏凤所说,20世纪40年代美国市场中的主流是更注重解谜和趣味性的长篇作品,短篇作品已渐渐退出舞台。但反观国内,当时经久不衰的仍然是几十年前的"福尔摩斯"和"亚森罗苹",先进的长篇作品鲜有引进译介,国内的侦探小说读者已经彻底与海外侦探小说的现状脱节。姚苏凤的评介为国内读者带来了侦探小说最新的面貌,显然只有了解了这些先进动态,才能为我国侦探小说的发展注入新力量。然而,先进性不止在于大概念,也在于文章中的一些小细节。比如,姚苏凤在推荐美国侦探小说作家埃勒里·奎因的作品时,提及了 There was an old Woman(今译《从前有个老女人》),这本书出版于1943年,而此文撰写于1947年,这足以说明当时他的阅读与世界侦探小说发展的进程同步,那自然所见所闻也代表了时下最新的思潮。

《从前有个老女人》1943年初版

其二,广博性。正如姚苏凤在文中所说,当时的侦探小说已经发展为"从科学的心理学的根据所展布的推断的工夫",这指的就是注重逻辑推理的解谜小说。但在推荐一流作家作品时,他却不拘一格,不止推荐了擅长逻辑解谜的作家,如阿加莎·克里斯蒂、埃勒里·奎因,还提到了多动作的小说(也就是今日的冷硬派[10])中的达希尔·哈米特[11]和《黑面具》[12]杂志。对于有些过时的福尔摩斯,姚苏凤也并不是持完全否定的态度,在

---

[10] 这一流派发端于20世纪20年代末,侦探角色往往冷酷强硬,小说中动作场面较多,解谜较少,主要为写实化的侦探角色导向小说,描述侦探如何凭着一双硬拳和打不死的精神,执着地追寻真相。

[11] Dashiell Hammett(1897—1961),美国冷硬派侦探小说的代表作家,其多部小说被改编成电影,如《马耳他黑鹰》荣获了奥斯卡奖。其作品结构及叙述方式注重写实,突破了传统侦探小说的模式,反映了较广泛的社会生活,在美国享有盛誉,作品入选美国文库。

[12] Black Mask,是冷硬派侦探小说的发源地,这一杂志封面夸张,印刷质量较差,价格便宜,其故事内容往往以暴力刺激为卖点,销售对象更倾向于劳工大众。从这本杂志中诞生了许多冷硬派大师,如达希尔·哈米特、雷蒙德·钱德勒等。

文章中推荐了《贝克街杂志》,这是一本以研究福尔摩斯为主题的"福学"杂志。无论是冷硬派还是"福学",它们在20世纪40年代只能称得上刚刚兴起,远比不上主流的逻辑解谜类。但姚苏凤本着广博兼容的理念,尽可能地为读者全面呈现了当时海外侦探小说发展的动态。其他诸如"文学家创作的侦探小说"一章中,他提到了G. K.切斯特顿[13]、A. A.米尔恩[14]等文学名家,亦是一种侦探小说与传统文学之间的跨界兼容。

其三,超前性。长篇侦探小说的黄金时代从1920年开始,到第二次世界大战落幕后结束,持续了近30年。在姚苏凤发表文章的40年代,对于黄金时代的研究还很少,因此其评介文章中的一些观点非常有超前性。比如在《新话》中,他敏锐地捕捉到了长篇侦探小说具有娱乐性这一特点:

> 在我工作之暇需要娱乐时,它们给了我以最经济但最充实的享受。尤其是在艰苦抗战的最后三年里,我在重庆,如果没有那些侦探小说经常送到我手边来,我真的不能想象我将如何打发那些穷愁无聊的羁旅中的日子。

关于侦探小说中的娱乐性,从著名侦探小说评论家霍华德·海克拉夫特的扛鼎之作《为了娱乐的杀人》(1941年)到日本权威研究者权田万治在21世纪提出的"谜与恐怖的娱乐",几十年来无数侦探小说评论家和研究者撰写了大量文章将娱乐性与侦探小说紧密地联系在一起。就连著名的美国侦探小说作家S. S.范·达因[15]也曾自述自己是在病中穷极无聊之时,阅读了上千本侦探小说后,才开始创作,由此成为了美国侦探小说黄金时代的先驱。

又如姚苏凤在谈到当时侦探小说的井喷时,他对为他买书的美国友人说道:"可是我终于吃不消了,我写信告诉他:'以后我只要Queen,Christie,Carr,Dickson,Gardner等五个人的作品,除非其他作家之新作品有特殊成就,否则,可不必寄了。'"姚苏凤在信中

---

[13] G. K. Chesterton(1874—1936),英国作家、文学评论家。他一生笔耕不辍,创作了80部著作、200多篇短篇小说、4000多篇杂文、数百首诗。其笔下著名侦探布朗神父首开以犯罪心理学方式推理案情之先河。

[14] A. A. Milne(1882—1956),英国著名剧作家、小说家、童话作家和诗人。其笔下名作儿童文学《小熊维尼》被译为多种语言,在多个国家先后出版,并被迪士尼买下版权,改编成风靡世界的卡通影片。

[15] S. S. Van Dine(1888—1939),欧美侦探小说黄金时代代表作家之一,创作了旨在规范侦探小说写作的"范达因二十条",对后世侦探小说的创作影响颇大。20世纪20年代,他动笔创造了红极一时的菲洛·凡斯系列,并将这一形象推进大银幕与广播节目。

提到共有四位作家：奎因、克里斯蒂、约翰·狄克森·卡尔（另有笔名卡特·狄克森）和加德纳。除了加德纳以外，前三位都是长篇黄金时代中逻辑解谜流派的代表人物，也就是如今为人所熟知的"黄金时代三大家"。然而需要注意的是，这个称号是20世纪50年代才由评论家安东尼·布彻提出的，姚苏凤比之更为先见。此外，这几位作家当时才度过自己作家生涯的一半，姚苏凤就能将他们并列为当时第一流的作家，可见意识非常超前。

其四，权威性。姚苏凤眼界开阔，见地深刻的评论也并非凭空而来。在《新话》中，他提及了霍华德·海克拉夫特的《侦探小说评话》，"尤为侦探小说迷不可不读之参考资料"，又将埃勒里·奎因的《黄金二十本》一文所涉及的书目逐一介绍和翻译。海克拉夫特和奎因都是著名的侦探小说研究者，海克拉夫特的《为了娱乐的杀人》被认为是侦探小说史研究的开端。而奎因这个名字背后的其中一位作家弗雷德里克·丹奈还是当时举世公认的侦探小说收藏大家，他利用自己的藏品撰写了数本研究力作，包括《短篇侦探小说》《奎因精选》等。两人合作的"海克拉夫特-奎因的基石"书单影响深远，整个书目涵盖了从1845年到1948年的优秀侦探小说，选取的都是具有历史价值和地位的作品，即具有里程碑或基石意义的作品，如某一经典系列的首作，某一流派的代表作等，时至今日，仍然是侦探小说最权威的书单之一。

其五，独创性。与他人的评介文章所不同的是，姚苏凤并非完全照搬权威理论，评介中也蕴含了一些他个人的真知灼见。如在谈及"现代的侦探小说哪几本最好"，姚苏凤谓"同行公议"第一的是E.C.本特利的《特伦特的最后一案》。这本作品出版于1913年，是反推理的鼻祖之一，本特利原意是借此戏谑侦探小说创作，反而误打误撞成就经典。马丁·爱德华兹在《"谋杀"的黄金时代》中提及，英国侦探作家俱乐部的成员在1936年为本特利举办了极其特别的"特伦特晚宴"，为纪念23年前他的"最后一案"成了黄金时代的催化剂。"同行公议"，名不虚传。在评价约翰·狄克森·卡尔的作品特点时，姚苏凤说："以情节离奇高潮稠叠取胜……弱点只是有时未免太多卖弄了'离奇'而太多'过作惊人之笔'。"卡尔笔下多为不可能犯罪，案情离奇费解，充斥着不可能性，但不少解答往往被称为"天上的谜面，地上的解答"。在卡尔传记《破解奇迹之人》中，出版商汉密尔顿曾向卡尔建议："大部分公众对于任何怪诞到看起来很不真实的事情有所戒心,或者也许我应该说,那些不像是普通的生活中发生的事情。为什么不找个机会试试看把你的聪明才智用在完全日常的状况上呢?"与姚苏凤此论不谋而合。

其六,实用性。姚苏凤在为读者介绍侦探小说的发展情况时,深知仅仅依靠介绍文字显然不够,应该引导读者自己去阅读文中提及的那些侦探小说。故而在介绍时,以当时在上海可以获得的小说杂志为主,如《埃勒里·奎因神秘杂志》、廉价再版中的"袖珍丛书"(口袋书)、柯林斯出版社的"犯罪俱乐部丛书"等,相比于初版,这些再版图书价格更低且更易获得。而文中提到的著名作品往往多次再版,选择面广,在当时的上海读到也非难事。因此,这些评介文章不止于介绍指导的作用,读者亦可按图索骥,找寻自己感兴趣的作品,称得上一份真正实用的侦探小说推荐指南。

在姚苏凤发表的最后一篇评介文章《欧美侦探小说书话》的末尾,有这么一段话:"在最初的阶段,我只能一个一个地把他们的名字简单地介绍出来,让读者像去看戏一样先看一看舞台门口的角色阵容;等我做完了这一介绍工作以后,自然还要另外来给他们的作品做着详细的说明和批判的。"然而,1949年以后,许多小报杂志停刊,可发表的渠道消失殆尽,读者对侦探小说的口味也转向了苏联反特小说,姚苏凤对于侦探小说的洞见完全没了用武之地。于是,他本人的兴趣延伸到了其他领域如弹词创作,百万字的侦探小说史计划就此进了故纸堆。

一段广聚词集的黄金岁月

刘 聪

对于收藏词集,黄裳始终有着不同寻常的执着和热爱。在南开中学读书时,他就花了三块银元买下七册《四印斋所刻词》,成为其生平"入手的第一种旧书"(黄裳《断简零篇室撼忆》)。后来,在数十年的淘书生涯里,他又有过一段广聚词集的黄金岁月。在这段岁月中,得书之欣喜,失书之懊悔,都被他一一记录在书跋里。今日重读,仍令人为之神往不已。而这一段黄金岁月的开始,则要从黄裳开始买旧本书时说起。

一

1948年自秋徂冬,短短三个月,黄裳先后买到两部明万历版词集——《唐宋诸贤绝妙词选》与《中兴以来绝妙词选》。前者是嘉业堂所藏天一阁故物,后者为王氏九峰旧庐的旧藏。两部词集均为白绵纸初印本,又正好是《花庵词选》的上下部。以至于黄裳在书跋中不无兴奋地说:"两美之合,是以不吝重直收之也。词选总集明刻甚少,只此是名书……"数年后他又写道:"此余始购旧本书时所得也……"

"始购旧本书时"是指20世纪40年代末。这时,黄裳已经回到上海,有了稳定的收入,买书的兴趣也渐渐从新文学转移到线装书上。而1949年前后,除嘉业堂和九峰旧庐外,江南故家的藏书纷纷散出。旧书肆中,一时货源十分充足,也正是买旧书的好时候。

1949年秋,黄裳到江南各地采访,一天傍晚,经过苏州,他回忆道:"在集宝斋看到了一屋旧本书,那是刚收进来的不知谁家的旧藏,从地板上堆起了一人多高的一座'书山'。要一本本地看是不行的,只能抽。就这样我随手抽出了一本清初刻的女词人徐灿的《拙政园诗余》,真是高兴极了。书刻于顺治十年,大字疏行,依旧保留着晚明风气。纸用棉料,前有陈之遴序……此书她的同乡、著名藏书家吴兔床也不曾见过……"(黄裳

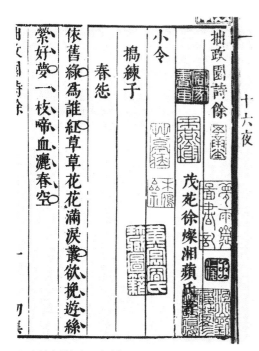

顺治刻本《拙政园诗余》

《苏州的书市》)

顺治刻本《拙政园诗余》,黄裳自谓"原刻绝罕",俞平伯则定为"孤本"。当年赵万里在黄裳家见到此书,也激动非常,立即掏出小册子来记录行款序跋。1980年,黄裳还特意请俞平伯、叶圣陶两老为《拙政园诗余》题跋,足见他对此书之珍爱。2005年,藏书家韦力第一次到来燕榭看书,黄裳仍旧取出此本。韦力看后说:"这是所见黄裳先生跋过最长的一部书,黄笑称这是自己最好的一部词集,也是自己最喜欢者……"(韦力《黄裳来燕榭:藏观独到,跋文雅美》)在"始购旧本书"未久,就有"随手抽出"善本词集的奇缘。黄裳将来能成为一代词集收藏大家,岂非冥冥中早有天定乎?

1950年盛夏的某一天,书商郭石麒又带来两部词集。一为乾隆刻本《绿荫槐夏阁词》,一为康熙刻本《三百词谱》,两书上钤有"积学斋徐乃昌藏书""徐乃昌读""南陵徐氏"等印记。按徐乃昌,字积余,安徽南陵人,编有《皖词纪胜》《小檀栾室汇刻闺秀词》等,是近代著名的词集收藏家。20世纪40年代去世后,藏书渐渐散出。在《三百词谱》上,黄裳跋云:"此《三百词谱》上下册,南陵徐氏旧藏,石麒携来示余。此虽清初刻而实罕见,不见著录,实秘册也。"这时的黄裳,买书还比较杂乱,对词集也没有做系统收藏的打算。不过,数年之后,徐氏积学斋中的大批词集,会陆续成为来燕榭中的珍藏。这恐怕又是当时的黄裳万万不会料到的。

1951年六月初八日午后,黄裳又来到常熟路的萃古斋,在一堆新收的旧本书中,翻出《幻花庵词钞》与《碧箫词》两种。那时旧书肆中,因一般的清词别集,俯仰皆是,数不胜数,反而没有引起黄裳太多的兴趣。不过,这两本词集实在太漂亮了,尤其乾隆写刻本《幻花庵词钞》,版式隽秀,气息古雅。黄裳跋该书云:"清人词集至富,不能尽收,然遇精刊小册,仍不欲弃置……"32年后,黄裳重阅此书,仍跋道:"此本刊极工,秀雅无俦。

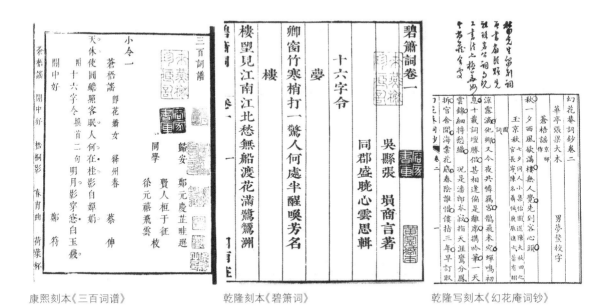

康熙刻本《三百词谱》　　　乾隆刻本《碧箫词》　　　乾隆写刻本《幻花庵词钞》

余与张商言《碧箫词》同得之萃古斋,为收诗余之始。后得此种几数百册,旧刻亦多。然仍不能不推此为俊物也……"据此,可知黄裳"收诗余之始"是在1951年六月。此后,他才有意识地将词集作为自己的收藏专题之一。1952年正月,他又在乾隆刻本《碧箫词》上写道:"年来颇收清人词集,有数十种矣,此亦文苑中之别国也……"

大概这一时期,通过郭石麒的介绍,黄裳还来到徐乃昌家中,直接从徐氏后人手中购买词集(黄裳《记郭石麒》)。1953年二月初二日,他在《玉壶山房词选》后跋云:"南陵徐氏所藏清刻至富而精,年来散佚殆尽矣。余所得不少,近尚时时得之其家也……"一个月后,去绍兴收书的郭石麒,又为黄裳带回一批清刻词集。其中,尤以郁达夫旧藏道光刻本《湘弦别谱》为可贵。黄裳跋《湘弦别谱》云:"癸巳三月,石麒访书越中,道出湖上,归而以……遗余,更俪以清刻词集数十册,此其一也……"

我们不妨算一算:1952年正月,黄裳已是"清人词集,有数十种"。1953年春,他又一次得"清刻词集数十册"。而1954年立春,黄裳跋康熙刻本《栩园词弃稿》更云:"余年来肆力收词集,所获不下百种。明刻多总集选本,清刻嘉庆以后刻常见者不之收。清初刻词集最为稀觏,每有所见辄收之以为快。此陈秋田词稿得之吴下文学山房,同得尚有孙恺似《枞左堂词》、项莲生《忆云词甲乙稿》、王曼仙《空翠集》、张四科《响山词》等,皆罕见难求,殆初春来第一快事也……"可以说,词集只有越买越多,收藏的兴趣也才会越来越浓。这正如黄裳自己多年后所说:"藏书亦如他种嗜好,日日有新见之书,时时有所增益,乐此乃不疲……"(黄裳《来燕榭书札》)

再看看从1948年"始购旧本书"开始,到20世纪50年代中期,黄裳所买词集还有:嘉庆刻本《生香馆词》《红雪词》,光绪刻本《清真集》,康熙刻本《今词苑》《清啸集》《词综》《香严斋词》《万青阁诗余》《阮亭诗余略》《若庵诗余》《万石山房词》《林下词选》,康熙钞本《情田词》,崇祯刻本《古今诗余醉》,乾隆刻本《看蚕词》《香草词》《弹指词》《剪云楼词》,雍正刻本《山中白云词》……

雍正刻本《山中白云词》是黄裳1955年春所得,在书跋中,他还总结了自己购买词集的经验:"余近肆力收旧本诗余,一时所得甚富,虽戋戋小册亦出重直,书遂毕集。此殆收书惟一捷径,惜人不之知也。"

二

1955年六月十四日,在三马路的来青阁里,黄裳无意中又从架上取下一部康熙刻本《古今词汇》,而书上竟又有徐乃昌的藏印。按说,徐氏藏词,两年多前就"散佚殆尽",连徐氏家中,黄裳也已访求多次,以为再无可获。那么,这部词集又从何而来呢?在《古今词汇》的书跋中,黄裳道出了其中原委:"此严禹航《古今词汇》三编廿四卷……旧藏南陵徐氏,后归切庵林子有。估人告积余晚岁以藏词十许箱近二千种售之林氏,近始少少流出。此集为最初所得,即嘱更以他本来,可喜之至。积余藏词,余所得不少,皆明刻总集及一二清初旧刻,今更得陆续买此,可谓胜缘。近来肆力收旧本诗余,清初刻将近百种,苟得更增益之,乃可蔚为大国,跋此快然……"

切庵林子有,即林葆恒,福建闽侯人,编有《闽词征》《词综补遗》等,与徐乃昌同为近代词集收藏大家。据来青阁的书商说,徐乃昌晚年将词集"近二千种"售与林葆恒。而20世纪50年代初林氏逝世,至1955年这批词集才"少少流出"。黄裳入藏了《古今词汇》,又得知了这个消息,自然大喜过望,立马嘱托来青阁为他继续搜罗林氏藏书。大约一个月后,来青阁果然又找来徐乃昌、林葆恒递藏的《倚声初集》《荆溪词》《瑶华集》《记红集》《词洁》《十六家词》等,皆为清初刻词选总集。而黄裳一次性"以百金易之。皆罕见难求之册,一旦收之,大快事也。今后更将续有所得,诗余之藏,庶可美富……"(《倚声初集》跋)

当时在来青阁,黄裳还见到一本徐乃昌的藏词目录,其中著录清初词选总集有十余种,而黄裳这一次就斩获了七八种。原来,因为总集可得高价,故先被书贾挑出售卖。而幸运的是,这些总集并未零散,最终又都成为了来燕榭中的珍藏。十年以后,黄裳跋《今词苑》云:"余箧中所藏词集甚富,总集尤多。清初此种甚多,十得八九。亦有为诸家藏目绝不著录者……"得意之情,仍溢于言表。不过,不久后,还是发生了一件让他懊悔不已的事情。

1955年八月廿一日,黄裳又在来青阁看到一批徐乃昌旧藏词集,仍为林葆恒家所出。其中康熙刻本《兰皋明词汇选》,黄裳虽旧藏一本,但序言有缺,而这次新见者却是首尾俱全。第二天,黄裳在旧藏本《兰皋明词汇选》后跋云:"昨于来青阁收得南陵徐氏藏旧刻诗余七十许册。中有此本,首尾完具,且有诗余近选二卷,快慰之至……"但此跋后,另一条跋语却说:"此全本后为施蛰存君攘去。箧中只留此册矣。同时所失尚有陈子龙等三人合撰词集,明清之际刻本;又高不骞《罗裙草》等,皆佳本,可惜也……"

按黄裳既云"昨于来青阁收得……",那自然是已经谈妥了价格,只是没有最后付款,将书取走。而"攘去"者,抢去也,有横刀夺爱的意思。不过,黄裳后有《忆施蛰存》一文,是施去世后撰写的悼念文章。文中重提此事,但细节颇有出入:"其时重要词籍收藏家林葆恒逝世,藏书散出。上海各旧书店都有所得。林氏词籍绝大部分得自南陵徐乃昌,但精本并未全归林氏。一次秀州书店朱惠泉收得林家遗藏一批,送来我处。议价未谐取归。其中有三种是我不愿放弃的。记得有清初刻《幽兰草》,康熙刻《罗裙草》,都是精本。第二天跑去看时,三书已

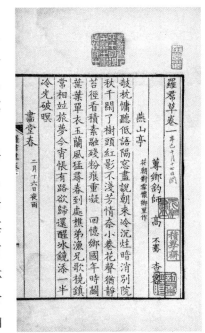

康熙刻本《罗裙草》

为蛰存买去,懊悔无已。"(按:《幽兰草》即"陈子龙等三人合撰词集")

据此,施蛰存买去三书,不过是"捷足先登",算不上"横刀夺爱";而交易的卖家,也是秀州书店,并非来青阁。事实是否如此?我们很难判断。但据藏书家韦力回忆,黄裳80多岁时,有一次托他以底价的十几倍拍得一部词集,后来解释原因说:"五十多年前我在上海的来青阁书店中看到这个词集,我很喜欢,但兜里没钱。我就跟店主说明天拿钱来买。结果我第二天去的时候,人家告诉我,施蛰存买走了。当年那个词集十块钱,施蛰存加了两块买走了。我对这个事情一直耿耿于怀,他不能这么干……"(《黄裳致李辉信札(释文本)》)

当然,韦力所说的词集,未必就是这一次被施蛰存所"攘去"者。但类似加价撬货的行为,在当时并非没有发生的可能。黄裳的题跋毕竟是早年所写,而《忆施蛰存》却是晚年的回忆。这里,会不会有时隔多年作者记忆模糊的缘故?又或者,悼念文章本来就有为逝者讳的考虑?无论如何,对这次失手,黄裳可是一直懊悔了五十多年(施蛰存殁后,所藏高不骞《罗裙草》又出现在2005年拍卖会上,黄裳却竞拍未得,不免再次抱憾。事见陆灏《五十多年后再次遗憾》)。

不过,受此刺激后,黄裳也迅速调整了思路。他意识到,以高价许诺书商的"惟一捷径",有时未必靠谱。只有自己寻找货源门路,才能获得更多的好书。没过几天,他就凭借记者的敏锐,探询到友人李蔬畦与林葆恒家有姻亲关系,然后立即给李氏写信说:"林子有氏为先生姻侄,其后人近以所藏词集售之肆中,裳买得不少,惟多零散它售,且经估人中间剥削,林家所得,往往五数角一册(裳买得每册八角)取得。先生代为一询,倘余书仍欲出售,可否由裳直接经选一批,价值当较售之裳书为好……"(黄裳《榆下夕拾》)

黄裳题跋《兰皋明词汇选》是在八月廿二日,当时他还不知道有施蛰存"攘去"三书之事。而九月初三日,黄裳就已经在康熙刻本《扶荔词》后作跋云:"乙未九月初三日收得……侯官林氏得徐积余藏词甚多,身后散出,分割入市,总集最先出,单本词无人过问。余请李蔬畦作介访其寓,尚余两架,选取多种,颇多旧刻。此其一也……"从时间上看,黄裳的动作实在够快。从痛失三书后,开始探询门路,到致信李蔬畦,再到去林家访书,前后也不过十天左右。

1955年九月十一日,黄裳又跋乾隆刻本《燕香词》云:"林氏藏词多至九百许种,三千余册,索值殊昂,一时未能多得,只选康熙乾隆二朝刻本,余卷当俟续收。而零散售去者亦所难免,却为资力多限,不能救矣。跋此不禁怅然……"看来,到林家访书后,黄裳对林氏藏词的情况也已基本摸清。之前,来青阁传闻林葆恒得自徐乃昌的词集有"近二千种",而黄裳这时却明确林氏藏词"多至九百许种",这与今天国家图书馆所藏《切庵藏词目录》的著录基本吻合。而面对如此浩繁的清人词集,黄裳终究财力有限,故只能先选购"康熙乾隆二朝刻本"。

1955年秋冬之际,黄裳所收林氏藏书,已知者还有乾隆稿本《沽上醉里谣》,雍正刻本《陆仲子遗稿》《玲珑帘词》,康熙刻本《红萼词》《劝影堂词》《清涛词》《古今词选》《浙西六家词》,光绪刻本《国朝词综补》(后附抄本《闺秀词》),乾隆刻本《沙河逸老小稿》(后附《蘖谷词》)、《罐瓷山人词集》《春华阁词》《金粟影庵词》……

《春华阁词》有跋云:"余请李蔬畦作缘,得去其家遍观,选取数十种归……"《罐瓷山人词集》有跋云:"余得诗余数百册于林子有后人,皆罕遇之本……"1955年夏,黄裳从来青阁收得清初词选总集七八种后,又于"来青阁收得南陵徐氏藏旧刻诗余七十许册"(有三种后为施蛰存"攘去")。此外,黄裳从其他书商处,也陆续购得不少零散于市面上的林氏藏书(如陈江皋词集稿本《沽上醉里谣》即从秀州估人处所获)。1955年秋,黄裳更直接从林氏后人手中买到词集"数十种""数百册"。那么,在这半年左右的时间里,黄裳所买词集大概有多少种呢?

1955年十一月初二日夜,黄裳跋《林下词选》时说:"余近得词集二百种于侯官林氏,皆南陵徐氏遗藏。盖积余生前以诗余三十许厨归之林氏者……"按1954年黄裳跋《栩园词弃稿》时,就已有词集"不下百种",再加上1955年所得"词集二百种"。那么在1955年底,来燕榭藏词应该已在三百种之上。

三

1956年上元节,终朝有雨。黄裳书瘾又犯,冒雨跑到林氏家中,在剩余的藏书中再次挑选。在道光刻本《栖香阁词》后,黄裳跋道:"此精本也,得之闽侯林氏。其所藏词佳本几尽归余。今日更遍观余烬,选得十许种,此其中之白眉也。丙申上元日,雨终朝,黄

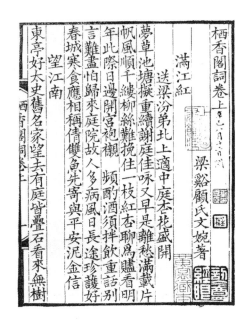

道光刻本《栖香阁词》

裳记。""十许种"中,已知还有道光刻本《秋莲子词》、嘉庆刻本《红杏词》《北湖三家词钞》、咸丰刻本《师竹轩词钞》……可以看出,"余烬"中所得者,已皆为嘉庆以后的刻本。

未几,黄裳又得词集多种,皆为徐乃昌幼子所售出者。其中,嘉庆刻本《银藤花馆词》有跋云:"丙申春日海上所收,黄裳记。此积余所收乡邦文献之一,甚珍重之。生前未以之归林子有,身后由幼子售出,余得数十种,尚有方成培词,亦原刻精绝……"所谓"方成培词",即乾隆写刻本《听弈轩小稿》,黄裳跋云:"仰松……所撰诗余则至罕传。今于无意中得之,开板精雅,岂非快事。积余刻清代皖中词人十家,此册已收入,即刊书底本也。丙申春日。"按两书作者都是安徽籍词人,这与黄裳 1950 年所获《绿荫槐夏阁词》一样,均为徐乃昌重视的乡贤著作,因此生前不曾售与林葆恒。

1956 年,黄裳还买到同治刻本《珍砚斋词钞》、康熙刻本《兖东集小红词集》、雍正刻本《弹指词》、乾隆刻本《风雨闭门词》、嘉庆刻本《柯家山馆词》、民国刻本《忆江南馆词》……在广聚词别集的同时,黄裳也仍有收获词总集的机缘。1956 年三月廿日,他从忠厚书庄的袁西江处购得康熙刻本《草堂嗣响》,作跋云:"余所收清初诗余总集甚富,都十许种。知其名目而未得者,只《众香词》《东白堂词选》等三数种耳,此亦其一。向收词富如南陵徐氏,此集所藏亦只新抄一本,罕传可知。今日午后过市……于架上抽得此四册书,大喜逾望,不殊连城之得也。饮于市楼,薄醉归寓,灯前漫记……"第二天,他在康熙刻本《红萼轩词牌》后又跋云:"清初词流,毕集斋头。春晨展卷,烦虑都去矣……"

按清初词选总集中,黄裳"知其名目而未得者"之一的《众香词》,后来亦为其所获。虽然未见该书题跋,不详具体入藏时间。但黄裳 1968 年跋《拙政园诗余》时曾写道:"余所藏清初刻《众香词》《林下词选》《今词苑》《词汇》等多收湘苹作,取校此本,每有异字……"

至此,来燕榭所藏清初词选总集已近二十种,全部词选总集则已有数十种之多(《花间正续集》跋)。可以说,从"收诗余之始"的1951年到1956年,黄裳收词就有三四百种之多,已然成为一代词集收藏大家。尤其是清初词选总集与清前期词别集,更是承继了徐乃昌、林葆恒两家毕生之精华,可谓冠绝一时。并世藏词者,如李一氓、郑振铎、施蛰存,皆难望其项背。

按黄裳买书,走访甚勤,又能广寻门路,且不吝重值,深知出善价才是"收书惟一捷径"。他曾说:"余购物每不知能佳否,乃常选价昂者,虽不能每试必验,然常不甚误……"(《从政录》跋)有如此气魄,故短短五年,能广聚词集,卓然成家,也非偶然。何况当时,故家大量散书,词集价格又普遍不高。1956年正月,黄裳仍说:"近日集部贱如泥沙,人皆弃而不取,余无力多收,藏书亦无地,每见旧本入还魂纸炉,辄为心痛……"(《栴檀阁风人稿》跋)

不过,到1956年秋,书市的风气却在不知不觉中发生了变化。这一年,上海古旧书业加快了公私合营的改造,多家书店纷纷合并,成立了上海旧书店与古籍书店。到下半年,书店销售进入旺季,古书价格也开始大幅上涨。黄裳在《畏垒山人诗》后跋云:"丙申秋日,书市最盛,书价亦至昂。余喜收清人别集,似此等小册,每本价至三十金,实为无上高价……以百金收之,约当三年前澹生堂抄一叠之直……"岁末,他又跋《黄梨洲先生集》云:"今日此种书已绝无,偶有所见,亦非百金莫措也。劫火弥天,斯文扫地,我辈尚能得书,此日反不可得,可叹也……"不妨比较一下,一年前黄裳给李蔬畦写信时,一册清初别集才不过八角,而此刻,每册索价竟已在"三十金"上下,直令人咋舌。

1957年,书价虽昂,黄裳买词集的兴致却难以中断。只不过,他会多选择价格较低廉的民国刻本,如《樵风乐府》《古槐书屋词》《乐静词》……当然,碰到好书,也仍然会想方设法留下,如咸丰刻本《玉井山馆词》,道光刻本《瓯香词》《映山楼诗余》,嘉庆刻本《玉句草堂词》,康熙刻本《绝妙好词》(小幔亭本)、《绝妙好词笺》……

在《绝妙好词笺》后,黄裳跋云:"昨日午后,偕妇过市,偶于徐贾绍樵许见此徐刻,印本尚佳……因即买得。翌日夜归,浦江繁灯似锦,游人蚁聚,不殊上元时也。归来灯前试大云山馆书画墨记此。丁酉闰月初七日。"按"丁酉闰月初七日"即1957年9月30

日,是国庆节的前一天。从此跋来看,在"繁灯似锦,游人蚁聚"的喜庆氛围中,买得好书的黄裳,却静坐书斋,研墨题跋,回归到自己的世界里,这不免露出一丝落寞。我们不要忘记,大约两个月前,在那一场席卷全国的政治风暴中,黄裳因文贾祸,已经戴上了"右派"的帽子。而此刻陶然于故纸旧墨中,或许才是对他内心最好的慰藉。

20多天后,黄裳又买到一部道光刻本《拜石山房词钞》,书上的跋语恰恰记录了藏家当时的心境:"今日午后过市观书,偶于架上抽得之,快慰不可言。近忧患频来,几非人世。然仍过市,仍观书,仍能得善本,仍能题记藏之。书之于我,诚若性命哉。为之苦笑。时秋晴日影甚丽,江南佳日,而我则若展转于泥牢中,噫!丁酉九月初一,霜降前日,黄裳。"

1958年,随着学术界批判"厚古薄今",古书的价格又开始回落,但货源却日益枯竭,市面上已很难再看到好书。这一年重阳节,黄裳把玩昔日购于来青阁的道光刻本《金谷遗音》(俞子才藏振绮堂旧物)时,感叹道:"如此故家,今亦不复更有,故书几绝种,每翻阅殊不能无贪惜之念也……"其实,就连来青阁,在公私合营的改造中,也已于当年春夏之际歇业。歇业前,黄裳还跑去买了一部《绝妙好词》(题清吟堂本),并跋云:"来青阁将收歇……余之买书于此,前后十年,而以此册殿之,亦可纪也……"

在来青阁买书的"前后十年",大约也正是黄裳广聚词集的黄金岁月。而1957年后,黄裳失去了发表文字的权利,生计日困。1959—1961年,他又下乡到海滨劳动,也很难再有买旧书的机缘。1961年黄裳致函周汝昌说:"弟乡居几三年,旧业抛荒,焚弃笔砚亦久……藏书亦渐出以易粟,惟清人别集则仍固锁……"(黄裳《来燕榭书札》)然而半年后,结束了下乡劳动的黄裳,却又重新出现在古籍书店里。1962年二月初七日,黄裳在道光刻本《花影吹笙谱》后作跋云:"古书肆楼上,余已数年未登。今日友人邀过一观,书亦充栋,惟旧本则稀若星凤矣……"不到一个月,黄裳又于此买到康熙刻本《栋亭词钞文钞》。可惜彼时,社会环境与人的心境都发生了不小的变化。在将书送给周汝昌时,黄裳于信中感喟:"此日尚时时可见旧书,惜无资无暇,不能如数年前之广聚耳。"(黄裳《来燕榭书札》)

蒮淞社存稿《海上新乐府》

马 均

上海博古斋 2018 年秋季艺术品拍卖会上,第 1760 号拍品,名称:民国未刊稿本《蒮淞社存稿》。线装两册,开本阔大,绿格笺纸小楷抄录,笔力精善。在图录拍品说明中所记并未将这两册诗稿讲述清楚,然我知这两册诗稿,对于南通和上海都具有一定的意义。我因多种原因当时并未参拍,然常牵挂于心,时经三年,最终还是将其收得,注定此存稿与我有缘。

上海之有蒮淞诗钟社,发起于 1938 年,成立于 1939 年元旦。社友皆一时耆彦,而以南通籍为主,偶有他省之士。后不断有人加入,时约得二十余人。每月会食一次,轮值之,值课者出诗钟题二,诗题多寡无定。1940 年某次诗题为《海上新乐府》,搜集沪上新事业得百余种,以拈阄法分题,每人得七八题不等,作后汇集,再作品评。就如此次《海上新乐府》之题,许息盦作之《跑狗场》一首,评居首列。

《蒮淞社存稿·诗》封面

此次《海上新乐府》之题,依诗稿抄录顺序,参与者有孙沧叟、费范九、潘敦安、缪镛楼、潘质庵、徐润周、许息盦、苏后青、包谦六、齐贡知、郑雪耘、瞿镜人、镇嗣双、陈冰如,计有 14 人。经考证具体情况详略不一。

孙儆(1867—1952),南通通州人,字谨丞、谨臣,号沧叟。近代教育家、书法家,清末举人。1900 年入仕,历任上海宝山县训导,通州教育会会长,四川省青神县知事。1912 年宣布金沙自治,任金沙首届议会会长,并当选江苏省临时议会副议长。1914 年东渡日本考察实业,编撰《东瀛笔记》。民国期间在各界人士的帮助下,进行地方自治,在金沙方圆四百二十里之范围内创办中小学近四十余所。1938 年日军侵占金沙,要挟他出面张罗维持会,遭孙儆严辞拒绝,随后寄居上海,汪伪来访亦被拒之门外。一心精研甲骨文,以鬻字为生,亦是蒮淞诗社社长。时寓址:康脑脱路广馀坊 5 号。

费范九(1887—1967)，南通平潮人，名师洪，字知生，法号慧茂。19 岁州试列榜首，科举废，遂入江宁政法学堂，后随张謇先生谋地方自治，协办水利，长期协助张謇担任文牍工作。其间历任县、省议员十年。张謇逝后，1928 年受聘上海商务印书馆任国学编辑兼任秘书。同年向印光大师领行皈依之礼。1932 年朱庆澜、叶恭绰等办影印《碛砂宋藏经》，任驻会办事主任，历经七年。一生喜诗词、好收藏，尤其重视对南通乡邦文献的整理出版。所刊书籍二十余部，有《南通县金石志》《历朝名画观音宝相》《南通书画大观》《南通平潮市十景图》《印心堂印谱》《淡远楼诗》《淡远楼联语》等，可谓近代南通文化传承第一人。时寓址：威海卫路 712 号。

潘树声(1881—1959)，南通海安人，字敦安。1904—1908 年就读于通州民立师范学校第三届本科，1910—1913 年担任通州师范学校地理教员。之后，先后应聘担任北京女子师范学校、北京美术学校、北京师范学校、厦门集美学校地理、国文教员。并曾随教育考察团赴日本考察教育。1921—1926 年应如皋县立师范学校创始人沙元炳之邀担任校长。后又任国民党实业部秘书，抗战间任职于上海中央银行。时寓址：威海卫路 712 号。

缪镛楼(1881—?)，南通如皋人，名振东。求学于江南水师学堂，曾任职于京沪铁路局。1920 年在上海成立缪氏恳亲会，曾任上海国华银行经理。寓址：八仙桥国华银行。

潘恩元(1874—1944)，南通如皋人，字颂国，号丹仲、质庵，晚号质翁，室名不残朴斋。乡试举人，科举废除后自费在日本读经济学，回国后正值民国成立，被推为江苏省议会议员。并协助沙元炳纂修《如皋县志》。1921 年应留学同学天津金城银行董事长周作民之聘，任总行秘书长。1935 年金城银行总部转至上海，亦调至上海。喜诗词唱和，有《不残朴斋集》《继樵集》存世。时寓址：槟榔路戈登路口金城里 310 号。

徐润周(1899—1984)，丹徒人，名有仁，号近楼、衡园。1919 年至南通大生纱厂上海事务所供职，历任职员、科长、秘书，直至所长。亦是围棋名手、围棋史家、《辞海》编委。收藏围棋典籍多达百种。工诗，兼擅翰墨丹青。著有《近楼丛谈》《围棋术语图说》《围棋纪事诗》。时寓址：南京路保安坊四楼大生纱厂。

许礼斋(1871—1941)，号息盦，时住上海吕班路三德坊 7 号严独鹤寓所。曾应芮鸿初之邀，将他自己的四首诗刊于芮鸿初所主编的《百合花》。其中就有两首为《海上新乐府》诗。另其好诗,也有加入其他诗社。时寓址:吕班路三德坊 7 号严寓。

苏后青(1865—1948),南通海安人,字思培,清末秀才。曾在南京、北京高等学府教学,并参加过清政府组织的教育卫生考察团。1907 年创办海安曲塘小学,1908 年创办白米小学。抗战间移居上海。时寓址:华龙路元昌里 19 号三楼。

包谦六(1906—2007),南通人,字允吉,号吉庵。毕业于北京大学,后至上海金城银行从事秘书工作。日常好诗工书,精楷、行、篆各体,尤以行楷为擅长。并著有《吉庵词话》《包吉庵诗词》。时寓址:江西路金城银行文书科。

齐贡知,不详。时寓址:静安寺路 1081 弄 71 号。

郑雪耘(1890—1969),潮州府城人,字翼,长期定居上海。勤著述,能文章,精谜语,工诗词,素有"岭南才子"之称,亦是"南社"社员。时寓址:法大马路 87 号。

瞿镜人(1888—?),南通通州余西人。抗战前曾在南通学院医科任教。战争爆发后至上海从事教育辅导之类工作。民国时期南通地方文献中常见其序文。金泽荣列出在南通时十六文友,有占其一。新中国成立后为江苏文史馆馆员。时寓址:胶州路武定路口贫儿教养院。

镇嗣双(1888—1952),南通人,又名镇援,字慈勖、嗣霜,通州师范第三届本科毕业。曾任教银行专科学校和南通商业学校,后任镇江、南通银行行长。抗战时期任职上海中国银行丹阳分行。时寓址:吕班路吕班坊前弄 5 号。

陈冰如(1900—1962),南通人,号念肃,早年毕业于上海神州美专。抗战期间长居上海,为银行职员。1947 年发起成立南通书画会。新中国成立前移居台湾。诗文俱佳,有《鞠俪盦酬世集》传世。时寓址:静安寺路 591 弄 164 号。

《海上新乐府》存稿成于民国二十九年(1940)。此时的上海正处于一个非常特殊的时间节点,史称"孤岛时期"(1937 年 11 月上海沦陷至 1941 年 12 月珍珠港事变日军侵入上海租界为止)。上海四面都是日军侵占的沦陷区,仅租界内是英法等国控制的地区。由于人流和商流的不断汇聚,上海成为世界第七大城市,形成了中国历史上仅有的一段"畸形繁荣"时期。租界外哀鸿遍野,租界内莺歌燕舞,十里洋场繁华盛景,让人醉生梦死。然贫富差距如地狱天堂,中外文化就在这弹丸之地正面交汇,西方文化以绝对的强势冲击着中国文化,从而诞生出百怪千奇的社会形态和社会现象。

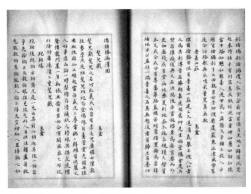

《翦淞社存稿·海上新乐府》内页

就是在这样一个纷繁复杂的社会中,一帮来自南通的文人置身其中。他们有着一份相对不错的收入和相对安稳的生活状态,将自己对社会的感知以乐府诗的形式,呈现出112首诗文。有讲新事物的《播音台》《补习学校》《粪大王》;有述娱乐的《高尔夫球》《俱乐部》《溜冰场》;有言变相妓女的《咸肉庄》《向导社》《按摩院》;有说金融的《保险库》《征信所》《交易所》;有谈赌博的《跑狗场》《轮盘赌》《回力球》;有论诈骗的《仙人跳》《翻戏》《花会筒》;有讲抢劫的《剥猪猡》《抛顶宫》《白老虎党》;有叙特殊职业的《磨镜》《裸体舞蹈》《捉蟋蟀》;有记慈善的《难民收容所》《普善山庄》《隐贫会》;有咏景物的《年红灯》《美术字》《二十四层大厦》;有吟风俗的《烧头香》《烧路头》《集团结婚》;有写公用设施的《电车》《救护车》《自来水》等,可谓五花八门。

《翦淞社存稿·海上新乐府》序

纵观全诗大都是对"孤岛时期"社会的不满和讽刺,亦少有赞许。细细读来,别有一番感受。对于诗稿汇集的目的,在原序文中已有说明:"虽无一二可取,然各凭所知以出,无统系、无规律,何当于'闻者深诫'之心,更何能播之于'乐章歌曲'。两两相距,宁止天渊。盖人至无聊,用自娱悦。蝉鸣蚓唱,莫知所从已耳。方今艺海之洪瀚深奥,有此一勺,不见为增;无此一勺,不见为减……姑留若干时,以为把玩。俾其渐即于澌灭,宜可矜许,若云流通,不也。"《翦淞社存稿》当时仅作社内记录传阅,偶作自我欣赏相互学习之用,未曾有刊印流通之想法。然在民国1940年芮鸿初主编的《百合花》第三年的第九期内,许息盦有文《翦淞社小记》中有云:今社课已蔚然成巨册。方拟印刷以留鸿雪,兹摘录拙作一二,为《百合花》充篇幅,以应芮君鸿初之请。文中所指巨册就应该是这两册书。第一,同属一年,都是1940年。第二,许息盦《百合花》摘录的一二中的两首《跑狗场》《裸体舞女》正在此稿本之中。可见当时又是有印刷出版计划的。但最后确是没有出版。世间之变化万千,现此稿本已历经 80 余年,今能整理刊出,以娱同好,亦不负此本存于我处。

附:《海上新乐府》摘选

序

上海新乐府者,本社同人数月来匆遽集咏之初稿也。暂居于是地,即是地之种种事物,摹写其内容、外表、隐行、术语。绝无成心于其间,如古人蜡屐锻镜之所为,诚可发噱。或以香山"讽谕乐府"相拟,论"见者易喻""采者传信"之旨。虽不无一二可取,然各凭所知以出。无统系、无规律,何当于"闻者深诫"之心,更何能播之于"乐章歌曲"。两两相距,宁止天渊。盖人至无聊,用自娱悦。蝉鸣蚓唱,莫知所从已耳。方今艺海之洪瀚深奥,有此一勺,不见为增;无此一勺,不见为减。只因对于动念构思之影象,不忍毅然割弃。佛家所斥习气之难除者,姑留若干时,以为把玩。俾其渐即于澌灭,宜可矜许,若云流通,不也。诸君。

中华民国二十九年庚辰夏　蓊淞社识

播音台

播音台,播音万方一音,匦置邮而传命,如对面以谈心。或言词络绎,或笙歌日夕。只须台上发此声,万里户庭在咫尺。从前号令赖文辞,军事控纵羽书驰。今则登台述一遍,捷如影响各方知。无线电,朝野见。机缄开,城市便。但恨箫管遍尘寰,人人皆参戏剧班。改进播音余所望,升平歌舞时犹悭。(沧叟)

说书场

说书场,说书场,听者围坐萃一堂。稗官野史作资料,胸中烂熟口生芒。盘马弯弓故作势,惊魂荡魄几回肠。淫辞小说曲描绘,神仙妖怪尤荒唐。下级旁听居多数,手舞足蹈意洋洋。此项感人最深切,先入为主若神方。余谓说书亦可取,忠孝节义尽倾吐。荒谬浮滥能芟除,英雄儿女足鼓舞。责在秉政教育家,果能精择如说部。余则取缔废止之,世道人心庶小补。(沧叟)

绑票

水浒掳人称活货,沪滨绑人称肉票。货价低滞票价昂,千万百万随口要。有钱赎票没钱撕,狰狞可怖甚泥犁。白昼公行毋昏夜,闹市直入毋遮架。国法保护徒赚人,官家

亦喜迎财神。藏金怀璧祸至此,奉劝富儿可悟已。富儿反笑书呆子,被绑成惯匪今始。（范九）

抄把子（搜身）
把子把子苦行旅,巡捕抄时双手举。周身搜索敢动弹,动弹便拘入囹圄。论其目的未尽非,所抄枪械与吗啡。吗啡枪械抄不尽,警笛日日街头吹。租界何为易犯法,物欲销金恣褒狃。法不饶人物诱人,循环受报在一身。始信儒家严节制,隐隐保全有深意。不做把子何烦抄,德化为上法其次。（范九）

同乡会
沪渎冠裳合中外,华夷杂处乾坤大。区区集会论同乡,部落思想毋乃隘。此说恢张虽近理,人生要各有自始。祖宗邱墓父母邦,追忆钓游敬桑梓。相逢忽在天一方,去乡愈远情弥长。语言风尚两无异,以是类聚成一帮。全沪各帮有大小,大如潮汕暨宁绍。声势首凭财力雄,其次更视人多少。公益慈善劳经营,选举间亦有纷争。毕竟商场非宦海,会馆林立思旧京。（敩安）

高尔夫球
高尔夫球,运动用击球,依次送归洞。洞十有八距离长,重重障碍难命中。平地起伏成坡陀,回溪曲涧歧路多。高下左右洞为鹄,尺寸偶失势则颇。谁云尚巧不尚力,力重者过轻不及。古人习射今习球,其法虽殊其道一。球场大占数百亩,可以逐球供奔走。奈何赌具作小型,假借名义无不有。（敩安）

回力球
回力球,八盘前后各轮流。球主输赢了无涉,百之十四专抽头。高下层层客对坐,机缘逢巧莫轻过。招手低呼侍儿来,将钱买票居奇货。双独赢难次连位,又次独赢及位置。最难所获亦最丰,如鱼吞钩只为饵。鱼贪饵,人贪财。球主胜负巧安排,球员身手球主心。可怜赌客迷途深,日奉球主累千金。（敩安）

汽油站
汽油有站沿街置,预为汽车添油地。车一得油行若飞,站乃林立缘为利。油来万里太平洋,汽车阶级无事忙。或看电影或跳舞,茶楼酒馆游戏场。新法装置烧木炭,笨重不值伊一盼。以是汽油站仍多,年耗金钱累巨万。君不见,甘新滇缅两公路,转运军需走荒戍。一站预计百里程,油量供给凭支付。国难物力当集中,海上寓公何不悟。（敩安）

俱乐部

俱乐部,乐何在,全国骚然民已瘠。若曹宁别有肺肠,毋乃联欢更寄慨。孤岛畸形称发荣,居奇获利常倍赢。渐思行乐必得地,人生纵欲由骄盈。呼朋引类各分组,或习吹弹或歌舞。灯红酒绿翠袖扶,情畅于烟豪于赌。其初设部假名义,日研学科联友谊。玩生日久无不然,纸上规程等废弃。(敩安)

缝穷妇

缝穷妇,沿街走,十指纤纤自糊口。问渠得钱日几何,籴米论升不论斗。断缣零布线一匳,为人连缀破衣裳。矮凳当街檐下坐,日昃未炊生活忙。生活忙,宁觉苦,最怕连朝风雪阻。闭门不出儿啼饥,仰天太息泪如雨。(敩安)

老虎车

老虎车,小轮碾地如爬沙。莫谓车小不任重,箱笼什物移一家。周遭紧缚高如阜,一人伛偻曳车走。可怜贪赚血汗钱,中有髫年及老叟。沪上石米四十金,忍饥劳役苦更深。车耶人耶力如虎,不如安食大仓鼠。鼠又变虎吼入市,车声隆隆听者沮。(沪市称汽车为市虎)(敩安)

黄包车

黄包车始出倭夷,何年飞渡海之西?至今沪渎以万数,将人作马人不知。农村盖藏今已寡,耕者不复安于野。繁华海上屋连云,引类呼朋托宇下。照会英法两租界,日久渐知弄狡狯。垂涎生客为谩欺,万恶都市习无赖。巡捕当街畏如虎,兜揽路人皆雇主。弥天雨雪运来时,得钱沽酒偿劳苦。吁嗟乎,电车汽车日增多,道旁熟视无奈何。车主加租只惘然,富人犹作公会长。(敩安)

溜冰场

溜冰场上不见冰,歇浦气候冬犹温。亦如旧京无河流,北海游人喜弄舟。人工求与天工肖,南人北人有同好。北方河冰千百里,十月冰层结至底。居人腾踔行若飞,远望无垠天尺咫。沪上规模虽狭小,溜冰术亦竞奇巧。双脚踏轮绾铁鞋,纷纷入场势夭矫。将俯忽仰左右敧,互追交扑争道驰。自在游行缓或急,回翔妙舞鱼龙嬉。履险未尝忧失足,功成百炼好之笃。所好在溜不在冰,溜虽无冰法精熟。(敩安)

代价券

偌大市场一文无,竟飞片纸作青蚨。美名代价号称券,光怪陆离形色殊。泉币权本操九府,奈何券发自商贾。地成孤岛人居奇,紊乱金融万民苦。邮票车票漫收支,乃启奸商聚敛思。当十当百署劣纸,万选差推三公司。竹筹用诸老虎灶,校书曾发车饭票。码子行用各赌场,谁料全市今则效。五铢鹅眼形虽小,纸币那比金钱好。铜臭如何不呕人,铜山或已暗中倒。(镛楼)

交易所

地非市肆人非商,交易其名赌暗藏。一日两盘上下午,期分近远价更张。多空买卖争伸手,场内叫盘声若吼。忽然板拍自高台,价定牌悬静仰首。证券物品各有所,金业花纱分门户。法本善良人自愚,投机终至投黄浦。风起云涌忆当年,五十七所设争先。而今硕果存三五,人事沧桑叹屡迁。(镛楼)

爱克司光镜

光学重逾声化电,宇宙无光物不见。谁知光复能疗疴,不仅太阳紫外线。溯自一八九五年,爱克司光创空前。不阻重裘能透视,德人共说朗根贤。医师自得此光镜,举世病夫幸相庆。二竖无法遁膏肓,有如秦镜照肝肠。疗病不饮上池水,亦能见人垣一方。国学失传三叹息,奇宝乃从欧土得。倘再制镜能烛奸,世界光明目可拭。(镛楼)

跳舞厅

流尘如画车如水,才出每过夜已子。欢情握手为谁来,跳舞厅中闹成市。入门但觉电炬明,傍席还邻兰麝氲。乐声动处犹徘徊,灯光乍掩人便起。对对真与蛱蝶同,两两不啻鸳鸯似。支持迎拒是纤腰,浩荡纵横在利趾。非无白发与红颜,到底多少相为美。家庭伴侣固偶然,腻友招寻常致此。就中遇合正难言,谁复娟娟识此兮。风头健处多情酬,四顾何嫌十目视。亦有估客骋豪华,酒罢歌筵或携妓。此时舞女为最多,妆成深怕无人理。可怜借此博蝇头,一舞再舞得几纸。何处有天魔,但见舞星耳。果然成为红舞星,光芒直上云端里。金钱无限买青春,声价高时衣履新。青春一去不可买,君不见,倾筋豪客呼香槟。(质庵)

咸肉庄(变相妓院)

砧上之肉谁相当,割之不尽类腐肠。长三幺二务堂子,满街飞走野鸡狂。别出心裁不知始自何时,作备又有咸肉庄。主人深居不轻出,略蓄数辈备寻常。客来意苟无定所,随令呼与听平章。不然入门已默示,品汇类别如探囊。有不合者且令去,所费不过一两洋。此中人才亦辈出,须视主者手腕长。食肉者鄙讵宜此,当时有客一窬尝。亦曾望望然去之,在我不敢充内行。人欲横流一世界,况为膻腥杂处大洋场。超凡入圣能几个,舍身从井真无奈。何如白下私门头,八九身带回头货。(质庵)

向导社(变相妓院)

人生到处好相逢,未应难识路西东。年来忽有向导女,世事翻新花样真。不闻意以远客才来此,闷闷日在旅馆中。身是枯坐兴难遣,出门须得有人从。依此为职业,免尔嗟途穷。虽然是亦何可能,为功不尔,电院戏场酒馆茶寮,以及狗场球室舞厅按院,甚至妓院私门。一一明目张胆,携同此辈去。非徒惊世骇俗,号称滑稽雄。倘使以此招摇而过市,岂不为乡下土老公。不过借此标榜目,一时聊借女颜红。为破寂寞不问题,固当来去须看钟。世间是亦公平事,计点受值无欺蒙。所可惜者,似此青年丽质而无正当营业隶其躬。东迎西送为此无聊之奔走,不知博得几青铜。剧怜人在潮流下,依然盗窃秽风雅。无处能比春申多,问名自署向导社。(质庵)

征信所

征信所,征信所,此事今日尚是萌芽吐。由来习惯重自然,遂成固闭皆城府。艰难展转有时穷,往往当面频遭拒。无论公司商铺及个人,多自以为信用所关者巨。一言及此岂能客,视为不幸身受侮。比时事事谈进化,况以欧风东袭先经沪。一般社会渐公开,探求便觉易与语。固然工作要平时,插架标签聊分组。由近及远先在勤,因少积多尤当聚。久之材料既已丰,然惟仅给普通主。如因此外特别事项来,更可临时另受雇。要其指归,端在辅助。工商稳固为本能,即令十中仅仅得四五。以视梦梦者何如,不能谓为一无补。新鲜事业怒于花,看似近来无几家。可知银行公司里,早已各自办调查。(质庵)

广告公司

广告公司,广告公司,招来广告不为奇。日出不穷工设计,引人注意是真谛。到眼似此本已多,不然一一等空过。取材虽不关词翰,立意却又异图案。社会心理总大凡,风俗文化各一半。转移视线潜势强,无怪时时常变换。果能认识达精微,岂同轻易成圬墁。枉抛心力更缠绵,蜃市楼台在眼前。纷纷学作新样好,深恐落手翻徒然。几辈关心到此事,艰难亦有勤求意。如何满地在宣传,到处又觉类儿戏。近来事业随春生,一一

谁解窥物情。可能记取弥天手,万人争看不肯行。(质庵)

奖学金

奖学金,造士心。富儿不学坐得食,贫儿无资空惜阴。平等机会赖有此,精勤灌溉子弟林。善举种类多,积极胜消极。与其饭与恶人百,不如饭与善人一。本此奖学得真才,发心尽力广获益。(润周)

小工人

小工人,何自起,轮步肩挑忙不已。懋迁居货积如山,巨贾豪商孳求利。欸乃邪许声隆隆,转运上下资小工。终日奔劳求一饱,茧茧踊跃来从公。汗流浃背日当午,世间惟有小工苦。吁嗟乎,中外昂昂大腹贾,苟无小工食何所。(息盫)

女招待(变相妓女)

女招待,何所事,宛宛婴婴遍都市。主人借此广招来,能使游人朝夕至。我闻主人语,其言实由衷。招待如香花,客子如狂蜂。遂令马缨下,日日系青骢。是名胭脂檄,亦曰氤氲符。人来财自集,此术胜呼卢。世事纷纭翻覆手,古则质朴今则否。吴姬压酒劝客尝,或云此例古亦有。若援故事为解嘲,艳质当垆宁非旧。(息盫)

磨镜(同性恋表演)

磨镜,磨镜,是何意境。蛤蚌相含,频伽并命。匪两雄之相争,实双雌之互竞。左武墨之铜屏,右秦宫之宝镜。窥大体之双双,见四鸟之挺挺。俄芗泽兮微闻,亦娇喘兮入听。英姿飒爽战方酣,银瓶乍破水浆迸。观者既退,后者又进。以是为业是曰妖,民奈之何其弗禁。(息盫)

剥猪猡(抢劫)

剥猪猡,剥猪猡,攫人衣食奈若何。宵深月黑地又僻,猱伏突起来持劫。手有利器真或假,猝然当者神如愚。如豺如狼当中路,如魑如魅喜人过。甘为小盗操戈矛,虽不杀人亦越货。猪猡剥了又田鸡,男女老幼搜靡遗。严寒冰冻风雪紧,遂令行路歌无衣。嗟哉童叟真无欺。(息盫)

髦儿戏

髦儿戏,髦儿之名何取义。或云昔有李毛儿,广购女僮教技艺。学成遂组髦儿班,袍笏登场殊自意。营业先开丹桂园,厥后群仙又继起。当年盛况不寻常,粥粥群雌皆佚丽。文人好事恣品评,一时梨榜存清议。状元榜眼与探花,陡增声价龙门里。一自新张共舞台,男女合演开风气。大邦从此降附庸,沪滨不重髦儿戏。(息盦)

跑狗场

跑狗复跑狗,六狗齐足走。一兔出其前,六狗逐其后。一狗忽争先,余狗不及毂。狗眼惟见狡兔形,人目但注韩卢身。假兔能欺狗,真狗能欺人。狗不得兔空纷纭,人思得狗心如焚。假兔欺狗狗不悟,真狗欺人人奔赴。千金百金争下注,黄标紫标挥如土。不然狗场主人终岁饿,不然狗场之奴食无所。噫吁嘻,狗足驰骤快如风,人心与之相始终。日日欺狗狗不醒,人兮狗兮将毋同。(息盦)

裸体舞蹈

裸体舞,舞复蹈,海上登徒触所好。华灯掩映杂流苏,人入春台登熙皞。一雌先出侧其躬,忽然转戾如张弓。二三四五更继出,罗列环绕如屏风。大垂手,小垂手,后先蹴踏续续走。大折腰,小折腰,倏焉奔迸如惊涛。蛱蝶蹁跹离又合,游鱼出没近复遥。大会开无遮,天魔来缥缈。觱篥一声鸣,瞥然人已杳。君不见,年来海澨染欧风,色荒竟作害女红。惟闻酬报亦殊菲,虫虫都是可怜虫。噫吁嘻,群雌粥粥谁家子,谋生之术乃如此。人作山梁雌雉看,我作哀鸿一例视。(息盦)

荐头店

荐头店,荐头店,洋场各路都可见。门榜某某老荐头,男女佣工坐里面。扬帮苏帮与徽帮,任人雇之三日验。验毕主仆如合宜,即凭荐头论工资。更有介绍费,相约有成规。介绍费,有成规,荐头负责人人知。主辞佣工按月算,佣工辞主不照判。一朝逃窃起纠纷,荐头又复视具文。吾闻鲍叔荐仲父,又闻徐庶荐孔明。荐贤荐仆固两事,劳心劳力亦非伦。事无大小皆负责,今何亡实存虚名。吁嗟乎,滥竽充数随处得,尸位素餐亦充塞。世间万事皆如斯,吾于荐头又奚责。(后青)

警铃

警铃,警铃,暗通消息捕房听。无警则寂寂,有警则大鸣。较电话兮尤便,较电报兮尤灵。巡捕闻声至,剧盗便成擒。萑苻日滋蔓,此法益推行。益推行,民未宁,只治盗身不治心。治心须使衣食足,衣食足而礼义兴。(后青)

屠宰场

屠宰场,何惨酷,牛过屠门身觳觫。一入机构陷四足,先宰头颈后剖腹。其中关捩颇繁复,顷刻剥成皮一幅。宰猪宰羊亦有场,不用屠刀已汤镬。一日能宰千百头,专供老饕饱口福。饱口福,逞杀戮,寄语强梁毋太毒。世界弥满皆杀机,弱肉强食欲逐逐。我闻佛言戒杀并放生,儒言闻声不食肉。天地大德曰生生,惟愿世人日三复。(后青)

牛乳场

牛乳场,产牛乳,供给人人作滋补。场主制乳细推求,检查牛身之全部。既检牛母与牛父,更检牛之外婆与外祖。配合得宜孳繁衍,转弱为强获利溥。此法合于优生学,质精量多美难数。更经消毒入玻瓶,逐日专人送各户。营销远地装罐头,鲜洁常存不陈腐。此法合于卫生学,不令病菌入肠腑。吁嗟乎,优生卫生效可睹,作人岂独无成矩。奈何生子弱且鲁,应教聪颖身如虎。国策厉行效始普,专美奚让乳场主。(后青)

年红灯(霓虹灯)

年红灯,制以玻管通以电,夜夜虹霓吐光焰。制法远自欧西来,通衢满布亮而闪。尖塔矗云高烛天,圆星贴地空生莲。墙角卖粟日几钱,撑场装点吁可怜。蜡烛台,豆油盏,从此无人觑一眼。烛油虽暗是国产,君辈借光应颜赧。(谦六)

集团结婚

集团结婚诚良图,当时主者市长吴。沪上本来喜豪侈,婚嫁相矜无时无。此意举行惩薄俗,要从简俭示约束。司仪燕燕排双行,照相鹣鹣合一局。礼堂军乐代鸾箫,汽车采结当凤烛。文明开辟方便门,处处朱陈自结村。更有鸳鸯背地笑,只须八圆两心照。(谦六)

小菜场

秤一杆,篮一只,娘姨大姐趁伴行,小菜场中称上客。颠斤播两拣瘦肥,或则欢呼或怒斥。鹅行鸭步不易前,鼠窃狗偷常伺侧。一场区分千百方,贩夫沽客来四乡。借博蝇头却不易,未明赶到争开场。居孤岛,休道好,开门七事心如捣。曾家八字传家宝,且取书蔬与早扫。(贡知)

鱼市场

鱼市场,南北市,统制旧传市府始。牙行秤主市井人,垄断居奇唯利视。设场本为示大公,帆樯南北皆输委。海洋河港万类陈,负贩肩挑随所喜。玄黄一变弹指间,南北咫尺隔千山。市场空有余腥在,袄幻何时洗涤还。(贡知)

夜花园

花园卜夜不卜昼,浪蝶游蜂群奔凑。古人秉烛空夸游,一路电灯照锦绣。长夜不觉钟漏微,丁宁笑语听依稀。花间蛱蝶深深舞,水上鸳鸯两两飞。夜花园,淫乐国。投尔以金钱,报我以颜色。金尽与色衰,转眼不相识。恣情欢乐曾几时,夜阑风月倍凄其。青春葬送无人惜,踯躅穷途悔已迟。(贡知)

屋顶花园

花园花园,万锦花繁。屋顶花园则不然,花之人分多于仙。偶有幽花一点缀,游人之意不在焉。百戏杂陈,罗艺争妍。苏常宁绍,昆汉徽燕。滩簧申曲,书鼓三弦。滑戏魔术,舞蹈喧阗。引人入胜罔不有,遂令裙屐相联翩。如入山阴道,如登大罗天。即今斗米价十千,熙来攘往如附膻。信者乐土不思蜀,竟以孤岛为桃源。(雪耘)

老虎灶

老虎灶,负嵎喷烟如虎啸。旁人错认虎跑泉,沦茗探汤日纷闹。矮凳列二三,半瓯容啸傲。一勺值几文,锱铢所必较。贸易古法存,签筹作泉钞。是业虽云微,水火民所靠。一朝煤值高如金,釜底抽薪烟不冒。虎兮虎兮虎无威,灶兮灶兮灶几倒。(雪耘)

电器烫发

电器烫发,蒙茸诘屈。美人高坐舒绿云,发师奔走任披拂。引之以电流,覆之以机栝。垂垂金缕如冕旒,孙敬悬梁殊仿佛。或为飞机形,或作香蕉熨。或散如麻姑,或蜷如古佛。巧样忽翻新,牛乳来汩汩。矜奇炫异各趋时,转以飞蓬夸美术。可怜一夜秋风摧,青枫赤染霜叶脱。(雪耘)

高跟鞋

高跟鞋,亭亭玉立美风裁。姗姗或不慎,遽作玉山颓。飞车一驰越,玉碎而兰摧。亦有曳裾登楼者,折屐翻作绿珠哀。试为推其故,惟鞋是祸胎。惟鞋之险也如此,嗟汝伽女爱好胡为哉。(雪耘)

三房客

三房客,寄人篱下何迫仄。二房东,鹊巢鸠占逞威风。沪战一朝起,难民来如水。院落覆天棚,厨灶供卧起。晒台辟小室,车房成巨邸。一屋能容十百户,赁值追求高倍蓰。电炬水机,以时闭启。逐客令下,驱之如豕。箱囊抛掷委路旁,无家之人泪如洗。

嗟汝房客亦何辜,避兵曳尾困泥涂。竭资赁庑撄奇辱,坐看故里成邱墟。(雪耘)

堂会

江笑笑,赵希希,东家称觞西结缡,币聘计值犹便宜。堂哉会也果何取,但见江赵相对嘻。世间事,尽游戏,恒舞酣歌讵足异,只怜一例剧易终。欲未□(引按:疑缺满),日犹红。酒阑人散,欢场四座嘘冷风。(镜人)

游泳池

游泳池,为乐正及时。坚强活泼好儿女,别裁襦袴逞丰姿。作势入水翻身鹢,欻然露出瓠有窍。一般都是水淋淋,带雨莲花惊面貌。身一笙,如轻舠,手桨而足篙。钻前不惜几回转,雌雄一决池中豪。观者艳羡游者喜,昂头呼吸情难已。异香扑鼻心为开,况看红豆生玉指。礼防却在水边飘,水清水浊笔难描。河洲曲引关雎咏,并谓强身不寂寥。(嗣双)

译意风

译意风,斯何名,海上电影院,屈指首数大光明。国人慕欧化,舍此似为人所轻。光明之片来美英,咸谓摄制美且精。争以一睹为殊荣,啾唧蛮语几人解。对于两眼虚瞠瞠,主人投客好,斯物于焉生。纳资固有限,听之知其情。法以华语作翻译,导之以电播其声。状若蚌壳悬耳际,又如佛首垂珠缨。千头百头受笼络,各自谛听声嘤嘤。凭此解释晓其事,啼笑由斯百态生。纵观此辈知几许,惟借舌人恣推行。美恶莫自辩,辗转随人令。安得此物置在耳,得悉所语心常清。对此译意风,使人羞且并。失之聪耳如不闻,识别莫更盲双睛。(冰如)

看小书

小小书,胡为乎,庋藏不列馆,一架临通衢。阅此无学者,童子与鄙人。一卷握在手,俨然如鸿儒。不必识字但看图,新闻故事亦各殊。观画别饶趣,宁论事有无。连环之画页复页,能使阅者长相趋。不识字,亦可娱,转觉识字又何如,文盲见解宁与殊。千种万种竞出版,购之不忍随处租。人以藏书夸富有,宋版元版罗珍橱。有时遭秦火,散落抛尘途。何如小小书,到手观须臾。看完仍复付书贾,不用牙签饱蠹鱼。学者嗤其鄙,他道学者愚。各有见解乐其乐,识字与否同模糊。(冰如)

茶室

茶室茶室,层见迭出,有女如云。招待之术,或搂而舞,其乐洋洋。或进椀盏,举若孟光。各炫其饰,各事其事。鼓之吹之,以谋招致。绕室列座,棋布星罗。一盏在手,白日消磨。佳人行盘,纤手相托。美点在中,恣客大嚼。或有卢仝,品之生风。钗光剑影,桃案飞红。人各一壶,自别甘苦。偶饮涤烦,沉醉若蛊。色分红淡,饥渴所需。醉翁之意,饱暖与俱。玻璃之杯,芳气四溢。优哉游哉,惟此茶室。（冰如）

二十四层大厦

淞滨楼万千,高下各殊状。一楼廿四层,峨然势独壮。举首接青云,遐迩资瞻望。颇闻缔造初,工艰几难偿。终乃观厥成,独步驾诸上。星辰系牕户,灿灿作奇亮。大地尽俯视,众生相共仰。藐哉诸浮屠,卑微讵足抗。长风荡天宇,纵览意舒旷。觥觥梁栋材,巨制斯所创。借问造者谁,南通有大匠。（造斯楼者陶桂林,南通吕四人也。）（冰如）

爱俪园

王金声

哈同照片

原先我还在读书的时候,家住虹口石库门旧里,陋室中没有书房。父亲是工程师,他的写字台上永远堆满了书,母亲收拾总要唠叨,叠起几摞书后才腾出一块地方让我做作业。人在地板上走,书会跟着晃,父亲怕书翻倒,上面用木块压着,母亲见了又唠叨:"龌龊巴拉的木头!"示意我丢到垃圾桶去。父亲说:"不能丢!这是哈同铺在南京路上的铁黎木。"我拿起掂了掂,分量蛮重,我问父亲:"哈同是谁?为什么要把木头铺马路上?""哈同是英国冒险家,清末到上海炒房地产发了财,辟筑了一条南京路外滩到静安寺的有轨电车路线,再用进口的铁黎木铺在马路上,引得大批市民前来围观踩踏,一举名扬全国。商家纷纷抢在马路两边开店,地价迅速飞涨,南京路从此就繁荣起来。当年弄堂里的儿歌就有'北京的蓬尘伦敦的雾,南京路的红木铺马路',铺的就是这个东西啊。""这块木头怎么弄到的?""记得六三年一个大热天里,南京路半夜三更在拆电车钢轨,连夜撬下的木砖堆在路边清运,那天我正好去外滩纺织局开会,顺手就捡了一块。"于是我赶紧将这块宽十六厘米、长二十厘米的硬木疙瘩,放进自己的纸箱中,也记住了"哈同"这个洋名。多年后经历几次搬家都没舍得把这块木砖扔掉,只是没像当年那么稀奇。一次搬场途中不巧摔坏一尊雕像的底座,我请木工师傅就拿这块木头去复制,据说电锯剖料时辛香弥漫,还打出了火星,师傅连连称奇。加工后还原了底座,也算物尽其用吧。前阵子我去了趟上海历史博物馆,赫然瞥见与之相同的两块原木,错愕良久,射灯下浑穆坚实,泛着旧时微光,貌似古玉,可惜了我那块木砖。

大半辈子漂浮于碌碌生涯中,向来担心迷失魔都的前尘岁月,庆幸自己曾立心梳理寻访,挟着这点异趣东跑西颠了十几年,默默探望一处处久违的沧桑。从前父亲带我去兜"四明邨",指着对马路的上海工业展览馆:"这个馆以前叫'中苏友好大厦',前身就是'哈同花园'了。"我听懂了一半,没懂另一半,决计去问外祖父有关"哈同花园"的事,睿智的外公反应虽不经意,眉宇间犹有警觉的神色:"侬为啥突然提哈同花园的事?侬晓得哦?哈同老里八早是外国瘪三,后来做到洋行大班,靠投机生意搜刮民脂民膏造了一座私人花园,叫作'爱俪园',就是刚才侬问我的'哈同花园'。哈同死后湮灭在历史中,园子也废了。1953 年人民政府就在原地造了一座罗宋风格的'中苏友好大厦',据说造一只五角星的尖顶就用掉十几斤黄金,真是浪费,也不见得漂亮!想当年……算了,算了,不多讲了。"外公欲言又止,我觉得当年的事一定精彩,就缠着他继续讲。他拉我进书房,关起门俯下身在我耳边细语:"我的话你千万不可以到外头去讲噢。"我应声允诺:"不会的!不会的!""当年我可是哈同花园的常客呢,我跟花园中的画师李汉青是老友,总管姬觉弥也认识,他也是我们豫园书画善会的施主,大家叫伊'姬佛陀'。"随即翻出一堆东西来:"这本《二十四孝图说》是当年爱俪园印的,侬阿姨、娘舅小辰光常看的。这套签名的《玄珠笔陈》是姬佛陀 50 岁生日送我的纪念册,几张老照片是我与你外婆去哈同花园的'天演界'看戏辰光逛园时的留影。'天演界'是个剧场,当年章太炎、汤国黎就在此地办的婚礼。这沓笺纸是李汉青送的'仓圣万年耆老会纪念笺',上面的仓颉像就是徐悲鸿画的,罗迦陵的题字其实是姬佛陀代的……"我饶有兴致地听着,随即捧在手里,老人亦准我翻阅,他径自坐下怀旧,静得出奇,脸上绽起无限的慈祥,那情景我不懂,也懒得去懂。久久,他才端起茶缸,推开杯盖小啜一口,立刻泛起一股咖啡的醇香,弥满了屋子。老人回过神来忽又严肃起来:"这些可是'封、资、修'的东西,与新社会格格不入,你必须要用批判的眼光去看待。"我只好答应,就把书里印的姬觉弥各式搞怪写字的图

1916 年,哈同夫妇与总管姬觉弥邀集前清遗老、耆旧 250 人,累计年龄逾万年,在爱俪园中成立"仓圣万年耆老会"。此"仓圣万年耆老会纪念笺"罗迦陵书款,实为姬觉弥代笔。右摹"秦李斯篆琅琊台瓦'千秋万岁'图案。"左"仓颉像"为徐悲鸿 21 岁时应园内征稿所作,也是改变徐悲鸿命运的"敲门砖",他进爱俪园任教后,深得康有为赏识,并收为弟子

版,随口胡诌一通,并套用刚学的成语"花拳绣腿、故弄玄虚"糊弄老人,逗得他哈哈大笑,低头看一眼:"果真如此。"我也得到几张外公送我的仓圣纪念笺。一晃40年过去,如今知道"哈同花园"的人不会太多,知道"爱俪园"的估计更少,眼下突然专注起"爱俪园"来,则缘于近日坊间邂逅一件"爱俪园主人"上款的寐叟书法条幅而吹起的涟漪。

寐叟是沈曾植,清末民初的大学者、大书家,名重艺林,他的遗墨存世不少,先前都由他的哲嗣沈慈护庋藏,后来才轮到宝寐阁主蔡晨笙。蔡一生宝爱寐叟书画,搜罗了四百余件,下世后都星散了。我寓目的也不下百件,我要了那件爱俪园主人上款的神品,碑骨帖筋,端厚方折,写来字字灵动,深宵相对,始终未能参悟这位一代宗师清峭圆转的神魄。寐叟是前清遗老,也是海上寓公,观堂的名篇《沈乙庵先生七十寿序》早把寐叟捧到了天上。1922年,垂暮之年的沈曾植遇上71岁的哈同与59岁的罗迦陵做"百卅大寿",这么隆重的盛典,寐叟也曾为之挥毫:

> 天上双星妙想多,
> 人间双甲倚清歌。
> 六时和雅音长在,
> 尽挽惊潮入爱河。
>
> 七夕为爱俪园主人双甲庆祝
> 寐叟
> 潭月山房书印

七夕之际,牛郎织女双星会合,罗迦陵的生日恰逢其时,爱俪园中清歌曼舞,连佛国的极乐鸟也不分昼夜地齐鸣共唱,歌颂两人携手相伴历经惊涛共沐爱河。那个"天上人间"的比喻真是恰到好处,想必哈同也开心。"双甲庆祝"当是祈祝他们寿逾百廿遐龄。寐叟的颂诗玄虚不媚俗,惟会心者知之。

沈曾植行书《七夕为爱俪园主人双甲庆祝》

哈同（S. A. Hardoon）是上海开埠以来举足轻重的犹太裔房地产大亨，1851年出生于巴格达城。1856年随父母迁居印度孟买，幼年生活艰苦，平时靠拾破烂、拣煤块为生。1872年加入英国籍后只身来到香港打拼，一年后经舅父介绍去了上海滩，在英籍犹太人沙逊的洋行当个司阍（门卫），虽说职位低下，但他为人机灵、勤快，很快学会了用中文交流，并自设了针对每天来洋行拉货的上百人发放"号码纸"，叫号进门，一改洋行门口嘈杂拥挤的场面，偶尔有人偷偷塞他银元插队，反倒让他挣了不少外快。哈同对工作尽心尽力，一年后被提拔为跑街（推销），没过多久又晋升至烟土仓库保管及收租员，私下也参与一些烟土和房产的买卖，积累了部分资金。他在1879年虽被破格升为洋行大班兼管房地产部，但也仅仅是个中层位置，若想再上一层极其艰难，更何况哈同的人生已进入35岁的尴尬年纪，事业一度陷入瓶颈，就在此时，他冥冥之中邂逅了生命中的贵人。

1885年的一天，哈同在黄浦江边踽踽独行，"Sir, would you like to buy some flowers?"（先生，您要买花吗？）他的面前立着一位混血姑娘，二十出头，高鼻梁，大眼睛，丰腴的身材，东方人的脸庞上又带有西方人的特征，竟让哈同目不转睛，一时愣住了。他在刻板、枯燥的生意场中压抑了多年，今天终于从混沌中恢复了天性，一念之间，他认定眼前的姑娘就是他要娶的人！于是赶紧买下姑娘篮里所有的鲜花，逮住时机与她攀谈起来，哈同竟在这位素不相识的卖花女面前和盘托出心中埋藏已久的抱负："你知道吗？我有个疯狂的想法，我想成为这片土地上最富有的人！"说完等她来嘲笑自己，万万没想到这个街头卖花女的回答让他大吃一惊："我正等着一个有这种想法的男人，我能帮他实现这个梦想！"哈同起初根本不信她的话，长谈过后，哈同发现这个姑娘不但是中国人，还是佛教徒，又懂经商之道，更何况她对市井小民的人情世故了如

哈同夫妇合影照

指掌。数次交往之后,哈同丝毫不再怀疑这个姑娘就是能让自己成为上海首富的那个贵人,立志要娶这位笃定"旺夫"的中国姑娘。

姑娘的名字叫罗迦陵,本名俪蕤(Liza),号迦陵,1864年(甲子七月初七)出生在上海县的九亩地(今露香园路一带)。她是中法混血儿,父亲路易·罗诗是一名法国水手,母亲沈氏原籍福州,罗迦陵出生不久父亲弃她母女而去,离开了中国,六岁时母亲也去世,被亲属抚养。她在逆境中长大,其性格独立又富同情心,后为生活所逼,才去做了外侨女佣,因此学会了多种外语。至于当年小报写她曾在虹口做过"咸水妹",毋庸我辈凭空妄断。不过,罗的阅历实在丰富,聪明伶俐又足智多谋,遇事不着急,也从不抱怨,她用自己的方式卑微而骄傲地活着,最终以自己的成功演绎了一幕中国版的"灰姑娘"故事。

1886年9月24日,哈同与罗迦陵就在闸北青云里用犹太教仪式举行了婚礼。婚后,哈同的事业显然如鱼得水、蒸蒸日上。中法战争期间,罗迦陵以高人一筹的魄力,不惜变卖自己的首饰,引导哈同倾其所有参与收购租界洋商地皮的风险博弈,初试锋芒便首战告捷,赚了个盆满钵满。自1887年起,哈同先后担任法租界董事和公共租界工部局董事等职。1901年,哈同脱离沙逊洋行并独资开办了哈同洋行,并听从罗迦陵劝告,放弃烟土买卖而专营房地产。此后两人妇唱夫随,很快在房地产领域崭露头角。但凡罗迦陵看中的地皮,哈同都会毫不犹豫地拿下,包括购进尚无人问津的南京路地皮,廉价持有了马路一半区域内的1200幢房屋和450亩土地。接着她授意哈同出资60万银元从印度采购400万块铁黎木铺设在南京路的黄金地段(江西路至西藏路一段),夯实了一条舒适又平坦的大马路,形成"十里洋场"最繁华的商业中心,数年间南京路地价上涨千倍。事实证明罗迦陵眼光确实独到、老辣。哈同日后成为犹太"炒房团"中最耀眼的明星,可谓名利双收,一举夺得"远东第一富豪"的桂冠。

爱俪园内"天演界",1913年6月15日国学大师章太炎和汤国黎在此举办"文明婚礼",证婚人是蔡元培,孙中山、黄兴等辛亥革命元老悉数出席

成功后的哈同没忘记贤内助的功劳。1903年冬,哈同在沪西涌泉浜圈地300亩,花费70万银元,由罗迦陵聘请乌目山僧黄宗仰参与筹划葺园,历时六年建成旧上海最大的中式园林"爱俪园"。园名取之哈同夫妇名字中"欧司·爱·哈同"和"俪蕤"两字组合。花园设计糅合中西风格,分内、外两园,山石纵横,湖光塔影,相映成趣,筑有亭台楼阁、轩榭廊舫等83景,时称"海上大观园",不过老上海市民仍习惯称其为"哈同花园"。

　　爱俪园落成后,虽为哈同夫妇的私家园林,偶尔也向公众开放,民国政要、社会名流、工商界人士常来此酬酢,孙中山、蔡元培、蔡锷、黎元洪、章士钊、齐燮元等均曾来园观光和小住,甚至章太炎的"世纪婚礼"也放在"天演界"举行。罗迦陵笃信佛教,乐善好施,园中不仅办过僧侣学校,还斥资整理刊印全套的《大藏经》,四次举行赈济救灾游园会等慈善活动。夫妇俩热衷于扶持中华古典文化,以尊崇"仓圣"的名义,在园内成立了"广仓学会""广仓古物陈列会",网罗了250位前清遗老宿儒组成"广仓万年耆老会"等。接着又创办了"仓圣明智大学",拟建"俟秋吟馆"(广仓学宭)以供奉"仓圣"画像。随即向社会公开征求仓颉造像,青年画家徐悲鸿的作品始在96件应征稿中脱颖而出,他被请进园内担任美术指导。"仓圣明智大学"不但是小学读到大学的全日制学校,而且连学生的膳食、住宿和学杂费均由园内资助。此外还聘请康有为、王国维等学者驻校任教,邀集罗振玉、邹安等人来园整理殷墟出土的大批甲骨。就这样,哈同夫妇硬是在这座瑰丽的大花园中挤出一片文化天地,别有一番境界。如今岁月更迭,一切归于沉寂,那些曾经承载老上海的旧迹离我们远去而隐进历史,不能不说是一种遗憾。

　　书箧中尚存一些零星的单印本,一册郑逸老持赠的《纸帐铜瓶室集藏》早被我翻得面目全非了,"画幅"篇中,印着一幅《乌目山僧黄宗仰画山水》和附文:"乌目山僧,有'维新志士'之称,冯自由的《革命逸史》即有'乌目山僧黄宗仰'一则,略云:'宗

爱俪园设计者黄宗仰画山水。郑逸梅旧藏,澹简斋递藏

仰又号中央,后称印楞禅师,江苏常熟人。生而颖悟绝伦,自幼博览群籍。年二十,出家于清凉寺,金山江天寺显谛法师为之摩顶受戒,赐名宗仰,自号乌目山僧,研精佛理,兼工绘事。'徐铸成的《哈同外传》中,乌目山僧也是外传中的主要人物。但所谓'兼工绘事',却从没有瞧见他的笔墨。一日,娄江钱荷百来,出示山僧山水,我带着惊异歆羡的眼光盯着这画,荷百慨然把这画送给我,我出陈迦庵等二画作为酬答。这画淡淡着墨,远岫近峰,丛树茅屋,对之自有悠然出世之想。山僧且题诗一首:'精华殚翰墨,咫尺匠心难。亚陆风涛沸,人山枭獍攒。盘涡书画艇,激破笠蕉团。安得剑公剑,斩魔慰鼻观。壬寅孟秋,剑门病侠属正,乌目山僧',下钤'宗仰'二字朱文印。"

  这幅画的主人庞檗子也是常熟人,名树柏,别署剑门病侠,同盟会会员、南社发起人之一。我亲沐逸老教泽有年,广事收罗南社中人手迹,踵事增华,最终这件稀见的黄宗仰画山水也被我揽归小斋。

  很久以来一心想找到晚清书家高邕之所题"爱俪园"榜额的图片,寻遍资料,概付阙如,缘啬一见,心存诧异,也许写了没挂?不然人家去打卡,总要留下点影像吧。哈同伉俪极尽富贵,终爱一生,罗迦陵未曾生育,夫妇共同领养了20名中外孤儿作为养子女,两人死后合葬于爱俪园中。至于留下的巨额遗产,众多继承人不惜对簿公堂,打起了旷日持久的官司,16年后始尘埃落定。

  1941年太平洋战争爆发,日军进占租界,把爱俪园踞为军营,园内一度烬燃,建筑颓倾坍圮,风露叶落。张爱玲在小说《连环套》中随手轻轻一掀,蓦然窥见那挂绣帘背面的荒寒:"哈同花园的篱笆破了,墙塌了一角,缺口处露出一座灰色小瓦房,炊烟蒙蒙上升,鳞鳞的瓦在烟中淡了,白了,一部分泛了色,像多年前的照片。"

江湾路忆往

陈祖恩

江湾路有东、西江湾路之分。东江湾路,南起四川北路与多伦路相接,北至鲁迅公园西折至四川北路底,沿淞沪铁路北上至大连西路,与西体育路相接成 S 形,全长 1.29 公里,宽 17 米许。此路是工部局为修建靶子场及公园而越界修筑,因当时地属江湾乡,并拟将该路通往江湾镇,故名江湾路,后改名东江湾路,俗称新江湾路。西江湾路,南起横浜路,北至中山北一路接新市路,与同心路、花园路相交,与广中路和大连西路相会,全长 1.5 公里,宽 10 米,为天通庵通往江湾的干道。

位于东江湾路最南端的庞大建筑物是原日本海军陆战队总部所在。日本海军陆战队为陆上警备与战斗而设,1900 年以保护侨民为借口初次登陆上海,1928 年开始常驻上海,以后购买虹口公园附近洋楼为营房与司令部。原建筑物在 1932 年"一·二八"淞沪抗战中全部被毁。新总部大楼于 1933 年落成,四层钢筋水泥巨大建筑,俯视如同一艘巨大的军舰,具有兵营与要塞的双重功能。下层系仓库,中层系营房,屋顶上设瞭望塔,有数门山炮,可以俯瞰天通庵车站及八字桥,遥望北火车站,一到战时便是一座要塞。同时,上海日本海军陆战队的规格升级,成为日本海军唯一的常设特别陆战队,司令官由大佐升为少将,兵力也增加到 2500 名。这是日本军事力量在上海的象征,也为日侨提供所谓的安全保障。1937 年的"八一三"战役,首先在八字桥一带爆发,日军进攻重点是在天通庵车站—八字桥—水电路一线,企图以此切入闸北阵地。我军主力死守八字桥,并力图突击日本海军特别陆战队总部大楼。然而,由于日本海军陆战队大楼的坚固要塞性能及第三舰队驻上海驱逐舰舰炮的有力支援,我军的攻势受挫。1945 年日本战败后,此建筑物被国民政府接收,淞沪警备司令部曾设于此。

江湾路沿淞沪铁路北上,东侧的公园是被称为"新公园"的虹口公园(今鲁迅公园)。这是 1905 年工部局按照英国格拉斯哥体育公园模式修建的,由苏格兰植物和园艺专家麦克利(Macgregor)设计和布置,初名虹口娱乐场(Hongkew Recration Ground),

日本海军陆战队总部鸟瞰图

虹口公园

六三园

至1909年始见完备。进门是一条夹在木兰花丛中的步行小道,展开的是一片宏大草地,为当时远东最精美者。草地中间被一条小河隔断,河上有一座英国乡村式木桥。一座音乐台置身于丛林之中。走道两旁,布置着英国的槐树、夹竹桃,还有开花的桃树和一些非本地的植物,既庇荫又透光。在各运动场周边,也种植着来自欧洲的花草树木,花草随球类活动季节的变换而呈现不同的色彩。公园内设高尔夫球场一处、网球场数十处、草地滚球场五处、足球场三处及曲棍球场、篮球场、棒球场、田径场等。各项球类运动均按玩球的季节轮流进行,如每年3月1日至10月15日,是网球、篮球、棒球的开放季节;10月15日至3月15日,是足球、曲棍球的开放时间。由于当时上海缺乏公立的大型运动场,1915年5月15—22日、1921年5月30日至6月4日,第二、五届远东运动会在上海举行时,均借用虹口公园做比赛场所。1921年,工部局将虹口娱乐场改名为虹口公园。有人评说:"虹口公园与其说它仅为一个花园,毋宁说它是一所运动场来得评价公允。"

1928年7月,虹口公园正式向中国人开放。同时开始售票制度,年券1元,零券每次铜元10枚。公园里有网球、野球活动,晚上有纳凉活动。音乐堂每周二晚上有工部局乐队演出。音乐台是一座白色半圆形屋顶的舞台,装有共鸣器,不用扩音器也能令听众清晰地听到弦乐的演奏,效果绝佳。

东江湾路西侧有长崎人白石六三郎创设的六三园,原址是西江湾 230 号。1908 年设立,土地 6000 坪。六三园的建成,改变了日本人在上海没有大型集合地的历史,而该园也成为日本文化在上海的标志性场所。六三园简洁明朗,体现出日本式园林布局匀称、淡雅的特色。木造的二层楼日本式建筑,是料亭"六三亭"分店,园内有一块面积六亩的草坪,供春秋季节的集会和赏花活动。园内还设有茶屋、凉亭、葡萄园、荷花池、煤油路灯,并种植很多松、梅、竹等被视为吉祥的植物。六三园建成后,向日侨免费开放,并成为寄托他们思乡情绪的地方。在樱花开放季节,六三园里挤满观赏樱花的日本人。

六三园里清雅的泉石、四时的百花,及各种禽鸟的和鸣,吸引了不少中日文人墨客,这里成为了中日文化交流的重要场所。郑逸梅在《觉园与六三园》中写道:"鹿叟(六三郎)很风雅,喜交纳我华名士。有一次,邀请曾农髯、钱瘦铁、王西神、刘亚文、杨树庄、汪英宾、徐秋生作宴饮。西神撰《鹿园歌舞记》,略述其胜,如云:'小山之麓,流泉绕之,铮铮作琴筑声。一溪碎玉,静引禅心,池中铺以白石,清澈见底。'那天的歌舞亦极一时之盛。西神文又云:'主人布席于广场之上,芳草舒茵,飞花扑鬓,所制西点极精,诸歌女持杯劝进,酒三巡而歌舞作。歌者十一人,六人高坐,五人跌坐其下,高坐者操弦索,跌坐者击鼓。左右两端,则一人槌大鼓,一人吹玉笛,疾徐中节,全队咸按拍而歌。歌声甫起,即有舞女二人,飞入场中,反腰贴地,软体婆娑,翩若凤翔,焕如霞举,观者咸飘飘然作凌云想。'"

中国近现代书画篆刻大师吴昌硕之所以在日本有很大的影响,其大量作品远播日本,与六三园有密切的关系。经王一亭介绍,白石六三郎与吴昌硕结识,经常邀请他来六三园赴宴,将他的作品介绍给来沪的日本书画家。1914 年,上海书画协会成立,吴昌硕任会长。10 月 25 日,白石六三郎在六三园为吴昌硕举行个人书画展,这是中国书

吴昌硕在六三园作画

画最早的公开展览活动。吴昌硕曾应白石六三郎邀请,撰《六三园记》,勒石园中。后来,白石六三郎又自龙华移来老梅一株植于六三园中,吴昌硕也赋诗记之。第二年春天,梅花盛开,白石六三郎又邀吴昌硕在梅树下饮酒。吴昌硕还应白石六三郎之意,作水墨画《崩流激石图》,并作有诗集《六三园宴集》。

1926年3月,王一亭、钱瘦铁、刘海粟与日本画家桥本关雪、石井林响、小杉未醒、森田恒友、小川芋钱等人,成立以古画研究与鉴赏为目的的解衣社,该社的主要活动地点在六三园。桥本关雪与中国画家"颇多交结,尝于海上六三园作文酒之宴,对客挥毫,随绘随题,即以赠人,无吝色"。桥本关雪在六三园内经常题诗,如《幽石丛兰图》:"淅淅风声极易秋,幽人眠起欲添裘。摊书不用借灯火,月上芦花雪一楼。"《寒芦秋雁图》:"小阁依稀似短舠,芦花如雪拂征袍。去年犹记瞿塘峡,风卷秋涛一丈高。"

鲁迅曾邀请郁达夫等人到六三园中观赏过樱花,也应邀在那里参加过日本友人的宴请。1935年10月21日,鲁迅应日本《朝日新闻》上海支社社长邀请,去六三园赴宴,在座的有庆应大学教授野口米次郎和内山书店主人内山完造。同日,还在园内与日本友人合影。

游泳池是上海摩登男女暑天的乐园。虹口游泳池,由工部局设立,位于虹口公园旁,但并不互通,是上海最早的公共游泳池。每逢夏季,游泳人之多,为全市各池之冠。游泳池规则贴在大门前,为限制人数,曾卖过二角一张的门票,但依然不能阻止游泳者的热情。可租游泳衣,需一角。游泳者在入池前,须进行淋浴,使肌肤洁净,也可避免下水后受水温的激烈刺激。淋浴后,备有药水棉花和凡士林,以供塞耳之用。换衣室位于池子东面,是格子式的,男女分列。周日及节假日,特别拥挤。21时至23时,接受包场,租费40元;至24时,加10元,但人数以一百人为限。10月以后,露天游泳池关闭,位于靶子路(今武进路)的室内游泳池开放。

虹口游泳池的最深处有七英尺,有跳台、跳板各一。场内有休息处,供应饮食,但价格之昂,可压倒上海高级的沙利文咖啡馆,咖啡一杯需三角半,汽水一瓶售价二角。郑逸梅在《到虹口游泳池去》的短文中,对游泳池的情景有介绍:"我们买票入内,在更衣室中换了身游泳衣,立到自来水莲蓬式喷射器的下面,冲洗了一回,遍体淋漓地,走到池边。这时夕阳西坠,水面生凉,中的西的,男的女的,村的俏的,可是有了少的,没有老的,都在那里弄波戏水。""那些游泳家,钻在水底,游行很速,好比一艘潜水艇。还有挟着异性,在水里相戏追逐,咭咭的笑声,和'哪能格辣'的呼声,兀是耐人寻味。"

江湾路的公园坊,因位于虹口公园对面而得名。原是毕业于东亚同文书院的台湾人林伯奏的产业,林伯奏是台湾著名历史学家连横(1878—1936)的大女婿。连横曾就读上海的圣约翰大学,著有《台湾通史》,章太炎称赞此书说:"民族精神之附,为必传之作。"1933年,连横从台湾移居上

虹口游泳池

海,住在公园坊8号。曾任国民党主席的连战为连横的孙子,1936年8月出生于西安。在连战出生前两个月,连横因重病弥留上海,知悉儿媳临盆在即,遂留下遗言:"中日必将一战,若生男则名'连战',寓有自强不息、克敌制胜之意义,又有复兴故国、重整家园之光明希望!"连战小时候随父母来过上海,曾在公园坊短暂居住过七八个月。林伯奏的女儿林文月,1933年出生在上海,在公园坊生活了13年,至1946年回台湾,成为台湾地区中日比较文学的开拓者,她翻译的日本古典文学名著《源氏物语》,被称为"目前华语翻译《源氏物语》的最优秀版本"。

公园坊有三层洋楼41幢,十分舒适、宽敞。这一地段,有好空气,既是城市,又是乡下,闹中取静,适宜读书写文,曾吸引一些现代派文人居住,如刘呐鸥、穆时英、叶灵凤等人,被称为"作家坊",又称"文艺村"。叶灵凤在给穆时英的信中写道:"我也很爱公园坊,近郊的风景,热闹中带点静情,与我的性情是很适合的。"1936年,穆时英与仇飞飞的爱巢就设在公园坊,有时他与夫人去亚尔培路(今陕西南路)的回力球场赌博,带去的法币都输光了,就与夫人从亚尔培路走到江湾路的公园坊。一路上两三个小时,回到家里天快亮了。上海的木刻艺术团体"野风画会"、上海艺术剧社导演鲁史创立的戏剧电影研究所、中华口琴会均曾设立在公园坊。

易培基(1880—1937),曾任湖南省立第一师范学校校长、故宫博物院首任院长,平

时守不居租界主义,曾在江湾路水电路建筑住宅及藏书楼一栋,计三层大小房间三十余间。易本世家,生平浩爱书籍金石字画,三十年来收罗丰富,上海"一·二八"战事爆发后,虽运出少数书籍,但尚留书籍字画等约三百箱,尽付一炬。据当地人称,我军3月1日上午退去,日军下午便占领江湾,傍晚,日军率便衣队数十人即侵入该宅放火,并焚易宅弄堂房屋10栋,总计居宅及藏书等项损失约十余万两。易氏藏书中,宋元明旧本甚多,精抄本殿本亦不少,碑帖字画瓷器佳者尤众,此次损失关系到吾国文化,实非浅鲜。清单如下:三楼大洋房一栋,三层共38间、花园亭子,又弄堂一楼一底洋房15栋,共50余间。电灯电话自来水俱损失,书籍207箱,内有宋元本7种,精抄本40余种,明刻本450余种,殿本50余种;碑帖1300余种,内有明拓20余种,故宫铜器拓片200余种。瓷器7箱,内有明瓷及乾隆嘉庆瓷40余件;铜器30余件,内有楚宫钟及汉鼎彝弩洗17件,六朝唐造象10尊;元石器13件,内有汉石经13方;魏唐墓志3方,魏唐造象4方,雕漆器24件。以上均成灰烬。

藤佩福幼儿园位于江湾路上海畜殖牛奶公司对面的藤佩路,"为沪上此种新兴事业之最成功者"。该园为郭秉文夫人夏路德创设,桑文澜女士主持,1934年9月正式开办。郭秉文(1880—1969),中国现代高等教育事业的先驱,被称为"中国现代大学之父";夏路德是商务印书馆创始人夏瑞芳的三女儿。该园地处空旷,空气新鲜,其基地原为复旦校长李登辉博士住宅原址,地可数亩。李登辉为支持幼儿事业,以年收二元之租金,出让土地。该园新建精致楼房一座,内分儿童教室、游戏室、食堂、卧室、浴室、盥洗室、保姆室、办公室、教职员室等,设备完善,整洁优美;园地特铺青草,植花卉树木,并设有游戏运动器材多种。园中分两部,幼稚园收4—5岁儿童,小学部收6—10岁儿童。校长夏路德,副校长桑文澜兼训育主任。桑文澜自光宣年间,即服务教育事业,历任南京省立女中训育、湖州递德妇女学校副校长、云南贫儿院院长及杭州弘道女中训育,富有儿童看护与医药经验。教员曹文隐毕业于培英女中,任职多年;庶务员沈延壁兼烹调管理员,曾在上海尚贤堂妇孺医院庶务;看护蔡志贞毕业于尚贤堂妇孺医院。诸女士皆服务社会有年,均能管教兼施,使儿童各得其所,绝不感离家之苦。一年来,受托该园的20余名儿童,均健康壮硕,整洁活泼,得到家长之信赖。该园初办时为慈善性质,拟收"一·二八"事变及历年水灾失依儿童,但事实上收入者全系知识分子家庭,因此改变招生性质,招收夫妻均在社会服务而无力照料儿童生活之需求家庭,每生每学期收费 54 元,学膳宿杂费均在内。1935 年获增名额为 30 名。江湾一带的儿童,亦可作该园走读生。

江湾路,校舍成林,有学府路之称。上海法学院创办于 1926 年夏天,原在法租界蒲柏路(今太仓路)479—483 号。1928 年 8 月迁至江湾路和平坊,最初仅有两幢洋房,学生宿舍需要租用民房,上课也缺教室,临时搭木屋将就。1930 年学校建成三层新校舍与新宿舍,1931 年建成能容千余人的大礼堂。但在 1932 年"一·二八"事变时,因临近日本海军陆战队总部,全部校舍除大礼堂外,均遭日军焚毁。1933 年 8 月全部修复,但在 1937 年淞沪抗战时,学校又沦为战场而被迫迁往法租界。

持志学院位于江湾路东体育会路原灵生学校旧址,1924 年创办。1925 年新建宿舍一幢于校舍之东。1926 年第一届学生毕业,多为英文系学生,获美国密歇根、哥伦比亚、加利福尼亚、芝加哥等大学认可,可自由转读。1931 年迁入水电路新址,有三层宿舍、大礼堂、教室、图书馆各一幢。1941 年 10 月 25 日,在持志学院旧址,日本居留民团建造上海第二日本高等女学校,次年 4 月 4 日开校。曾在江湾公园坊居住、在日本小学读书的台湾作家林文月,非常羡慕日本女子中学生:"学生夏天都穿藏青色有细褶的长裙,上身是短短齐腰的水手服。这种制服太好看了,尤其是上了中学以后都不用背包,人人右手提一个中型手提包,里面装满书,走起路来非常神气,也是很有学问的样子。"

江湾是华界仅次于南市、闸北的新兴区域,更是大上海计划市中心所在地,而江湾路则是市区通往江湾的主要干道,为江湾发展的先声,令世人瞩目。当时,公共汽车从北站转入天通庵,以后的路线便尽喊江湾了。

和平时期的江湾路是中外杂居的宁静之路。一篇《江湾路之春》的文章,从一位青年学生的视角,生动地描绘了当时的景色:"何若早晨八点钟没有课时,高兴到像跳舞厅一样柔滑的江湾路去探一探春的消息,包你可以看到三三五五的异族小朋友背着书包,花也似的美丽,雀也似的活泼,'叽里咕噜'地从你面前跳过,直至转了弯,目不能及才止。接着的就是足足有六七十人之多的赛跑队,裸着身子,不,仅仅一件游泳衣似的小衣服,充满着春的朝气,勇猛地向前奔去。这是一群碧眼黄发的先生,他们的身子确实充满'力'与'美'。不时可以看到木屐朋友,他们领着若干的小学生,从江湾路经过,大概是往野外踏青去了。他们虽然不着一律的制服,可是他们自己国内的那种特产布,红红绿绿的,确比学校的制服来得引人入胜,尤其是夹在两旁走的那班女教师,我爱她们发髻的美丽,和亭亭玉立的身子。傍晚的时候,江湾路上充满了芬芳的氤氲,碧眼黄发的先生们,木屐'托托'的朋友们和法学院与持志的同学们,大家其乐融融地在徘徊着,或是到公园里去散步。天色渐渐地垂暮了,这时迎面走来的便是大群下工的缫丝阿姐,她们各提着食篓,也就是使人一望而知的唯一记号。我很敬佩她们,敬佩她们能这样吃苦耐劳呵!劳工神圣的缫丝阿姐!"

江湾路,上海兴盛之路。笔名凤湖在作者题为《江湾路上》的文章中写道:"晨光熹微,夕阳西下,一对对,一双双,衣香鬓影,革履西装,倚肩并行,何等地甜蜜、情趣。层楼高耸,玻窗四启,强烈的灯光,憧憧的人影,歌声,琴声,笑语声,酣舞声,渺不到世间有危难艰苦的事情,这又是何等地热烈。"

但是,自"一·二八"事变以后,日军将宁静的江湾路变成战场,继而将其纳入势力范围:"正因着江湾姑娘的颇具姿色,她已渐渐保不住她的瑕白,自连接虹口区域的天通庵起,'一·二八'以后,日人的势力,便日渐嚣张,耸立在交界处的森严威凛的四层兵营,终日往来如梭的凶狠水兵,演习假战时的机枪刺刀,每巡逻时的装甲与坦克,只要你见过一次真情,你便会明白地了解——江湾是整个在日本的掌握中,因为江湾的咽喉是全被捺住了。"

1926年"天马会"公宴桥本关雪于韵籁家事钩沉

祝淳翔

10月里的一天,细雨连绵,午后与两位同事踱步至岳阳路上海中国画院参观"钱瘦铁和他的朋友圈"书画展。先是在一楼兜兜转转,看钱老在新中国成立后所作山水画气势磅礴,自成一家,留下深刻印象。随后搭电梯至二楼,见展厅入口处有一堵照片墙,中有一张题为"钱瘦铁与上海艺坛名宿在餐会上"的合影,照片边框外由姜丹书于1948年追记了人名,令我兴味盎然,因为里面的几张熟面孔,如丁悚、杨清磬、王济远、张辰伯、江小鹣均为艺术团体"天马会"的发起人兼责任委员。滕固、钱瘦铁也于几年以后加入该会。

继而又在二楼展厅内见到钱氏与多位日本画家朋友合作的画,及钱氏所藏桥本关雪的多本画集,尤其见到一幅与桥本氏"合作于淞滨"的牧牛图,表示彼此关系匪浅,不免将我的思绪与之前见过的桥本关雪相关的另一张合影联系起来。

说起那次宴聚,来宾多达30多人,"人物尽东南之美"(丁悚语)。却很少有人能将所有宾客一一辨识出来的,笔者翻检有关文献,终有所得,爰将与此合影背后的故事写出来,以飨对于近代中日画坛掌故有兴趣的读者诸君。

前左起:王济远、朱屺瞻、谢公展、江小鹣、丁悚、杨清磬、钱瘦铁
后左起:滕固、张辰伯、戈公振、徐心芹、姜丹书

大合影见于《晨报副刊·星期画报》第2卷第64号,刊于1926年12月5日。照片登载时,配有一段文字说明:"是图为前月十日夜,上海韵籁家之盛会留影,上海美术专门学校刘庸熙君寄赠",并附一则纪事。经核实,实为刘11月15日发表在《申报·自由谈》上题为《韵籁醒酬记》一文的缩写版。为保留完整信息,兹录全文于下:

上海韵籁家盛会留影

　　十日之夕,天马会同人刘海粟、江小鹣、汪亚尘、王济远诸氏,公宴日本名画家桥本关雪氏于法界嵩山路韵籁家。先期由该会同人,柬邀本埠中日报界,暨新旧文艺界诸名隽作陪。一时高人逸士,骈袂偕来。如新闻界周瘦鹃、余大雄、江红蕉诸氏,上海日日报新闻记者,则吉田耕臣、名越常砥、池田安藏诸氏。文艺家步林屋、张小楼、唐吉生、欧阳予倩诸氏。新文学家徐志摩偕其夫人陆小曼女士,为最后至。七时开筵,飞觞坐花,簪裾杂沓,大有世外桃源之概。佐以韵籁家诸艺妓殷勤劝酒,莫不人浮大白。桥本年事已高,颇豪于饮,乐与韵籁家小阿媛周旋。酒酣时,为绘一小像,娇小玲珑,天真烂漫,跃然纸上。此老风流潇洒,绰有唐李杜风,宜其作画尚风格,而以神韵胜也。闻氏之作品,日本人视为奇货,零缣寸楮,好之者不惜千金之值得之,因其画不以谐俗啖名为心,能得天趣。斯为可贵耳。此次来华,专事游览名胜,以扩胸襟,是以除与中国文艺家诗酒联欢外,一切置之脑后。日前已作虞山西湖之游,此后拟作姑苏游。寒山寺听晓钟,上天平看红叶。老子婆娑,兴正不浅。随行有夫人及西京祇园坊老妓三人。妓有名田中竹香者,半老徐娘,不减风骚,涂粉如垩,能作豪饮,见客更杯相劝。杨清磬善歌,美丰姿,竹香半酣,嬲杨偕其跳舞,杨醉妆勉应。梨花海棠,交相掩映。且舞且歌,极错落缤纷之致。惟舞时长裙飘拂,时露猩红之亵衣,再接再厉,则脂白之肌肤,悉见胯下。娇态粹美,不啻有从乳出酪,从酪出酥之景象。斯时座客,如饮醍醐,心胆欲醉矣。

席间桥本出其日前在艺苑为韵籁二娘绘一大幅之马,葳蕤昂藏,翘首欲嘶。并题一绝于上云:"汗血驰驱几战场,英雄一去梦茫茫。朱门不市千金骨,残草秋风嘶夕阳。"此诗丰神跌宕,而一片惜才爱美之心,情见乎词。名士口吻,毕竟不凡。嗣后老兴犹浓,又为小曼女士写一渔翁小品。韵籁主人,备有小册,索名人题句。首为海粟题以"神韵天籁"四字,本地风光,恰到好处。笔亦刚健如天游化人(引按:指康有为)。并绘墨兰一帧,澄怀幽想,可于弦外得之。是日报界因浔江风急,提早戒严,天马会同人,泰半居住华界,有八九人不能返寓,即假韵籁家卜夜。诸君于是分曹射覆,诗酒流连,以消此永夜。二鼓后,欧阳予倩复来,见猎心喜,亦为写长卷一幅,录旧作古乐府一首,以留鸿爪。王济远亦援笔题五古一首,以纪其事。是役也,余以事返常,未得与闻其政。翌日来校,江君小鹣,具述于余,余以是夕之盛会,人物雅艳,可风可歌,太绕兴趣,遂援笔记之,以实"自由谈"。

案,天马会成立于1919年9月28日。刘海粟在《天马会究竟是什么》一文里称该会发起人为:江新(江小鹣)、丁悚(丁慕琴)、刘雅农、张邕(张辰伯)、杨清磬和陈国良(陈晓江)。成立之日,群推刘海粟为特别会员。第一次应荐者有汪亚尘、王济远等人(丁悚记忆中则王济远与刘雅农均为天马会发起人,而以江、杨、丁为中坚人物)。该会标榜纯艺术,主要以上海美专教师为主、知名画家参与,从成立之初举办第一届展览会,至1928年因政局动荡而停止活动,前后共举办九届大型展览会,辐射范围极广,影响至巨。

刘庸熙为上海美专函授部主任,其行文虽然历历如绘,本人却并未在场,所述均得自江小鹣口授。具体来说,文中"上海日日报",非是我一开始以为的《上海日日新闻》,而是日文《上海日报》。该报是日侨在沪最早的日文报纸,创办于1904年7月1日,初名《上海新报》,为周刊。至1905年3月始改日刊,由日人井出三郎独立经营,销数约3000份。三名日本记者之中,池田安藏较有令名。1923年初,他曾以《大阪朝日新闻》

特约记者身份,在上海采访过苏俄特使越飞。1925年五卅运动发生后,他列名于7月18日成立的、旨在消除纠纷的中日联谊会日方成员之一。到了1935年,池田已升任上海居留民团下设的副议长一职,堪称日侨中的头面人物。

文坛名家周瘦鹃亲临宴席,他在当晚抵家后即以一己视角,记述此事原委。其在《花间雅宴记》中记述如下:

月之十日,老友杨清磬画师见过,欢然语予曰:"今夕天马会同人设嵩山路韵籁家,欢迎日本大画家桥本关雪先生,业专柬奉邀矣,此盛会也,君不可不至。"予曰:"诺。"是夕,既与北京大戏院何挺然先生与本报炯炯先生(引按:指钱芥尘)大加利之宴,即飞车赴韵籁家,至则华堂中张三宴,裙屐盈座。甫就坐,忽莺声呖呖起于门次,语谁为姓周者,群以指指予。予大窘且愕,顾又不能拒,询之邻座滕子石渠(引按:即滕固),始知江小鹣恶作剧。一纸花符,遂破我十年之戒矣。来者一雏,御水红色之衣,自称小花园寄春,秋深矣,春乃寄于斯耶?已而石渠为予介绍诸上客,首席和服者,桥本关雪先生也。年四十余,有微髭,对坐则为桥本夫人,意态颇静穆。中座一美少年,与一丽人并坐,似夫也妇者,则新诗人徐志摩先生与其新夫人陆小曼女士也。其他座客,有前朝鲜领事张小楼先生,法学博士吴德生先生(引按:即吴经熊,字德生),均为初觏。他如余大雄、刘海粟、俞寄凡、王济远诸君,则皆素识也。步林屋先生与瘦铁、小鹣、吉生、慕琴、清磬诸子方聚饮楼头,初未之见,继乃续续来。步先生善饮,饮酣,则诗思溃涌,洒洒而来。座有东瀛老妓竹香,系桥本先生偕来者,亦豪于饮,与步先生对酌,尽十余盏,乞诗四首。已而有醉意,婆娑起舞,邀清磬同舞,继复引吭作歌,啁哳如鸟鸣,盖东瀛之漫舞与小曲也。时老友江子红蕉、名画师汪亚尘先生与吾师潘天授先生同在邻室座上,均起视莞尔。桥本先生视予刺,即以铅笔作书相示曰:"弟前日读新闻纸,知先生之名,瘦鹃二字甚奇,贵国人用字至妙。"先生又坚约作东瀛之游,谓明春樱花开时,好把晤也。

桥本先生虽日人,而与吾国人士至为浃洽,绝无虚伪之气,席间走笔书示吾辈云:"前身为中国人,自称东海谪仙,恨今生不生贵国。"时徐志摩先生与先生接席,先生因相徐先生面,谓与彼邦名伶守田勘弥氏绝肖,徐先生则自谓肖马面,闻者皆笑。先生因又书曰:"山人饶舌。"有进先生以酒者,先生一饮而尽,拈笔书纸上云

"酒场驰驱已久",其吐属雅隽如此。前数日,尝游虞山,谓虞山之美,令人消化不了。又言虞山赵氏家,有红豆树,绝美,云系由钱牧斋拂水山庄旧址分栽者。先生赋诗云:"风流换世癖为因,千里寻花亦比邻。无恙一株红豆树,于今幽赏属词人。"宴罢,合摄一影,即鱼贯登楼,楼心已陈素纸与画具以待。韵籁词史丐先生画,先生时已半醉,戴中国瓜皮之帽,泼墨画一马,骏骨开张,有行空之致。题字作狂草,自署关雪酒徒。继又为陆小曼女士绘一渔翁,亦苍老可喜。而彼式歌且舞之老妓竹香,此时已卧于壁座间矣。已而先生倦,遂醒竹香,偕夫人兴辞去。徐志摩先生为印度诗圣太谷儿氏诗弟子,有才名,此次携其新夫人南来度蜜月,暂寓静安寺路吴博士家。夫人御绣花之祆与粉霞堆绒半臂,以银鼠为缘,美乃无艺。夫人语予:"闻君亦能画,有诸?"予逊谢,谓尝从潘天授先生游者一月,涂鸦而已。徐先生时与夫人喁喁作软语,情意如蜜。予问徐先生,将以何日北上。徐先生曰:"尚拟小作勾留,先返硖石故里一行,仍当来沪。顾海上尘嚣,君虱处其间,何能为文?"予笑曰:"惟其如此,故吾文卒亦不能工也。"

  韵籁词史,年逾三十,而风致娟好,仍如二十许人。性喜风雅,特备一精裱手册,倩在座诸子题字题画,以为纪念。海粟首题四字,曰"神韵天籁",并画一兰,并皆佳妙。予不能书,而为小鹅所嬲,漫涂"雅韵欲流"四字,掷笔而遁。夜将午,群谓南市戒严,不能归,予不信,亟驱车行,抵家走笔记之。①

桥本关雪是日本关西画坛的泰斗级人物,喜南画(即中国传统文人画),能写汉诗却不能熟练地讲汉语,故有以笔代口之举。日伶守田勘弥是歌舞伎大师坂东玉三郎之父,天生一张长脸。潘天授即国画家潘天寿,时任上海美专国画部教授,1926年7月,他编纂的《中国绘画史》作为美专教材,由商务印书馆出版。静安寺路吴博士,亦即吴经熊,是徐志摩结盟兄弟、同窗兼密友。周静庭《逝水人生:徐志摩传》提及,1926年"双十节",徐陆新婚燕尔南下返乡,因硖石新屋尚未竣工,遂来上海暂住吴经熊寓所度蜜月。而刘海粟与吴经熊也并不陌生,因为就在几个月前的7月初,刘海粟在吴与陈霆锐两位律师帮助下打赢了某议员因呈请禁美专使用裸体模特儿而引发的毁谤名誉案。

---

① 周瘦鹃:《花间雅宴记》,载《上海画报》第173、174期,1926年11月15、18日。

这晚是周瘦鹃与徐陆夫妇的首次碰面。揆诸周氏《诗人之家》，文中述及："愚之识诗人徐志摩先生与其夫人陆小曼女士也，乃在去春江小鹣、刘海粟诸名画家欢迎日本画伯桥本关雪氏席上。席设于名倡韵籁之家，花枝照眼，逸兴遄飞，酒半酣，有歌呜呜而婆娑起舞者。当时情景，至今忆之，而徐家伉俪之和易可亲，犹耿耿不能忘焉。"②有趣的是，周在此误记了宴会的时间，将11月初冬记成了春天，或许也从一侧面反映出他平日应酬烦多，事务庞杂。

不妨再来看看江红蕉的记述，篇名《韵籁家画会记》，描写细致入微，令人有身临其境之感：

> 天马会名画家刘海粟、江小鹣诸氏，因日本之桥本关雪画伯来沪，爰于十日之夕，假嵩山路韵籁家觞宴迎之，列席者都为名画师及文艺界诸子。桥本年已高韶，作画均尚神韵，自运天才，落笔如风。日人极崇拜之，片楮寸缣，往往值逾千金。顾不常画，求者不易得，有设酒妓家招之者，则立至。氏跌宕风流，豪饮而不醉，兴至，每自索笔楮挥洒焉。

> 酒半，新文学家徐志摩君偕其新夫人陆小曼女士至，徐面白如何郎，陆御五色斑斓之半臂，边缘浓厚之银鼠，裙亦如之。装极艳丽，一座灿然。徐夫妇骈坐首序，众宾雁行分坐两旁，仿佛新婚宴中之伴新人也。

> 杨清磬画师，去年东渡时，极为桥本所契重，兹特为桥本氏速写一像。钱瘦铁氏，亦为陆小曼女士绘一像均极神似。闻陆女士倩刘海粟氏，每夕至其寓所中，绘一油画大幅造像，刘刻意经心，此画杀青，必有可观。将摄影刊诸本报也。

> 桥本此行，偕其夫人，及西京祇园坊老妓三人。是夕，皆茌止，有田中竹香者，年在四十岁外，面涂粉如垩，能作豪饮，嬲杨偕其舞唱，杨勉应之，载歌载舞，极错落缤纷之致。客均拊掌大笑。杨年少美容颜，半酡若春葩，与竹香偕舞，令人起梨花海棠之感。竹香半醉，犹以娇态殢人，时曳其长裙，露猩红之亵衣，再褐，膝以上犹白如羊脂，继又自掩，翩然遁去。

> 席中，桥本为韵籁家小阿媛，绘一像，纸为梅兰芳赠画师陈曼青者，即由陈题句

---

② 周瘦鹃：《诗人之家》，载《上海画报》第257期，1927年7月27日。

其上。席散,桥本复绘一大幅之马,以贻韵籁二娘,活泼生动,仰天欲嘶。继又为陆小曼女士作山水一小幅始去。

韵籁备手册,乞诸人亦题,海粟首书"神韵天籁"四字,刚健雄泼如南海老人,并绘墨兰一幅,幽情高怀,可与笔际睹之。桥本已先绘一马于册上,并题一绝曰:"汗血驰驱几战场,英雄一去梦茫茫。朱门不市千金骨,残草秋风嘶夕阳。"似有迟暮美人之感。

愚询桥本,此行有何感想。桥本略谓中国犹我之外家,久欲一觇上国风范,既来,益愉快,已游虞山西湖,明日即赴苏州访玄墓及寒山寺,上天平看红叶。十七日拟即东瀛,盼君等亦来日本一游也云。③

江红蕉是包天笑妻弟,当时正与余大雄合办《晶报》,与在座的步林屋、周瘦鹃、丁悚等人熟稔,时相过从。至于他的文章,"梨花海棠"的用典,有性别倒错之嫌。"画师陈曼青",经与丁悚《四十年艺坛回忆录·中日名流的风流胜会》互勘,应为郑曼青。又说刘海粟每晚赴陆小曼寓所,绘一油画像,倒确有其事。顷阅《徐志摩全集·书信卷》,收录香港商务印书馆徐氏全集的正、补编里的多通信函,其中有一通为徐氏从家乡硖石致刘海粟的,中有"曼象卒不能竟,最是可惜。临行又未及一谈,在沪承兄与诸友隆宠异常,深感何似"等语④,可见徐陆夫妇离沪仓促,画像终未完成。而全集编者将该信标为1926年10月15日,似未妥。据《海上书画人物年表汇编·陆小曼》所记,徐陆11月16日返乡。显然信的落款日期应为农历,合公历11月19日才是。

说起来,刘海粟与徐陆夫妇的交谊发生在不同时段。据回忆,他是在1924年4月泰戈尔访华时与徐在上海结识的,当时刘为"东方诗圣"画了两幅速写,徐从旁任翻译之职。次年夏,刘暂居北京,在胡适等人的怂恿下认识了当时还是王太太的陆小曼,并在几句简短寒暄之后,便收下了这位女弟子。

再来看看天马会成员们与桥本关雪是如何订交的。早在1919年10月13日,刘海粟第一次访日(同行者有汪亚尘、陈晓江、俞寄凡等),刚好赶上在上野公园举办的"第一回帝展",得以做近距离观摩。在回国后出版的《日本新美术的新印象》一书中,刘海粟

---

③ 江红蕉:《韵籁家画会记》,刊《晶报》1926年11月12日。
④ 《徐志摩全集·书信卷》,浙江人民出版社2015年版。

评价桥本关雪所绘《郭巨》:"原画分三幅,左为郭巨,右为他的妻子,他那一种容颜、肉体、态度,笔笔皆能有所表现;中间一幅大树树下画一地穴,发现黄金,怨痛欢忭的情景,一齐表现于刹那间,令观者神往。不过地穴的周围无新掘形迹,光滑如洗,实为不合理的地方。"可谓有褒有贬。但这时刘海粟与桥本尚不相识。

众人之中,钱瘦铁虽说年轻,但也许是最早结识桥本关雪的。据桥本(落款"东海谪仙")为《瘦铁印存》所作序言:"癸亥四月,余携妻孥游杭苏之间,终促瘦铁钱君相伴回焉,留杖我白沙村庄,故旧门生乞刻者颇多,皆是我国名流逸士也。"是为1923年的事。

1925年秋,十位中日画家在东京成立解衣社(取"解衣磅礴"之意),刘海粟、钱瘦铁、唐吉生与桥本关雪同为社中一员。至于天马会的其他成员王济远、滕固、杨清磐和张辰伯,则在1926年2月初以江苏省特派考察日本艺术教育专员的身份,到达日本,在东京等地访问、观展。2月23日《申报》以《苏考察日本艺术专员在日之行动》为题报道称,"专员等将赴京都,寓关雪之别庄,一方面考察京都工艺美术,一方面从事制作"。这就与江红蕉文中所谓杨氏"去年东渡时,极为桥本所契重"之语合榫了。

1926年7月30日,桥本一行乘长崎丸来沪,31日晚解衣社的中方代表王一亭和刘、钱、唐等人,公宴其于武昌路徐小圃医师家,协商在上海举行展览会事宜。换言之,11月10日的晚宴是刘、钱、唐等人以别一名义发起的,因得徐陆夫妇盛装出席,为此次聚会增色不少。值得注意的是,这也是陆小曼这位北方的交际之花第一次在上海的社交

韵籁家小阿嫒,桥本关雪画,郑曼青题诗,刊1926年11月12日《晶报》

场合抛头露面。

至于韵籁家小阿媛和寄春,周瘦鹃在《花间琐记》文中有所介绍:"寄春,即前之艳秋五娘,曩尝肄业沪西某教会女校,有知书识字之誉,眉宇间饶有英气,凛凛可畏。""韵籁家小阿媛,活泼泼地,如香扇坠,日本名画师桥本关雪,尝为绘像,张之《晶报》,大有一登龙门身价十倍之概。"⑤丁悚在《四十年艺坛回忆录》还披露说,韵籁举止文雅,乐于与文艺家接近,那次欢宴桥本关雪,"连任何开支都不收一文",不过事前预备纸笔颜料,以供艺术家们挥毫,终"坐得其成"。

此外,据丁悚回忆,出席晚宴的还有诸闻韵,时为美专国画部主任,也是潘天授密友。而传记作家石楠《刘海粟十上黄山》文中,借刘氏之口,称社会名流经亨颐也在席中⑥(虽说将时间、地点误记成了1928年和天韵阁)。经氏地位崇高,是西泠印社早期社员,也是潘天授就读浙江省立第一师范学校的校长。

综上所述,爰将笔者对合影里的众人辨识结果公布如下:

自左至右第一排(主桌周围):刘海粟、桥本关雪夫人、桥本关雪、经亨颐、余大雄。

第二排:郑曼青、日本记者某、日本艺妓某、潘天授、日本艺妓某、日本记者某、陆小曼、徐志摩、汪亚尘、日本艺妓田中竹香、江小鹣、韵籁家小阿媛、俞寄凡、寄春、王济远、唐吉生、江红蕉。

第三排:张辰伯、欧阳予倩、诸闻韵、滕固、丁悚、杨清磬、日本记者某、周瘦鹃、吴经熊、钱瘦铁。

---

⑤ 周瘦鹃:《花间琐记》,载《上海画报》第198期,1927年1月30日。
⑥ 石楠:《刘海粟十上黄山》,收入俞乃蕴编:《文苑春秋》,安徽人民出版社1999年版。

从三件收藏小品看沪上照相馆往昔

仝冰雪

我从 2000 年开始收藏影像,如今已 20 多年。可以说,今天,我们能够收藏到的中国历史照片,从全国范围来看,数量最多的就来自上海。不论晚清、民国,还是新中国初期,上海的摄影发展一直走在中国的前列。其中,上海照相馆的蓬勃发展,可以说厥功至伟。不论是中国第一批照相馆的开办,还是到拥有中国照相馆数量最多的城市,上海一直领全国风气之先。

摄影术 19 世纪 40 年代正式传入中国。19 世纪 50 年代,上海第一批照相馆由法国人李阁郎和中国人罗元佑开办,从而拉开了摄影术在海上传播的序幕。从 60 年代开始,上海照相的发展速度远远超过了内地其他城市,从森泰、苏三兴、宜昌、华兴、同兴、时泰、日成等最早的一批照相馆,到后来照相业兴旺时期的"四大天王":耀华、宝记、致真、保锠,一直到新中国成立后"公私合营"高潮,中国、国泰、万氏等一大批外迁照相馆,支援全国各地,上海的照相馆一直是中国照相业的风向标、领路人。

今天,从我收藏的三件和上海照相馆有关的小品,可以管窥一下当年申城照相业另类的风云激荡。

一、《上海市照相馆商业同业公会会员录》

这是一本十分罕见的照相馆《会员录》,由上海照相馆商业同业公会编印于 1947 年 8 月。原收藏者是上海"冠龙照相材料公司",笔者 2021 年底购入收藏。

上海的照相馆同业组织,从清末自发成立,到民国初年的发展,又历经日伪时期、解放战争、新中国成立,直到"公私合营"后消失,在不同历史时期,以其集团性的整体力量,在进行照相业自我治理

上海市照相馆商业同业公会会员录

与国家的社会政治、经济和社会生活的参与中,发挥了相当作用。

1905 年,为了抗议美国的排华法案,上海照相业在江汉公所签约,共同抵制美货。上海主要照相馆都签名参加,包括耀华东西号、丽珠、致真、镜中天、方祥珍、英昌、耀芳、懋昌高升、美珍、公泰、二惟楼、丽芳、福生、德泰、宝记、写真、光华楼、华芳、三雅轩、梁尚惠、林海涛、鸿雪轩等,这是中国照相业第一次自发地、以整体的力量,大规模参与社会政治生活。此后,照相业公会把更多的注意力放到了同行交流业务、促进同业自治的发展上。

抗战胜利后,1945 年 12 月,张丹子、王开等再次发起成立照相业同业公会,第一任理事长就是王开照相馆的王秩忠,第二任是国际照相馆的王廷魁,第三任是光艺照相馆的张丹子,第四任是万象照相馆的朱天民。

在这本《会员录》统计中,共计有照相业商业同业公会会员照相馆 265 家,涵盖了每家照相馆的店号、等级、代表人姓名、地址、电话等。照相馆分为七个区组:中区组 72 家、南区组 61 家、西区组 52 家、北区组 38 家、东区组 33 家、浦东区组 9 家。

此时的上海照相业公会,除了协调同行业非正常的价格竞争的矛盾外,还议定会员照相馆的级别,按地段、规模、设备等各方面条件,分为"中""华""民""国"四个等级。

最高级"中"字级别共 11 家:王开、永安、国际、光艺、大同、兆芳、大英、派克、大成、百乐、三民。

"华"字级别共 32 家:英明、华昌、国泰、启昌、中国、宝德、菱花、仙乐、南国、万象第二分馆、王吉、天同、孔士、蝶来、一如、青鸟、万氏、何氏、美艺、大来、百乐门、良友、万象、成龙、万里、美芳、集美、大地、国大、美伦、万象分室、纯艺。

"民"字级别共 63 家:红运、就是我、国华、有德、菁菁、雪怀、大都会、金城、摩登、时新、仙乐祯记、容新、长虹、银花、佳多、青春、国华、新大陆、南京、万籁鸣、兰心、中艺公司、鸿运来、吴开、美华、镜华、皇后、花园、胜利、皇家、华影、金谷、大雄、慕尔、鸿运、雪林、影都、学联、大众社、华影分室、蝶美、大方、天福、艺林分室、虹光、吉士、三友、万方、万华、惊人、百老汇、华德、大陆、万利、康乐、真吾、扬子、光华、永江、金门、培芳、康明、虹口。

"国"字级别共 159 家:中国摄影社、鸿芳、胜利、新光、达影、宝芳、新上海、明星、巴黎、大陆、新艺、艺华、泰山、华美、大陆、元元、永安、新民、孔雀、王家、卡德、大光明、大美、天一、金星、天然、上海、美亚、乐开、绿宝、镜芳、沪光、一敏、玲珑、金都、吴特、生生、

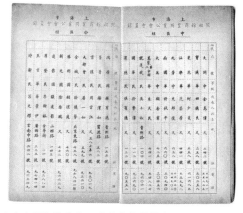

上海市照相馆商业同业公会会员录内页

乐来、快乐、一飞、百乐门南号、春秋、品芳、达尔美、大新、友德、鹤海影苑、拉都、建国、艺林、沙龙、大来、容光、维新、南国、原子、费氏、吴光、南市、南新、庐山、美新、华芳、南华、艺光、中央、福安、吉象、兄妹、竟成、克明、泰来、万红、绿杨、华凯、香海、天香、华新、江宁、大上海、新都会、中华、中兴协记、天真、香海颐记、万岁、蝶园、愚园、光陆、华光、大新、大华、汪明、智和、大明、汪开、麦琪、宝明、国光、梅兰、金国、大西、大方、光启、汇艺、新都、法华、光明、洛阳、河南、丁香、金山、金刚、大华、民生、汪氏摄影社、大华、大众、芷江、蝶丽、丽华、高乐、凯乐、蝶花、美影、大陆艺记、金海、泰山、宝山、潘茂华、大同、蓝吉、青光、吉普、虹光、芝清、红星、天虹、玲莉、枫叶、通北、金国、新光、新新、梅芳、沪东、天真、红金、大康、新民、新中国、亚开、志鸿、兄弟、大沪、新华、高乐、好友、新生。

这本《会员录》上，还印有当时几家最知名的照相馆、照相材料行、卡纸公司，以及照相印刷公司的广告，包括王开照相馆、冠龙照相材料公司、恒昌照相材料行、恒兴照相材料行、华兴贸易行、光明照相材料行，以及粤兴照相卡纸公司和科学照相业印刷厂等。除了会员录上的265家照相馆之外，还有不少照相馆因为各种原因并没有入会，所以，上海照相馆当时的数量，是多于265家的。

这本《会员录》编制的1947年，适值国共内战全面爆发的第二年，当时的上海，法币贬值，原材料飞涨，照相价格随时需要调整，需要由理事长之类的头面人物，在理事会上提出，理事同意之后，制出价目表，通知各店按调整价格收费。分定级别后，分级制定统一价目表等，这样使一些设备较差、位置偏僻、级低价廉的小户得以生存。另外，同业公会为了减轻小户同业资金少、需要零星购买原材料的困难，曾由部分会员集资在会内附设了一个联合照相材料行，经营照相材料，可直接向外商进货，冲破照相材料业的垄断局面；除入股会员可以享受一定优惠外，对没有入股的本微小户，也给予拆零供应的照顾。

一本小小的《会员录》，折射出的是照相业同业组织维护市场平稳运行的决心，和试图广泛参与国家政治生活的努力。照相馆同业组织也印上了近代工商业的烙印，为照相馆的社会影响力增添了浓墨重彩的一笔。

二、国泰照相馆、国泰松记照相馆《推受合同据》

从20世纪初开始,照相业在上海得到了空前的发展,照相馆数量不断增多。同时,不断增加的庞大顾客群,也使得照相价格不断下调,竞争日益加剧。在这个过程中,一些经营不善的照相馆也面临着关门歇业的压力。也有一些照相馆馆主因为个人原因而无心或无力经营,照相馆的转让或者用我们的今天的话来说,变卖、兼并、重组,就成为不可避免的一种商业操作。

1943年1月20日,处于沦陷区上海的一家照相馆,签订了一份照相馆转让合同,时称"推盘"与"受盘"。原国泰照相馆馆主、推盘人朱介人,将坐落于南京路559—561号门牌的国泰照相馆转让给受盘人沈樟松。

转让的"全部生财"包括:电灯、电话、装修、店基、营业牌号、该店559—561号之全部房屋及统楼面之租赁权,价格为当时的中储券7.8万元整,转让后改为"国泰松记照相馆"继续经营。双方合同签订后,受盘人经营收益、亏空及债权、债务与推盘人无关。同时,推盘人也不再向"国泰松记照相馆"主张任何权力,以前推盘人的债务、债权与受

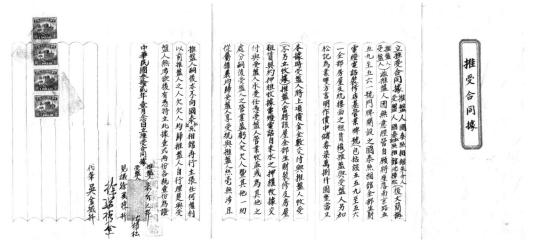

上海国泰照相馆、国泰松记照相馆推受合同据

盘人也同时无关。

合同上除了推盘人朱介人和受盘人沈樟松的签字外,还邀请两名见证人签字,合同由吴金诚代书。合同上还分别盖有"国泰照相馆"和"国泰松记照相馆"的图章,贴有四张一元上海特区印花税税票。

合同签订三天后,1943年1月23日,按照惯例,此份合同还公开刊登在上海《申报》第八版上。

从《上海市照相馆商业同业公会会员录》中可以发现,"国泰"照相馆为1947年被上海照相业公会评为"华"字级别的照相馆,这个等级,在上海众多照相馆中,相对级别较高。但时局动荡,"推盘"乃无奈之举,不知后来的"受盘"人是如何熬过那波谲云诡的岁月的。新中国成立后,为了支援首都北京的商业服务业建设,"国泰"迁京,北京的国泰照相馆也是名噪一时,但那时已经是"公私合营"之后,传统照相馆的馆主以及经营形态已经不复存在了。

三、上海沙龙照相馆账簿

上海沙龙照相馆,是1947年上海照相业公会评定的"国"字级别的159家照相馆之一,在上海的照相馆中,级别并不高。不过,这本包含沙龙照相馆1947全年和1948年1—3月的记账簿,全面、系统、连续记录了沙龙照相馆的各项账目,为我们从经济学的角度,揭开了一家老照相馆的运营内幕。

上海沙龙照相馆账簿

这本账簿账页包括以下类别:照相馆资本、往来账目、生财、门销、门市、装修、进货、添置(物品)、修理、文具、房租、膳食、薪金、工资、捐税、保证金、交际费、医药、特别费、邮电、印刷、善捐、利息、股息、水电、车马费、广告费、杂费支出等。

沙龙照相馆由于原卿、宋鹏程、何玉麟三人投资开办,根据账簿"资本"页的统计,1947年总股本为法币(下同)2250万元。何玉麟投资最多,为1350万元,宋鹏程 600 万元, 于原卿最少, 为 300 万元。

1947 年的上半年, 沙龙照相馆应该一直处于装修筹备过程中, 直到 6 月 9 日才正式对外营业。"资本"页之后, 是照相馆的"生财(购置器具杂物)"和"装修"款项。

其中, "生财"购入照相馆器具共花费 701.3 万元, 包括从美琪照相馆盘进的设备花费 250 万元, 其他如放大机、小镜头、切刀、洗盆、晒夹、暗盒、外拍镜箱等。

1947 年沙龙照相馆全年"装修"花去 433.35 万元。装修物品的每个采购, 都有详细记录, 比如"木条木板"花费 3.3 万元, 牛皮胶 0.3 万元, 猪血十四勺 0.7 万元, 照相馆油漆招牌 88 万元。

上海沙龙照相馆账簿内页

为筹备照相馆正式营业, 一边装修, 一边购入各种材料。"进货"页, 包括软硬片(227.5 万元)、放大纸和印相纸(1123.9 万元), 以及洗晒药水(93.55 万元)等消耗性原料。照相胶片以美国的飞机软片为主, 少量日本的六寸硬片, 六寸飞机软片一盒价格 6 万元, 当时由于美国的大量倾销, 价格相当便宜。放大纸和印相纸分为不同种类, 有光纸、绸纹纸、丰光纸、大光纸, 品牌有海螺、爱娜爱、筱芳等, 1 号绸纹纸一盒 17 万元; 照相材料有大、小苏打、冰醋酸、调色油等, 一瓶小苏打 0.2 万元。

沙龙照相馆 6 月 17 号正式有营业收入, 也就是照相馆"门销"页, 从 6 月到 12 月 31 日, 半年时间, 总共收入 3771.05 万元, 平均每天二三十万元。最多的一天 6 月 23 日, 收入 123.75 万元; 而最少的一天 7 月 10 日, 只有 2.4 万元。

正式营业后, 在"门销"收入之时, 各种日常开销也随之而来。

"膳食费"是一个比较大的数目, 全年 1492.5 万元。照相馆职工六人, 每月开销 120 万元左右。

"薪金(津贴)"是给照相馆六名员工, 全年开销 595.5 万元。一名叫邵馥棠的员工最高，1947年12月份是65万元；吴念祖最低，一个月才30万元。

"车马费"是工作中发生的人力车费用，全年306.61万元。何人使用，办什么公差，详详细细，一般每次支出在0.2万至0.8万元不等。

"文具"也是照相馆的一笔开支，全年花费185.33万元。文具并不单单是我们今天办公所耗费的笔墨纸张，这里面很多是修相和给照片着色的工具，比如铅笔、刮刀、色油、羊毫、吸水纸、胶水等，当然也有日常办公所用的便条、图章等用具。

"修理"一项，全年花费32.25万元。包括修放大镜头、电灯总机、电钟、电扇、电灯表、日光灯等，一般一个项目修理费用几千元左右。

"杂支"是一个数目很多，但总数很小的支出，全年200.23万元。其中很多有意思的开支，比如一包"洋钉"0.25万元，"乞丐（秋节）"0.4万元，"馄饨夜点六碗"0.9万元，《申报》7月16日至8月15日订阅费0.3万元，"打更夫"送大红袍1万元。照相馆要和街上的各色人等打交道，都要靠小恩小惠保持良好关系；不时购买报纸，了解时事；晚上加班，还要给员工加餐。这里记载的虽然是冰冷的数字，但传递出的，是一幅活脱脱的市井场景。

其他很多单项支出，账簿也一一记录在册：

"水电"一年136.1万元。

交际费全年55.61万元，包括聚餐、送友的皮酒（啤酒）、雪茄、西点、糖果，结婚、乔迁的份子钱等。

电灯押金、保证金40.67万元。

"广告费"，绘制霓虹灯片并在亚蒙放映一个月花费36万元。

"医药费"（万金油、十滴水）3万元。

"捐税"一页，全年印花税、营业牌照税共8万元。"特别费"，指照相业公会会费全年18万元。

"邮电"，寄信邮资和业务联系打电话费用全年4.55万元。

"善捐"即慈善支出，全年13万元，包括了防涝、苏北难民、兵役慰劳金等。

如果不算一次性的装修投入和前期购买照相器具与材料的资金，上述照相馆年度开销总共4619.85万元，虽不及半年3771.05万元的销售收入，但考虑到照相馆是半年装修、半年营业,如果全年正常营业,收入就可能翻倍。并且照相馆还有租赁房屋收益以及股息收入等。总体来看,即使在那个动荡的年代,还是有盈利可能的。另外,这家照相馆清晰的账目记录,以及其中透露出的精打细算,也许会给照相馆的健康运营提供一个额外的保障。

近年来,有关沪上老照相馆的研究,大都集中在其拍摄作品的风格、顾客中的达官贵胄,以及与社会直接的关联互动上,鲜有关注照相馆本身的发展规模,甚至一些运营的细枝末节的。这三件小品中透露出的另类往昔的片言只语,或许可以提供一个新的视角,帮助我们理解那时照相馆的生存语境,从而更好地从摄影史、艺术史和社会史的维度,深入探讨其过去和未来。

因创造社引发的沪上咖啡店疑案（下）

孙 莺

三、上海咖啡店的歇业

上海珈琲店于1928年7月4日在《申报》和《新闻报》上刊登即将开业并招聘女招待员的广告，至1929年7月7日在《申报》上刊登招顶启事，从开业到歇业，仅一年。

上海珈琲全盘招顶

本店因负责人有要务他适，而各股友悉居异地，接理乏人，爰协商决议出盘，如合意者，亲至本店账房接洽可也。地址：北四川路上海大戏院对面五百十八号。

1929年8月4日，《申报》上再次刊登了一则《全店招顶》的广告：

兹有北四川路上海大戏院对面五一八号店面及双开三楼出顶，内有新式沙发、大菜台、藤椅、冰箱、电扇、电灯、冰淇淋桶，举凡酒楼用具，一应俱全。有意承顶或分租楼下店面者，请向本店账房接洽可也。

上海珈琲店谨启

这一年间，到底发生了什么？上海珈琲店为何会歇业？有两个原因：一是政治上的原因，二是有伤风化。

先说政治上的原因。1929年1月16日，创造社出版部被查封。创刊于1926年3月16日的《创造月刊》，于1929年1月10日出版第2卷第6期之后即停刊。

《上海珈琲全盘招顶》启事，《全店招顶》广告对于创造社出版部来说,这已不是第一次被查封,也不是第一份刊物被停刊。创造社出版部自1926年3月1日在闸北宝山路三德里A11号营业始,至1929年2月7日在北四川路518号被查封的三年间,年年被当局查封,数次迁址,数种刊物被停刊。

以1926年为例:2月28日,潘汉年等小伙计创办了《A.11》周刊,以出版部的地址门牌号码为刊名,主要刊登重要消息、启事、作家通信、书刊介绍、读者来函和短小的杂文等。初为非卖品,免费赠送读者,后成为正式的小刊物。然而仅刊出五期,5月26日,上海宪兵司令部以"没有登记备案"为由,禁止其继续发行。

8月,创造社出版部被查封,四人被捕。起因是8月5日的上海《新申报》上刊登了一则《请看赤党扰沪的密谋》新闻:

> 据报称中国共产党上海特别市党部,假国民党名义,实行赞助粤方军队北犯事宜……又查辣斐德路永裕里八十三号国民党市党部于昨成立,北伐军行动委员会为办事缜密起见,其重要机关总务处暂设市党部外,计交通处设于闸北福生路之国民通讯社,秘书处设于宝山路三德里之创造社内,此二处非党中重要人物不得阑入云。

这条新闻带来的后果是严重的,不仅创造社出版部于8月7日被上海警察厅查封,创造社小伙计叶灵凤、周毓英、成绍宗、柯仲平四人还被拘捕。时任创造社出版部经理的周全平在胡愈之和叶圣陶的指点下,通过时任上海督办的丁文江的帮助,才将此四人于8月12日保释出来,创造社出版部启封。

1927年同样也不平静。4月12日,蒋介石在上海发动"四一二"政变,创造社元老之一郭沫若因在《请看今日之蒋介石》一文中痛骂蒋介石为"流氓地痞、土豪劣绅、贪官污吏、卖国军阀、所有一切反动派——反革命势力的中心力量"而被通缉。4月15日,创造社出版部汕头分部被查封。5月10日,郁达夫赴宴会见杨端六、杨杏佛等人,当局要求郁达夫"为他们帮助党务"作为"交换条件",以"保证创造社的不封",郁达夫托病谢绝。5月26日,创造社刊物《新消息》周刊第3号刊登紧要启事:"创造社系纯文艺团体,出版部系营利集股公司,并不带有丝毫政治性质,亦并不与任何个人有关,近因各小报记载失实,恐惑众听,特此声明。"郁达夫亦发表《达夫启事》,说因旧病复发,拟暂赴乡间静养,出版部编辑事务暂由王独清君负责。郁达夫随即于5月28日离沪去杭州。5

月29日，上海国民党当局派人到创造社出版部搜查，并调查郁达夫在杭州的地址。6月，创造社出版部迁至上海北四川路麦拿里四十一号。7月1日，创造社的刊物《新消息》周刊被停刊。

创造社出版部的前两次被查封，其实和政治并无太深纠葛，有点飞来横祸的意味。而1929年的被查封，则与当时创造社主要成员成仿吾、冯乃超、朱镜我、李初梨等人宣传马克思主义，提倡革命理论和无产阶级文学有直接关系。1928年1月1日，创造社后期的重要理论刊物《文化批判》创刊，成仿吾在《祝词》中提出《文化批判》的任务就是"从事资本主义社会的合理的批判"。至1929年2月创造社被查封的一年里，创造社各成员在刊物上发表了四五十篇与无产阶级革命文学有关的文章，其文学色彩由前期的浪漫主义转向普罗文学。

而这，直接导致1929年1月16日中国国民党中央执行委员会秘书处函国民政府文官处：通令全国各省市政府"查禁共产党刊物《喇叭》《未明》《创造月刊》《思想》《流荧》《11 Dec》《湖波》《战迹》《出路》《白华》等十种刊物。……令行上海特别市政府，并令江苏省政府转饬上海临时法院，将印发共产党反动刊物之上海北四川路创造社即行查封。《喇叭》《未明》《创造月刊》《思想》《流萤》《湖坡》《白华》七种，均系该社出版部印发"。

1929年2月7日，创造社及其出版部被查封。周楞伽在《记创造社》中追述：

> 民国十八年春天，创造社正想重整旗鼓，刚把二卷六期的《创造月》新年号送将出来，不料已遭当局注意，把设立在北四川路麦拿里四十一号的创造社出版部查封，从此这在新文学运动中曾起过巨大影响和作用的文学团体创造社，便成为历史上的名词。

虽然创造社被查封，但或许是1928年10月10日陈渠在《小日报》上所刊登的"上海咖啡纯系渠个人资本所经营，与创造社无关系"的声明起了作用，创造社出版部楼上的上海珈琲店依然照常营业，并没有受到影响。查1929年2月15日的《小日报》，有一则与上海珈琲店有关的新闻：

创造社总发行部封闭

> 创造社出版书籍，颇多反动言论，王独清单口呼革命文学，借以诱惑一般意志

不定之青年，弥可叹息。查该社书籍，其由邮递者，已概行扣留，惟北四川路上，其上海咖啡店下之总发行部，则犹树普罗烈斯塔派文学之旗帜，以发布其反动之言论。本月七日，始由公安局饬警探将该社发封，并派警在内看守。店堂中书籍零乱，非复旧时，惟楼上上海咖啡店依然生涯鼎盛，自楼下楼上乃不胜今昔之感。亦可见新文学家之魔力不若咖啡店女侍也。

前文已述上海珈琲店生意兴隆的原因有二：一是创造社，一是女招待。现创造社被查封，而珈琲店生意毫不逊色，自然与店中年轻貌美的女招待有关。虽然女招待作为一种职业，早在1913年就已在佛山的汾江酒馆中出现，据《时报》记载，登徒子纷至酒楼，以致酒楼生意应接不暇。1919年，不仅上海浙江路某理发店出现了女招待的身影，"一般风流子弟趋之如鹜"，连河南路天后宫内的一家露天菜馆也开始以年轻女子为堂倌，穿花蝴蝶似的招揽顾客，"地痞流氓满坐菜台"。

当时社会上有一种偏见，认为从事服务行业的年轻女子都是可以随意调戏的轻薄女性。1927年，创造社成员之一的倪贻德在《侍女》中这样描写停云社的女招待："菜已经上来了，肥嫩的手托着白的洋磁盆，很有一种女性美的诱惑。这时因为来客不多，她们时常立在旁边和他们谈笑。M和D吃着鲜热的饭菜，看着旁边的秀色，感到几个月来没有过的安慰。"①这段话，鲜活地描绘出男性对于女招待的微妙心理。

而咖啡馆相较于茶楼和饭馆而言，其色情意味则更浓厚一些。尤其是20年代至30年代之间，上海大多数舞厅都设有咖啡座，许多舞女和娼妓盘踞其中，由此带来的社会影响不言而喻。对于大多数男性来说，去咖啡馆的目的并不是喝咖啡，而是和女招待调笑搭讪，乃至咖啡馆内争风吃醋大打出手之事屡见不鲜。1929年2月5日的《申报》刊登了一则社会新闻：

大学教员与女招待冲突

北四川路口上海咖啡店内，雇有妙龄女郎周云仙、陈素芬、汪秀英等三人为女招待。因此一般青年子弟，趋之若鹜，营业甚盛，但胡调打架之事，在所难免。前日

---

① 倪贻德：《侍女》，载《洪水》，1927年第3卷第26期。

有某大学教员王英前往该咖啡店果腹,不知如何,与此三女招待大起冲突,而致互殴。咖啡店中器具损坏甚多,该店司账蒋西平省而大愤,往报岗警,将王英及三个女招待一并拘入五区二分所,于昨转解地方法院讯办。

在1929年2月13日《民国日报》上所刊载《浓醇》中,作者姚赓夔将男性去咖啡馆的目的犀利揭示出来:"毕竟因为世界上的男子荒唐些,哪一个男子不想把女郎当玩具般玩过?如果咖啡店中没有了妖媚的女侍,城市中就绝不有许多嗜好咖啡的男子了。"

至于文人以咖啡店为背景创作的文学作品则更为常见。如田汉的《咖啡店之一夜》、温梓川的《咖啡店的侍女》、张若谷的《俄商复兴馆》、许訏的《鬼恋》等,都是以咖啡馆作为描摹都市文化和享乐生活的绝佳场所。而咖啡馆中的暧昧色彩在一些文人的笔下,被肆意渲染和放大,如刊载于1929年1月《雅典》月刊创刊号上卢梦殊的《第一部电车》,虽然是小说创作,但是从其对上海珈啡店场景的描写中,可以想见当时的咖啡店风尚:

忽然呈现在他的眼前的是另一种人生:热烘烘的雾团,黑的眼睛,红的樱唇,肉的腿,瓜皮小帽般大的乳峰,庞然外凸的臀部,都在那儿闪动;笑声,歌声,吃的声,接吻的声,高跟鞋子的着地声,一种手摇的机械声,

傅彦长主编《雅典》第1号

也都在那小小的空间交响着;肉的味,粉的香更其浓烈了,那雾团,使他的神经骤然受着过分的刺激而昏乱起来。

甚至还有因文字过于淫秽以致被当局以有伤风化加以处罚的,如1929年4月12日《民国日报》刊登了一则新闻:

沪报蓝剑青为《上海咖啡店中之三女侍》文昨处罚

总巡捕房刑事检查科西探长潘林士,查得本年一月十一号之沪报小报上登有《上海咖啡馆中之三女侍》等二文,内中文字污秽,有关风化,遂向临时法院起诉,由院出单,于昨晨将该报主笔蓝剑青传案。据西探长禀称,捕房前接到临时法院院长来函,谓该报所登之文字,有碍风化,捕房当即侦查,确有不当之处,故而检举云云。

而蓝剑青供,是日适余告假,不在馆中,由友人代理。改两稿系外间投来,一时失察,求宥。经周先觉推事核供,谕蓝剑青处罚金三十元,以后不得再登此种污秽文字。

蓝剑青是沪上有名黄色小报《噜里噜苏》的主编,可惜《上海咖啡馆中之三女侍》一文未能搜寻到,其为遗憾。

创造社被查封后,几个主要作家如李初梨、彭康、朱镜我、华汉、林伯修、叶灵凤等被捕,成仿吾出国赴欧,郭沫若在日本,张资平开设乐群书店,陶晶孙和负责经办上海珈琲店事务的郑伯奇加入左联,这个原本被设计为起到耳目作用的咖啡店似乎也没有继续存在的理由了,兼以社会风化之原因,故1929年6月,上海珈琲店歇业,7月初在《申报》上刊登招顶广告。

创造社出版部被查封后,原场所后来又租出去了,承租人是张资平。1929年9月3日的《申报》上刊登了一则新闻《张资平添开书店》:

> 张资平以一小说家而兼乐群书店老板,对于生意,经营有方,现有另开一环球书店于北四川路上海戏院对面上海珈琲馆楼下,即前创造社旧址,其主事者仍为张氏自己云。

张资平租下北四川路518号开设环球图书公司,楼上原上海珈琲店亦再次招租,在1930年6月6日《申报》上刊载了《楼上招租》的广告:

> 今有四川北路上海大戏院对面五一八号楼上全楼招租,地处闹市,交通便利,租金低廉,并无小租。有意者请速驾临上述地点,环球图书公司接洽可也。

其实在1929年7月7日,上海珈琲店就在《申报》上刊登了招顶启事,不知当时是否有人承租,因尚未查到相关文献,暂时存疑。然就1930年的这则招租广告来看,有可能是1929年张资平租下创造社出版部原址的同时,也将楼上一并承租,打算开设文艺咖啡座。正如1944年周楞伽在《文艺咖啡》[②]中提及:

> 那时创造社已经被封,张资平却一面开乐群书店,一面写他三角恋爱长篇小说,手里很积有几个钱。他见咖啡馆的营业兴旺,而且本轻利重,比开书店还要好,

---

② 周楞伽:《文艺咖啡》,载《文友》,1944年第3卷第10期,第23页。

便也打算效颦开起咖啡馆来。到底有钱办事容易,没有多久工夫,所有咖啡馆店里应用的长沙发、长桌子、玻璃桌面等都定造好了。可是后来不知为了什么缘故,他这家咖啡馆终于没有开设,而中途搁浅了下来。

不管张资平到底是否开过文艺咖啡座,反正咖啡店里的陈设,如高背火车座、长沙发、长桌、玻璃台面等,张资平都借给了刚从东北回来的周全平。1930年2月21日,周全平的西门咖啡店在南市老西门开张。周楞伽在《伤逝与谈往》③一书中追忆,其堂兄周全平指着西门咖啡店里一排排漂亮的火车座说:"这些座椅都是乐群书店张资平的,他原来开文艺咖啡座,后来收歇了,就把这些座椅借给我,我自己是置办不起的。"

至于环球图书公司,因售卖王独清主编的《展开》月刊,于1931年1月20日被当局查封:

> 北四川路环球图书公司,专营新文化书籍,前日被公安局五区二分署查悉该书局贩卖共产党托洛斯基派王独清所编《展开》月刊,该刊虽对所谓普罗文艺派之左翼作家攻击得不遗余力,然对于政府亦有诋毁中伤之谬论,因此被封云。

至此,上海珈啡店落下帷幕。在时间的长河中,数以百计的咖啡馆渐然湮灭,不再被提及。然而,作为曾经在创造社后期革命文学活动中起过重要作用的上海珈啡店,是不应该被遗忘的。就像公啡咖啡馆对于左联的成立具有重要意义一样,上海珈啡店对于创造社而言,也有其特别的意义所在。创造社在中国现代文学史上的地位是毋庸置疑的,而与创造社有着千丝万缕关系的上海珈啡店,无论是文化空间的时代意义,还是文人群体的文学活动,都值得进一步去探究和挖掘。

四、西门咖啡座与西门书店

周全平,原名周承澎(澍),别名霆生,笔名全平、霆声、骆驼等。1902年出生于江苏宜兴,兄弟姐妹六人,周全平排行第三,父早亡,家贫寒。周全平以教书为业,喜欢舞文弄墨,常在报刊上发表小文,因而结识郭沫若、成仿吾等人,参与创造社的工作。1924年,周全

---

③ 周楞伽:《伤逝与谈往》,黑龙江人民出版社1998年版,第218页。

平与成仿吾等人创办了《洪水》周刊,出版了《烦恼的网》,作为"创造社丛书"第八种。1925年周全平出版《梦里的微笑》,由叶灵凤作书中插图。周全平被视为创造社中期的重要成员之一,与潘汉年、叶灵凤、成绍宗等被称为"创造社小伙计"。

1926年3月1日,创造社出版部在上海闸北宝山路三德里A11号设立,开始营业。3月18日,郭沫若、郁达夫、王独清赴广州中山大学任教,创造社主要成员如王独清、郑伯奇、穆木天等后来大都在广州工作,创造社出版部的事务悉数交给由周全平、叶灵凤、潘汉年、周毓英、柯仲平、成绍宗、邱韵铎等人。但出版部一直无人负责,不仅期刊停刊,还存在账目不清等混乱现象,而且还一度遭到当局的查封。"而以周全平为其中最主要的人物,叶灵凤和潘汉年二人另外代光华书局编有《幻洲》半月刊,对创造社的事情也很少过问,所以周全平遂得上下其手,从中舞弊。创造社各作家风闻周全平有揩油中饱的事情,遂公推郁达夫回沪查账。周全平得知郁达夫来沪的消息,索性先下手为强,悄悄地卷了社里的一笔钱,不辞而别,到关外办农场去了。等到郁达夫来沪,早已人去楼空。"这是周楞伽1943年发表于《华文每日》第11卷第3期《记创造社》一文中所述。想来不假,因为就在创造社商议

《梦里的微笑》插图
(叶灵凤作)

周全平《梦里的微笑》

《全平启事》

决定由郁达夫作为总务理事,回上海出版部清算存账整理内部之际,仅隔半个月,即1926年10月11日,周全平忽然发表《全平启事》,声明脱离创造社:

全平启事

自从把创造社出版部搅了起来,忽然平空地树了许多敌人。自己也不能够详

细知道这是为的什么。好在近来又动了漂泊的野心——说起漂泊,便想到在九里松时的浪荡行为了;然而那时同在九里松的朋友现在也不大理我了。所以,我又要漂泊去。好在一册《梦里的微笑》已经从光华取到了一个二百五,简单地生活时,暂时是不会饿饭的。所以便把创造社出版部的"美缺"——老板丢掉也一点没有什么。《洪水》现在是由在广州大学的郑伯奇和穆木天二人编辑。上海出版部的事情是由从前的小伙计灵凤、毓英等办理。我自己不久要漂到北京去。所以以后请不要再把关于《洪水》和出版部的信件寄来给我罢。至于私人的信件,在我没有确定我的行李之前,请暂由幻社潘汉年转。

1926,10,11

1929年,周全平返回上海,在四马路的一个弄堂里租了一个写字间开办新兴书店,与潘汉年、叶灵凤合办了一份袖珍杂志《小物件》,以发表短小时评为主,引起当局注意,第2期即被查禁,新兴书店也关门歇业。

百无聊赖的周全平在去拜访住在阜民路的姑丈时,在老西门市口看到一家米店贴着招租帖子,这房子有楼下半间门面,二楼通联二间,还有一个亭子间和假三层,租价也不算贵。周全平当即决定将此地租下,开一个书店,附带兼营书报邮售及新书推荐业务。早年在创造社时,周全平就结识了紧邻出版部的上海通信图书馆创办人之一的谢澹如,颇为欣赏其凭借邮递免费为全国读者借阅图书的业务,于是将通信图书馆的谢澹如、徐耘阡、孟通如等旧交一并拉来做书店的股东。

1929年10月,位于南市中华路1420号的西门书店开张营业,除了售书,还兼营书报邮售社,并创办了《出版月刊》。"年底,又发行了《出版月刊》,目的是想对于现在的出版界有所匡正,对于现在的读者稍尽指导之责。现在出了二期,每期要亏本数十元,但也是不气馁。明知我们三几个是得不了什么成功,然而起一个头,或者能引起大家的注意,这就很可以自傲了。"

这是1930年3月10日,周全平在《出版月刊》第3期上发表的《全平的自白》一文中所述,"我们三几个"即指谢澹如、徐耘阡、孟通如等。各人分工不同,谢澹如、徐耘阡负责《出版月刊》的编辑事务,孟通如负责书报邮售业务,丁君甸为门市部的小伙计。后来在潘汉年的安排下,刚从缅甸仰光来上海的唐瑜也来到西门书店担任店员。此外,周全平的堂弟周楞伽也时常来书店相帮做事。

与《全平的自白》一文同期刊出的还有一则《西门咖啡座消息》，作者署名为华，即周楞伽的笔名④。

> 哈尔滨书店主人，因为全平要开咖啡店，专诚跑了三十三家俄国书店，选购了十三张俄国文学家的像寄来了。这十三张像是：安得列夫、托尔斯泰、屠格涅夫、普宁、枯普林、契可夫、龙差洛夫、莱尔孟托夫、萨尔替哥夫、奥司脱罗夫斯基、哥果尔、克利罗夫、尼古拉索夫，多为沪上所不经见的，但全平还不知足，又已去函讨取最近作家的像片了。
>
> 西门咖啡座开幕时，全平在宝山的同事沈士庄拿来不少精美的镜框。沈士庄是一个奇特的艺者，也是一位奇特的匠人，拿来的镜框，大半是他自己用白木头做的，是见的人，没一个不佩服他设想的巧妙。

文中的沈士庄（后来改名为高庄，1949 年后参与中华人民共和国国徽的浮雕定型设计），上海宝山人，毕业于上海艺术大学美术系，1929 年回宝山任工艺美术教师。周全平在《全平的自白》中提及创办西门书店和《出版月刊》及西门咖啡座并不赚钱："钱已用完了。去年下半年在宝山一个师范学校里代课，曾得了三百元薪水，也垫进去了。"沈士庄即为周全平在宝山师范学校代课时的同事。

1930 年 7 月 14 日的《铃报》刊登了啼红（即谢豹）所写的一则新闻《周全平开咖啡店》，文中详细描绘了西门咖啡座里的陈设：

> 壁悬美术油画及文学家肖像，如俄之屠格涅夫、托思退益夫斯基等，并有钢笔速写之中国作家二，一为《性史》中之小江平金满成，一为《现代小说》编者叶灵凤；案旁更设有书架，上陈文学书及社会科学书多种，任人浏览。入其室，不类普通商店而似文人之读书室，该店更标出口号曰"没有招待，小账不要"，颇直捷，非不招待，不似他饮食店之专以女招待吸引顾客也。价亦廉，加啡、可可、红绿茶概售五分，西点每件二分半。

---

④ 周楞伽在《伤逝与谈往》中说："初期的《出版月刊》稿件缺乏，我也参加新书推荐的写作，凡是篇末署名'华'字或'饕'字的，都是我写的。"

"三楼分成两部分,左边大半间布置以漂亮的火车座,光可鉴人;右边小半间摆着玻璃柜,柜内陈列着西点蛋糕等食品,柜后一张铺着白布的长桌,上面放着火酒炉、钢精锅,一位娇小玲珑年约十八九岁的少女正在烹煮咖啡,浓香扑鼻。"这是周楞伽第一次见到周全平的妻子陈宛若。时隔多年,周楞伽追忆:"我这时才有机会看清那少女的风貌,不是平头整脸,竟是绝顶的美丽。我心里忍不住暗暗惊叹:一位年近三十满面络腮胡的大汉,竟会使十八九岁的美貌少女降心相从,金钱的魔力真大呀!"

西门咖啡座的窗外悬挂着标有"西门咖啡"四字的霓虹灯招牌,店内没有专职招待,有客人来,则由西门书店的店员临时充任招待,陈宛若则负责煮咖啡、烤面包、泡茶、准备西点等事务。据孟通如在《上海西门书店的咖啡座》[5]中回忆,当时西门咖啡座"牛奶、咖啡、可可,收费一角,茶类五分,点心二分半,一元钱可买五分券二十四张,经济实惠"。

一切似乎渐渐上了正轨,有书店,有刊物,有书报邮售业务,还有一家咖啡座,这是大部分文人理想中的生活状态。然而,在1930年9月7日的《申报》上,忽然登出了一则启事:

> 敬启者,敝书店前经理周承澎君近一个月来恒不到店办事,致店务日趋停顿,屡向警告,置若罔闻,查商业盈亏,全赖经理人调度得法。今周承澎君既无意经理店务,敝股东等血本攸关,不能长此坐视,爰于前月卅日开临时股东会议,决定将周承澎君经理职务停止,同时,周承澎君亦原将前存股本如数提回。当时言明,以后西门书店营业由股东会直接管理,一切账目均按单据清算,其有周承澎君个人经手账目及担保等项,概归周承澎自理。自九月一日起,所有周承澎君在外一切个人行动均与敝书店无涉,唯恐外界不明真相,特此登报声明。

周承澎即周全平的本名。究竟发生了什么,使得周全平一个月不在西门书店中出现?1982年,周全平写了《我与西门书店》[6],陈述了当年忽然离开西门书店的原因:

> 这一设想的实现,并不曾投入太多的资金。约来早已认识的徐耘阡、孟通如及

---

[5] 孟通如:《上海西门书店的咖啡座》,载《古旧书讯》,1983年第4期。
[6] 周全平:《我与西门书店》,载《古旧书讯》,1982年第5期。

堂侄周启勋;并由友人介绍丁君甸、蒋××为门市部的小伙计。1929年10月书店门市就开张了。既未招股本,也不需借款,全靠自己从东北带回来的垦荒酬佣及我妻陪嫁来的一部分首饰,就独自把书店撑了起来。我和我妻陈宛若不久后也从法租界老家搬到书店为我俩新搭起的阁楼里。

好不容易辛劳地创立了西门书店,实现了自己久已存在的设想,正可大展自己的抱负,为什么不久又轻易地离开西门书店呢?我记得书店开业后还不满一年(大约只有八九个月吧),枇杷黄的时候,又从有关方面透露来一个确实的消息:不久淞沪警厅就要来拘捕我——过去《洪水》半月刊的主持人了。这真是一个意外的恶讯!……我和我妻就连夜搬到英租界孟渊(或东方)旅馆。以后人事倥偬,波折尚多,但我却从此未再回到西门书店。这就是我轻易地离开西门书店的惟一答复。

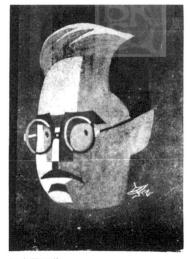

周全平画像

文中有两处值得注意。其一,周全平说西门书店"既未招股本,也不需借款,全靠自己从东北带回来的垦荒酬佣及我妻陪嫁来的一部分首饰,就独自把书店撑了起来",与《申报》启事中"敝股东等血本攸关,不能长此坐视,……周承澎君亦原将前存股本如数提回,当时言明,以后西门书店营业由股东会直接营理,一切账目均按单据清算,其有周承澎君个人经手账目及担保等项,概归周承澎自理"不符。而且据周楞伽之子周允中回忆,当时西门书店招股时,周楞伽的父亲周域也入股了一百光洋作为干股,后来西门书店歇业,这钱周全平也未退还给他。

其二,"书店开业不满一年,大约八九个月",西门书店是1929年10月开业的,"八九个月"即为1930年5月或6月,此时周全平匆匆离开西门书店。《申报》的股东启事是1930年9月7日刊登的,时间上亦吻合。

而1933年6月20日《小日报》署名高福的《周全平失踪记》却揭露了周全平消失的谜底:"民十九年,共党内部因反对立三路线,激起绝大政潮,周氏认为时机已到,悄然席卷其经手存于某银行之互济会经费二万余元，遁迹津门。"民十九年即 1930 年，正是周全平经营西门书店和咖啡座之时，也是《申报》这则启事刊登之时。

这其实也能解释为何 1931 年周全平会被左联开除。1931 年 8 月 5 日，《文学导报》第 1 卷第 2 期刊出《开除周全平、叶灵凤、周毓英的通告》：

> 周全平，在一九三〇年春左联成立时即加入左联。其时对于中国革命及无产阶级革命文学运动，虽有认识上的不正确之点，但对于工作尚努力和有决心。因为这种表现，当中国革命互济会要求左联派代表参加他们工作时，左联即派了他去参加工作。但今年二月接到互济会的报告，周全平已有意识的做出了极无耻的反革命的行为了，互济会从工作的革命的观点，他从工作人员中开除。左联接此报告后，经过了长久的各方面的详细的调查，确证了周全平的卑污无耻的背叛革命的行为，全属事实；并且从许多事实证明，周全平的此种反动的行为，绝非偶然的错误，这乃是从他开始认识不正确的这出发点出发，在白色恐怖盛行和他周围恶劣的家庭的社会的环境的诱惑之下，有意识的积极反动的行为。四月二十日常务委员会决议将周全平开除，并由秘书处在左联机关杂志《前哨》上宣布。

互济会，即中国济难会，1925 年 9 月 20 日在上海成立，是一个以公开合法手段营救被捕革命者和秘密救济被捕被害者家属的组织，由郭沫若、恽代英、张闻天、郑振铎、沈泽民等发起成立。在当日的成立大会上，恽代英、杨贤江、郭沫若、韩党民、沈育贫、李硕蠙、吴开先、阮仲一、刘一清、顾谷宜、周全平、陈望道、林钧等一同当选为正式委员，周全平任宣传委员。

"但今年二月接到互济会的报告，周全平已有意识的做出了极无耻的反革命的行为了"是否就是指周全平卷款潜逃之事？虽然通告中没有明说，但想《小日报》之说，亦非空穴来风。

多年以后，周全平就此事辩称：

> 我由阮啸仙介绍加入中国互济会，成为三个常任理事之一（另外两个我记得一个是戴少庵，一个是钱铁如）。加入不久，约我到一家旅馆的客房交接一笔革命经费。我吃过（午）饭去时，戴钱二人已先在。我去后，他们就取出一大包钞票。他们取三万六千元的一半，说要改存在某一银行，留下一半一万八千元要我守着等他们

回来。他们走后,我独守在客房内。一个钟头过去了,又一个钟头过去了,不见他俩回来。我想今天下午党内有人要到我马霍路寓所来谈话,怕有失误,就写了一个字条留在客房,把我守着的一半革命经费一万八千元分装在大衣里外的口袋里,走出旅馆回马霍路。其时天色已近黄昏,朔风嗖嗖,路上很少行人。就在我穿过马路走向马霍路时,忽然一个上海人所谓"剥猪猡的",突然从我后面脱下我的大衣,飞奔而去。我不及追逐,也不敢报警,眼睁睁地把一万多元钱丢失了。回到寓所一检点只剩下里面棉袄口袋里的六千元了。觉得丢失经费,羞见友人,一时短见,畏罪潜逃,从此脱离文坛。⑦

周全平失踪后,中华路上的西门书店由谢澹如接办,改名公道书店,并另设一家公道书店,专门收藏革命书刊,为地下党传递情报。

时隔多年,济难会善款之事已成谜,到底丢失还是见财起意,暂不下结论,留待时间去评判。需要提及的是周全平的后半生。1930 年,周全平携家眷逃往沈阳,先后在哈尔滨、青岛、安徽、江西、贵州、重庆、兰州等地做生意,直到新中国成立前才回到上海。在时任上海副市长的潘汉年的帮助下,周全平赴无锡苏南教育署工作,编辑《苏南文教》,改用周承澎本名。不久,周全平又被调到南京任《江苏教育》副主编。1955 年受潘汉年事件牵连,周全平也随之入狱,被遣送至江苏溧阳社渚农场劳改。至 1959 年才被提前释放回到南京,但仍受到街道管制,继续接受监督改造。直到 1976 年"文革"结束,周全平才被宣布解除管制,于 1976 年 9 月定居在其二女儿所在的新疆拜城铁力克煤矿中学,于 1983 年 2 月 9 日病逝。

曾经的西门咖啡座,在此后 90 年的时间里,似乎从未有人提及。其实不提也罢,这世间有太多太多的故事,都逐渐泯灭。只因时值创造社成立一百周年,忍不住将这段往事从时间的尘埃中捡拾出来,拂去灰尘,呈现于世人。虽然是追忆上海珈啡店与西门咖啡座的过往,但其实是在追怀创造社的历史。

---

⑦ 俞子林:《周全平被左联开除之谜及其他》,载《书林岁月》,上海书店出版社 2014 年版。

我与刘旦宅

汪观清口述　魏松岩整理

　　我与刘旦宅（1931—2011）的关系，介于师友之间，堪称莫逆之交。我欣赏他的画艺，钦佩他的为人；他喜欢我的作品，赞赏我豪爽真诚。我们年龄相仿，行业相同，从彼此结识到他离世，一路交往，一路相知，共同经历过上海美术界的一些风雨，感情与日俱增。到后来，他把我当作可以托付的老友，我始终有意无意间视他为半师。

向刘旦宅请教国画

　　与刘旦宅的结识，始于请教。

　　1953年，我23岁，已经通过公私合营，从一家私人出版社，分配到上海人民美术出版社的前身新美术出版社工作。我第一次留意到刘旦宅，他在教育出版社创作宣传挂图和教科书插图，教育市民过马路要看红绿灯，公交车上给老人让座，公共场合排队等，后来知道我们同龄，都属羊。

　　那时，他刚改叫刘旦宅不久。据说他幼年学画，因为崇拜刘海粟，自己命名刘小粟，总归是要做画家的意思。从温州到上海后，他适应社会需求，开始画连环画。因为他人物画得好，所以能胜任连环画。

　　那些年，正值连环画创作大发展之际，刘旦宅凭借人物画的功力，为人美社创作出不少好作品。起初，黎鲁以为他崇拜刘海粟，志在西画，看不上连环画，不愿在连环画上下功夫，这条路走不远。不过，黎鲁一贯爱才、惜才，也想尽量扩大创作队伍，一直对刘旦宅不错。后来，刘旦宅和宋秉恒合作《吕梁英雄传》，其中的《马专员审案》创作完成时，刘小粟的署名改成了刘旦宅。那是他第一次使用"旦宅"的名字。之后，他创作《卡札纳河上的桥》《雌雄剑》《李时珍》《木兰从军》都用名"刘旦宅"。他的连环画《屈原》非常成功，吕蒙看过画稿后，曾连声说："画得好！画得好！"赞不绝口，我亲耳听见的。

一般来讲,连环画的封面是点睛之笔,重中之重,比较讲究,通常会请名家担纲。刘旦宅画过不少封面,包括读者耳熟能详的《西汉演义》,这是他在连环画界水平高超的证明。

同时期,我也锋芒初露。完成《斯巴达克》《十二把椅子》等苏联题材作品,迎来了自己的第一次创作高峰。我留意到刘旦宅的作品,找来《马专员审案》,一看,果然不同凡响。这本连环画的创作思路、笔墨运用、人物造型都是中国传统笔法。线条扎实灵动,造型准确生动,人物神韵直透纸背,与当时沪上连环画的主流画法完全不同,倒是像北派连环画家,比如黎鲁力主我们学习的沈阳画家王弘力,北京的刘继卣、王叔晖。在上海画家中见到这种笔墨,出人意料,让我惊喜。无论从哪方面说,这本连环画都画得好。而且他如此年轻,却能化故为新,令人叹服。

老画家张明曹坐我对面办公,他和刘旦宅同乡,都是温州人,曾教过刘旦宅画画。他对我说,刘旦宅自幼有绘画天赋,十岁就在温州开画展,号称"十龄童刘小粟"。画展规模不大,却让他一展走红。知道刘旦宅还是"少年才子",我对他更加刮目相看。

后来,我与刘旦宅熟悉了,曾听他讲过自己的两位启蒙老师。一位是他的小学校长王先生,教他写生速写,鼓励他多到实地观察,并说上海的机会多,可以到上海发展。多年后,刘旦宅果然来到上海,那些早年的写生积累,在他连环画的创作中功不可没。另一位是他中学时拜识的徐先生。徐先生中医出身,通晓书法、绘画、诗歌、戏曲,引导刘旦宅走上中国画的艺术道路,并在这条崎岖漫长的道路上,启发刘旦宅深悟人文修养之于绘画的重要。刘旦宅重视传统文化,勤读书、练书法、大量临摹名画,在徐先生手上打下了扎实基本功。

凡艺术都离不开师道传承。1998年,刘旦宅在温州举办离别故土50周年纪念画展时,特意到两位启蒙恩师的墓前跪拜。他用这种中华传统礼仪,表达敬仰和感恩之情。

说下我与刘旦宅的相识。20世纪50年代后期,上海中国画院成立,26岁的刘旦宅入选首批画师,是最年轻的一位。画院成立后,活动比较多。我在不同场合看见过他几次,但人多嘈杂,彼此并没机会结识和交谈。

1963年,我的连环画《红日》创作完成,获得了全国评选二等奖,风靡一时。接着全国美展在即,组织上派任务,要我以《红日》为题,创作国画组画参展。我一直画连环画,国画并非所长。要参加全国美展,又不能马虎应对。因为有前面的各种因缘,自然而然地,我想到了刘旦宅。早在创作连环画《红日》时,我已经注意到,原著小说里面的插图是刘旦宅画的。他用毛笔,黑白着色,画在宣纸之上,国画水平一流。

我决定去认识一下刘旦宅,先打电话过去,他很爽快地说:"来啊!"当时他工作单位在永福路,我在五原路,两处距离很近。我就找了个空档,步行过去找他。我们见面后,寒暄,落座。那时他年轻,胡子还没成型,但已经开始不怎么剃了。短须胡茬,下巴乌黑。我跟他解说情况,谈了组画的大体创作设想,并请他示范。他大概也知道我,交流起来很自然,没有初次见面的生疏。那时的人都比较好说话,无论成名与否、年纪大小,有人上门,无不热情。

他画了不到半个小时,完成一幅国画《红日》。造型粗犷爽利,线条流畅自然。画中一位背枪的战士,正为首长出征备马。两匹马迎风侧立,仰首嘶鸣,仿佛嗅到了硝烟的味道。大树和劲草做背景,生机勃勃。画好后,他又用赭石随手点画,画面层次和意境增色不少。那天看了刘旦宅的现场示范,我叹为观止,一是内容紧凑切题,二是他对纸、墨、笔、色运用游刃有余,三是时间短,一挥而就,画面奔放豪迈,符合《红日》的基调。我很高兴,真诚地说:"看到你的画,我就很喜欢,很佩服。"他也有点得意,一直笑。初次接触,我对他的印象是谦谦君子风度,为人客气。

那次会面后不久,我的国画组画《红日》完成。先在上海展出,好多朋友和行家看后,说画得不错。之后送到北京参加全国美展,受展览空间所限,组画由五幅减为四幅。这四幅《红日》组画反响不错,展后被中国美术馆

1963年刘旦宅为汪观清示范的《红日》水墨画

收藏。

在干校画马

1970—1971年间,我曾被下放到新闻出版"五七"干校劳动两年。干校在奉贤海边,主要劳动内容是改造盐碱地,在硬邦邦白乎乎的盐碱地上种水稻。

一般来说,每个出版社有各自连队。但有一天,我听人说,刘旦宅来到了上海人民美术出版社连队。我想,他不是应该在上海教育出版社的连队吗?很快,我见到了他本人,发现他精神状态不太好,胡子凌乱墨黑,人也不愿说话,个头显得更小了。刚到40岁的年纪,乍一看,像个小老头。后来听说,他刚出狱不久,之前在提篮桥监狱关了一年零三个月。我很诧异,他这样与世无争的画家,怎么进了提篮桥呢?后来知道,是他和华三川、张仁康、王重义一起喝酒,东拉西扯,后来聊到了一位中央领导,说起她在上海的陈年往事。

这件事传了出去,工宣队开始调查。问刘旦宅,他说自己没说,其他人说没说他没印象。工宣队当然不肯善罢甘休,可是无论如何威逼,刘旦宅既不交代,也不检讨,更不揭发别人。最后上头说他臭硬,顽抗到底,定为现行反革命。就这样被关进了提篮桥。

我知道这些背景后,不仅没有与刘旦宅保持距离,反而从内心更加钦佩他。你想,"文革"时期人际关系异化,夫妻反目、父子相互举报现象很常见。像刘旦宅这样,宁愿自己一力承担,蒙冤受辱,也不攀咬别人的,不说绝无仅有,也是凤毛麟角,可见其人风骨高洁。

干校里不是劳动,就是学习,整天斗私批修,比创作还累。我们都想画画,但不被允许。开会和学习时没兴趣,韩敏就随便拿张报纸画竹子;刘旦宅以手撑额,桌下放本书,垂头阅读,读的大多是古诗文一类的,有时候甚至是线装书。他古文底子好,为人宁静淡泊。

我住的草棚营房里,有个土乒乓球桌。晚上,趁人少,避开工宣队,我们偷偷在球桌上画画。有天晚上,八点之后,刘旦宅路过,看见我们在画,稍显惊讶,问:"你们在干什么?"我并不回避他,反问说:"好久不画,难受吧?这里人少,你也来动动笔,示范一下。"

"文革"期间,刘旦宅在"五七"干校画的《马》

边说边将毛笔递到他面前。他有些踌躇,面露迟疑。我再三劝说,他才接过笔。

作画的刘旦宅像换了个人。自信从容,运笔自如。一匹水墨骏马一气呵成。这是他能量积蓄许久的一次爆发,少有的一幅精品。那时,刘旦宅很少动笔,既是因为出提篮桥不久,心灰意冷;也是政治环境压抑,不允许他画。干校期间他的作品可能仅此一幅。

我们围在旁边,绕着桌子不同角度地欣赏,边看边赞。画毕,刘旦宅搁笔,看了一会儿,突然俯身拾画,揉成一团,准备撕毁。我马上就近抢下,说:"让我学习学习!这幅画又没署名,有什么情况,算我的!"

这幅差点毁掉的作品,连同我们第一次见面时,他为我示范的国画《红日》,一直被我珍藏。2000年左右,刘旦宅身体尚好。我去他家,特意带去了这两幅小画。他看了,感慨万千,说:"观清,你都还留着啊!"之后,在上面补签名字,盖上印章。

我们都佩服他笔力精湛,其实精湛也是从勤奋而来。我举个例子,1967年,我和刘旦宅、华三川、郑家声、韩永安一起到吴淞东海舰队,画毛主席视察海军的组画。闲暇时,大家边聊边画,交流画技。那一次,刘旦宅运笔如神。他手腕凌空,先画一个一厘米见方的美人头,发丝细密,睫毛清晰,神态顾盼,婉约清雅。画完,便随手撕毁。"文革"中,他怕惹麻烦。我们问他怎么练的,他只答:"当然要练,不练不行。"于是,又拿过一张纸。这次,他用三个指头捏住笔杆顶端,在宣纸上轻蘸一点,以此向外旋转,形如蜗牛的背壳。拇指大小的空间里,他能旋转画出十几层线。我们低头细看,线条粗细均衡,线与线之间距离相等,无一处靠近、接触。接着,他又从外向内反向旋画,同样笔墨如刻。继而又以方形示范。我们好奇,跃跃欲试,也拿起笔来尝试,就是不灵。他的书画造诣,在我们这辈画家里着实罕见。

外人眼里刘旦宅沉默内敛,其实我们这些亲近的朋友了解他。他有时候也极为活泼。有次我们在东海舰队写生,出发前约好,都带着各自的孩子。创作间隙,我们和孩子们捉迷藏。刘旦宅玩得最开心,特别放得开。他对孩子好,是大家公认的。天炜年少时,刘旦宅的口袋里总揣着儿子的作品,一本刻纸画《水浒》一百零八将,经常拿出来给大家看,面带得意神色。看的人觉得好,故意调侃他:"你们合作的吧?"他每次都严肃回答:"不是。"之后更加得意。几年后,女儿要参加上海工艺美校的考试,他特意到我家来商量,让我参谋一下,怎样才好过关。孩子的事情,他都特别上心。

刘旦宅真正毫无束缚地创作,才气、画艺和修养得以淋漓地发挥是在20世纪80年代。他曾受邀在人民大会堂作画,那次,北京一位著名画家也在。北京画家是个快手,不假思索,提笔开画,墨韵淋漓,赢得一片喝彩,观赏者都聚拢在他身边。刘旦宅边抽烟边磨墨,迟迟不见动手。半小时后,烟抽好了,墨也磨罢,他开始画马。一挥笔便是八匹奔马,前后用时不到三刻钟。线条宛如唐人草书,健硕飘逸。围观者赞不绝口,口口相传,纷纷从北京画家那里转移过来,至散场都没离开。老友韩敏说过:"当今画马高手,刘旦宅先生当属第一。"

国画"琵琶女"事件

1972年,"五七"干校劳动结束,刘旦宅正式调入上海人民美术出版社,分在古装组。虽然换了工作单位,但他是背着政治包袱的人,工宣队密切关注,经常批判他。面对批判,他以"四不"应对:不承认、不揭发、不检查、不落笔。这倒应了郑板桥的题画诗"千磨万击还坚劲,任尔东西南北风"。同时,他也不懦弱,如果有谁发言揭发他,他就两眼盯牢对方,一动不动,看得对方面红耳赤,无处遁形。

"文革"期间,发生在刘旦宅身上最"著名"的一件事是国画"琵琶女"事件。先是听到风声,说刘旦宅的一幅仕女图《此时无声胜有声》在友谊商店售卖。这幅画取自白居易的《琵琶行》,"别有幽愁暗恨生,此时无声胜有声"。人美工宣队解读出好几层意思:说已经禁止刘旦宅画画了,他还偷偷画,以"无声胜有声"公然对抗组织;画中琵琶女"犹抱琵琶半遮面"，是"封资修"的阴魂不散；芦苇荻花，寓意他自己在干校，被隔离在芦苇棚中，十分委屈；"无声"是借古讽今，有"幽愁暗恨"，借此画攻击社会主义；特别恶劣的是，还把画送到友谊商店，公然贩卖大毒草，里通外国。

我想，他不是好久不画了吗？在干校画马都战战兢兢，怎么可能画琵琶女，还拿去卖呢？刘旦宅最初的反应和我一样，也是莫名其妙。他并不知道，自己的画怎么到了友谊商店。直到看见画，不由得粗口怒骂："×××不是东西……"这是他的原话，可以想见已是愤怒至极。骂声中，我们也逐渐明白了原委。

沪上有位书法家，擅写蝇头小楷，和刘旦宅同乡。"文革"中他写书法条幅《琵琶行》，请刘旦宅配画。刘旦宅久已封笔，甚怕惹祸，于是再三推辞。书法家执着，不断怂恿，坚称："如有问题，就说是'文革'以前画了送我的，又有何妨。"盛情难却，兼有桑梓之谊，刘旦宅悄悄画了这幅《此时无声胜有声》送给他。没想到，书法家将这幅画送到友谊商店寄卖，被人发现，举报到了单位。

据刘旦宅后来说，当晚，书法家来到他家，协商应对办法，订立"攻守同盟"。进门就着急地表白，说："不好啦，友谊商店寄卖的'琵琶女'立轴被人美拿走了。不过你放心，只要坚持说是'文革'前画的，保证没事……"言之灼灼。

他要刘旦宅坚称是"文革"前作品，可是自己扛不住压力，在工宣队的攻势下兵败如山倒，一股脑交代了前因后果。这样一来，刘旦宅彻底被出卖，前科未消，又添新罪。工宣队抓住把柄，对他的批斗又升一级。陶长华后来说，书法家一开口，刘旦宅就成了抵赖的死老虎，日子更不好过了。

万幸的是，人美同事没有落井下石的。那段日子，大家担忧刘旦宅，我也感觉压抑，总想为他开脱。工宣队批斗现场，我见到了那幅罪证。感觉画面和构图似曾相识，仿佛哪里见过。晚上回到家，吃完饭，还在想他的事。也许是福至心灵，我想起多年前的一个场景。

1964年，刘旦宅因为画《红楼梦》走红，经常去北京参加活动，与几位红学家往来密切。因毛泽东喜读《红楼梦》，他的这类作品还没被打成黑画。期间，有一次他从北京回上海，去应野平先生家做客，我也在场。大家三句不离本行，谈画论艺兴致勃勃。应师母说喜欢仕女画，尤爱刘旦宅画的美人，还能说出一番理由来。

刘旦宅说："好呀,要画什么样的?"应先生接过话茬,说就画白居易的诗意图,"浔阳江头夜送客,枫叶荻花秋瑟瑟……"。刘旦宅一口应允。当时没画,答应回去画好后送来。

过不久,我再去应先生家时,问起刘旦宅画了没有,应先生笑吟吟拿出画卷给我看,夸赞刘旦宅确实书画功夫了得。我对这幅画留下了印象。假如没有后来的事,或许这一页就翻过去忘了。这幅画与刘旦宅送给书法家的所谓黑画《此时无声胜有声》,意境相似,构图雷同,只是应师母的那幅稍大一些。

想起这件旧事后,我非常高兴,仿佛找到了解药,可以很快化解刘旦宅的危局。

第二天一大早,我先赶往应家。应先生不在,师母独自在家。来不及寒暄,我问:"上次刘旦宅的画还在吧?"师母说:"还在,一直好好放着呢,怎么了?"我一颗心放了下来,把事情简单叙述一遍,最后说:"如果工宣队来问,请实事求是地把当时的情况讲清楚,就是帮了他的大忙!"应师母点头应允。

之后我还要和刘旦宅通气。直接找他,怕工宣队起疑。事情发生后,大家都怕牵连,多数人敬而远之,我一般不敢与他公开说话。那天到单位后,我眼睛不时留意门外走廊,想找机会同他说话。

临近中午,才等到刘旦宅独自一人从走廊另一头过来。我赶紧迎面过去,轻声叫住他。他停住后,我也没有走近,彼此大约相距两米。我说:"胡子,还记得吗?1964年,我们在应野平先生家,应师母请你画仕女的事?"

他一边点头,一边答:"嗯!"

我接着说:"你画的不也是'此时无声胜有声'吗?"

他又一边点头,一边答:"嗯!"

"那时你常去北京,和郭沫若都有交往,受到政府的器重,怎么可能攻击无产阶级专政,反党反社会主义呢?你的那张画,明明就是以前的意境和构图,反映的是琵琶女的辛酸生活嘛。"我最后说,"你要把这件事向组织上说清楚。我已经去过应先生家,应师母那边打过招呼。他们去调查,应师母会实话实说,为你证明的。"

刘旦宅迟疑片刻,明白了我的意思。在我们一问一答间,我明显能感到他从失落低沉的情绪中,慢慢恢复生气,神情里有了光彩。他马上去找工宣队说明情况。大概起了作用吧,这件事后来就不了了之。

刘旦宅赠画

"五老"三十年后在金山农民画村再聚首,前排程十发,后排右起:刘旦宅、汪观清、郑家声、韩和平

"文革"后期,我最早去枫泾开辟起创作基地。后来金山农民画兴起,我们都曾辅导帮助过当地农民画家。枫泾人感恩,将我、韩和平、郑家声、程十发、刘旦宅合称"枫泾五老"。这当中,刘旦宅到枫泾的时间最晚。

一次,他在枫泾,见荷花盛开,风光旖旎,便徜徉荷花池边不肯离去。后来对身边人说,想进荷塘去看看,希望能想个办法。乡亲们非常热情,很快弄来一个探莲盆,让他端坐其中,用竹竿撑着慢慢推入荷塘深处。刘旦宅观察荷花特征,沉醉其中,待了很久。等要上岸的时候,大家怎么使劲,探莲盆就是不动。用尽办法之后,乡亲们直接下到荷塘,在淤泥中一步一步靠近他,借助人力把刘旦宅推回岸边。这让刘旦宅极为感动。上岸后,他发现自己的一只鞋掉进了荷塘,就光着一只脚回到文化站,乘余兴未尽,马上铺纸挥笔,一口气画了数张莲花,答谢刚才施以援手的乡亲,几乎人人有份。

刘旦宅的画,如今已是价值不菲。我认识的很多同行和晚辈手中都有收藏,全是他送的。一次,顾炳鑫请刘旦宅、郑家声和我去他家做客,为孩子过生日。那天刘旦宅一气呵成,画了七张画,分送顾炳鑫的七个孩子。

刘旦宅的画,我的孩子也几乎人手有份。有一天,他下班后来我家闲坐。以前人与人之间走动都很随意,不像现在需要提前知会。那天,我请他留下来吃饭。因是临时决定,家里没有准备,只有烧菜的黄酒,他也饮之如怡。饭后,他在我的画案上挥毫动笔。我有五个孩子,他就连画五张。我的小女儿幼玲当时太小,没完全懂事。其他孩子都喜滋滋地拿走了,只有她不要。她指着刘旦宅的画,直说没有自己爸爸画得好。刘旦宅并不生气,手提美人图,对幼玲说:"你真不要啊?我就送给老凌了,下次可没有了。"幼玲还是摇头。刘旦宅一笑了之。那幅画画得真好,线条灵动,神韵十足。画中一位少数民族少女,神采飞扬,衣袂飘舞。后来送给了邻居老凌,也是位画家。他如获至宝。

其时，正值许多连环画家向国画转型之际，顾炳鑫和我都在此列。刘旦宅在顾家和我家里画画，分送孩子们，一画数张，多少带着点演示的成分在内。画给我们看，又不让我们有丝毫不快。这是他的智慧和细腻之处。

以前出版社午休，许多人爱下棋消遣。刘旦宅是个中高手，他放出大话："谁能赢他，就送一幅画。"不少人跃跃欲试，最终却都败下阵来，只有韩敏与他棋逢对手。

赢不来画，很多人就来讨要。求画者络绎不绝。人美社的同事近水楼台，讨画最便利。有段时间流行扇面，他们就求刘旦宅画。扇面尺幅不大，但受纸质和型制所限，画好很难。刘旦宅却几乎来者不拒。我的办公室在边门，比较清净。常常中午用餐后，他带着白扇面来我这里。我干我的事，他进门后，几把扇面在台上一字摊开，聚精会神地画。画完，也不带走，先收进我的抽屉里。等攒够十幅左右，从家里带来印章，一一盖印。每次，他把画交给对方时，总要反复叮嘱："不要声张，我没有那么多精力……"

上海人民美术出版社老友聚会，左起：颜梅华、刘旦宅、顾炳鑫、汪观清

即便这样，有些人还是不止一次向他求索，搬出的借口五花八门，有说上次赠画丢失的，有说自己亲戚非常喜欢的……后来，他不堪重负，只得开始婉言拒绝。除此，他对不喜欢的人，或者求画内容不适合的，即便给出大价钱，也都坚拒不画。刘旦宅看似个性随和低调，内心却有清晰的界限。

当时，面向外宾营业的朵云轩和友谊商店已经开始向我们购画，花鸟、山水、人物不论，是国画就好。刘旦宅与我一样，润笔费每尺六元，算比较高的。1982年南京东路文物商店开画展，百幅展品一销而空，国画市场日渐繁荣。刘旦宅因这场画展收获颇丰，据说稿费收入过万元。我见到他，和他开玩笑。我说："胡子，你现在是万元户了啊！"20世纪80年代，万元户就是富翁的意思。

由于销路好，商家不断催促我们多画一些，说国画受海外华侨欢迎。华侨身在异域，反而重视传统文化。刘旦宅的古典诗意图因而大受欢迎。那期间他画了《西厢记》《红楼梦》《洛神赋》《长恨歌》，都是擅长的主题，拿手的好画。他当时住在瑞金路，房间朝西。一过正午,明晃晃的满室斜阳,光线刺眼,很影响落笔。我常去他家里坐,看他画古代仕女、神仙美眷、少数民族少女……他下笔一蹴而就,没有冗余,动作极尽潇洒写意。

画家当中,刘旦宅属于好读书、读书多的,因而其国学修养深厚,作品充满文人气息。20世纪80年代中期,我、刘旦宅、贺天健、刘锡永、顾炳鑫、郑家声受邀去复旦大学讲课。刘旦宅诗词歌赋无一不精,留学生喜欢中国文化,爱听他的课,虽然据说也听不大懂。

我们日常聊天,感觉他历经动荡,骨子里却始终向往宁静,是地道的传统文人。1997年牛年,我回国后在刚落成的上海图书馆举办个人首展,刘旦宅特意前来道贺。同年,为庆祝香港回归,我募集百位画家在我的"百牛封"上签名题词。很快,签名就超过了一百位。即便如此,我还是特意请刘旦宅题词。他题了"厚德载物"四字。

这之后,他常和陆俨少先生结伴出游,我们见面机会越来越少。有次我去广州参加活动,住在一座小岛宾馆。那里警卫森严,有三道门岗。宾馆经理告诉我,前段时间刘旦宅和陆俨少刚来过,在同一个房间住了十来天。随后我从广州到深圳,他们两位恰好又在深圳。

再以后,很久不见,直到有一年冬天,见他戴一顶红色绒线帽,雪白的胡须,黑色围巾,潇洒写意,人和帽子都很漂亮。我就赞扬了一番,说真好看!他说帽子是他太太打的。不久,我收到他家人送来的礼物,是一顶绒线帽,也是他太太打的。估计他回家把我的话和家人说了。

我最后一次见到刘旦宅,是在又一个牛年到来时。我因为画牛名声在外,受邀举办第三个牛年画展,地点在浦东金茂大厦。当时我与刘旦宅都已经79岁。他不善应酬,不喜应酬,身体也不大好,参加社会活动不多,但得知我办画展,还是由儿子天炜陪同,专程前来道贺。那天,我是画展主人,有些仪式要参加,来的嘉宾又多,忙得团团转。我们只简单寒暄了几句,然后他和冯其庸等人坐在那里聊天。不到半个小时,他对我说有些胸闷,便提早离开了会场。此后我再未见到刘旦宅。一年以后,他便离我们而去了。

两对父子合影,左起:刘天炜、汪观清、刘旦宅、汪大伟

关于我们自己

R. T. Peyton-Griffin 作　赵骥译

在 A. D. C. 剧团(上海西人爱美剧社)演出 200 场之际,写剧团历史回忆录时,写剧团历史回忆录的作者强调自己不是该剧团成员,并声称自己的态度是超然的。此文的作者是剧团成员——他可能是上海最年长的剧团成员,因为他的许多同龄人和前辈都已经离开了,以至于这一荣誉落到了他的身上。无论如何,他是在 1915 年底左右加入俱乐部成员的少数人之一,该剧团不超过 60 人,这些成员都是应邀成为剧团一员的。此文作者选择了不离开剧团:这太难了,因为在大约 35 年前的那些舒服的日子里,他在屯溪寡妇的腿上画了长筒袜,把四十大盗藏在瓦瓮里,设计了神奇的洞穴,赢得了许多邀请。除非你能做些什么来帮助剧团,且已经准备好去做,否则你不能加入 A. D. C. 剧团。因此,剧团鲜少有新人加入,新手也大多不会把加入该剧团作为目标。

A. D. C. 剧团团徽

剧团最初没有女成员。几年后,当男人们大多走进沙场时,她们才如愿以偿地进入剧院。尽管当时遭受了强烈的抵抗,但 A. D. C. 剧团的领导推进了决议,因而有了女性成员。这是第一次违反旧传统。回想一下,在流浪者队和脚印队几场演出之后,那些披着匿名外衣的"衣冠禽兽"决定组建一个 A. D. C. 剧团,那时上海他们身边几乎没有女人。曾经有寥寥几位女性,其中包括了沃尔特·司各特爵士的女儿,他的遗体安息在城市中心的墓地。但总的来说,因为大班们不赞成他们的年轻男子结婚,因此,大班中的女性们,没有人可以被征召为 A. D. C. 服务。

所以男人有了自己假扮的空间,并且按照很久以前在莎士比亚及其之前的舞台上所设定的先例,自己扮演女人的角色。将十四行诗吹到情妇的眉毛上,然后将十四行诗的主人带到舞台下的酒吧,用足够的药水消除侮辱,这一定是一件光荣的事情。但事实就是如此。一双 22 码的鞋子,就像萨克令诗中所写"老鼠似的出出进进地跑"在衬垫下嬉戏的想法，在今天可能不再受欢迎，但在当时的上海属于最好的主意了。于是在1867年 A.D.C. 剧团开始了一系列的戏剧演出，到今晚已演出三百部。经过以娱乐和"艺术见鬼去吧"为主要思想的业余爱好者笨拙的努力，到为俱乐部赢得巨大声誉的精彩表演，因此，多年以前，当我离开英国之时，我很难完全记住。临行之前，我记得有人告诉我，上海 A.D.C. 剧团仅次于伦敦证券交易所。弟兄姐妹们正在说些什么？一直以来都很难证明这种声誉是合理的，现在可能会更加困难，因为可以调用的艺术家数量减少了，但是如果 A.D.C. 剧团不辜负82年前创建它的决心，就无需惧怕未来。

1929年被拆之前的第二代兰心戏院外貌

顺便一提，从《格林威治的银鱼》(Whitebait at Greenwich)到《学校》(School)，仅仅九年时间，第50部作品和舞台上的女演员就映入了眼帘。这一年是1876年。但女演员不是一个永久的固定角色，就像曾经的女性一样，况且男扮女装的演员失业也仅是偶发事件。我们可以勉强承认，从一开始，女性就是成功的。票房证明了这一点，因为几年后演出《波特的结》(The Porter's Knot)时，没有女性出演。这场演出很"失败"。

然而，在1866年，它曾是上海业余戏剧史上的一大里程碑。A.D.C. 剧团成立时并没有妇女，可能也没有牧师相助。他们曾经无组织地在任何旧仓库里演出，并继续这样做，尽管近年来他们有了资助。其中一出演出位于英国领事馆后方的圆明园路上，在用来纪念第一位英国领事的巴尔福大楼附近。但它在1871年被烧毁，于是一座新建筑，一个真正的剧院，以旧 Lyceum（原兰心大剧院）的形式出现，舞台就在联合教会牧师官邸的对面，它的前面是博物馆路，沿着仍在两条道路之间的私人通道。那是一间宽敞的房子，在大幕前后，前排、特等席和包厢，还有，天哪！还有顶层楼座。舞台和现在的一样大。后面是主演的更衣室，一个绿色的房间，上面有一个楼层，舞美师站在上面，在一块用印花布做的帘子上作画，帘子在轻微的压力下上下移动。在画廊的一边有其他更衣室、委员会会议室和经理办公室，而在画廊的另一边是经理的住所。没有排练室，但由于剧院一年中很少使用，并无大碍。

排练是在舞台上进行的,除了那些只有男人参加的场合。排练是在各种各样的一团糟的餐厅里进行的,通常结束时也都是一团糟。因为仍然很少有女性能够施加温和的影响,所以如果一个演员选择把批评制作人的意见强加在另一位演员身上,那么其余的演员都会站在周围,嬉笑地看待这些。这并不是经常发生的,因为 A. D. C. 剧团成员向来都是十足的绅士,即便身处忙乱的境地。

1893 年,俱乐部以《讲述故事》(The Tale of Tell Retold)庆祝其第一百次演出。那场戏有女性演员参与。她们的名字没有被记载,主要是没有人来记载她们的名字。原因不明,但又显而易见。因为《外滩老太太》(Old Lady of the Bund)在那个时候十分受欢迎,所以假若她们的真名登上了字林西报大楼,那么英国国内的老板们可能对他们的中国员工是如何挣钱的会抱有奇怪的看法。那时,吉尔伯特和沙利文已经到达了远东,《比纳佛》(H. M. S. Pinafore)已经首演。那是 80 年代左右的事,但历史并没有说明女主角是由美丽的少女来扮演还是由粗野的男性所扮演。然而,总的来说表演却很乏味,如果现在有人知道开启表演世纪的《重述的故事》(The Tale of Tell Retold)的剧本,可能最好还是不要多言了。

但从那以后,开始有一些熟悉的名字如《吊船人》(Gondoliers)、《约曼》(The Yeoman)、《科内维尔的克洛奇》(Les Cloches de Corneville)、《大卫加里克》(David Garrick)。直到 1908 年,《可敬的克莱顿》(The Admirable Crichton)标志着前进的方向。那是第 150 场演出。之后,好的剧本如雨后春笋般涌现,因为那是一个特别辉煌的时期。才华横溢的法国波尔捷、忠诚的拥护者乔治·温格洛夫(如果他的确存在的话)、目前在为美国丹佛的社区剧院制作剧本的 A. D. 布伦特和沃尔特·辛克莱、格雷厄姆·巴罗、杰·厄·勒米尔、保罗·勒·布里斯、芭蕾舞剧作家代·卢卡,以及其他一些名字很快就从记忆中消失的人,高尔斯华绥、巴里、萧伯纳。直到 30 年前的战争年代,在一个生意兴旺的剧院里莎士比亚戏剧也有了一场演出,为上海人在战乱期间提供了消遣。取景在伦敦的作品制作华丽、花销不菲,其中有些风景直到今天仍然存在。《纽约美女》(The Belle of New York)的成本约为 1000 英镑,包厢费高达 100 英镑一晚,由一位来自马来亚的种植园主支付。演出长达九晚的《第十二夜》(Twelfth Night)不得不退款,因为上海已经决定业余演员不能演莎士比亚,且只有最后一晚看到满座剧院。我们说服了他们。 回忆

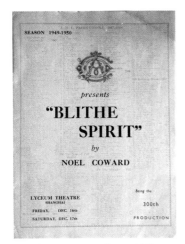

刊载《关于我们自己》一文的第300期 A.D.C. 特刊(1949年)

往昔,时光飞逝,从那时起到标志着第二百场演出的《天皇》(*The Mikado*),似乎只是转眼间的事,而在《等着睡觉》(*And so to Bed*)在原兰心大剧院落下帷幕之前,时间更是如此之快。接下来的一两年里,我们迎来了现在的建筑和在其中的数场令人愉快的表演,其中最值一提的就是在国会大厦上演的著名戏剧《绿色女神》(*The Green Goddess*)。今晚又一个里程碑随着《欢乐的精灵》(*Blithe Spirit*)演出而过去。这个标题现在看来是如此贴切,它预示着未来,它描述了一种品质。A.D.C. 剧团正是凭借着这种品质,以欢乐和热忱渡过了种种难关,这将使那些多年前熟悉它的人永远喜欢它。

剧团有起有落。通常它无法向受托人支付租金或全部的钱,但在1914—1918年战争期间,剧团却严肃地和博学的领主们与受托人们对峙,则紧盯着他们的眼睛,文雅地问道:"怎么了?""这笔钱本将用于战争基金,这是怎么回事!""Blighty!""Hullo! Shanghai!"这是一部杂耍剧,上海最肥胖、最重的男性穿着希腊布帘表演诠释性舞蹈,旨在让露丝·圣丹尼斯因纯粹的娱乐价值而黯然失色。

我也喜欢这样想,回顾过去的35年的总和,将会是几个月后,A.D.C. 剧团和《北华捷报》之间的密切联系。当年著名的"鲍勃"小人物给了上海绿色的外滩,直到战争之手污损了外滩。德拉蒙德·海伊和 O.M. 格林不演戏,但有时会带着父亲的喜爱演奏和撰写评论。爱德温·霍华德和其他工作人员能够扮演生活本身以外的许多角色。如果时间和空间允许,我可以说出这个剧院及其前身所服务和鼓励的其他戏剧团体,其中包括了法国剧团、美国剧团、德国剧团、俄罗斯剧团、后来的中国国际艺术剧院,以及在这相同的舞台上鞠躬的国外著名艺术家。

如果能让他们回首往事的话,他们的反应可能会和作家如出一辙。作家为过去几年叹息,然而,如今他揉搓着双手,发誓说这一切都是如此令人欢愉。

近代上海历史中的A.D.C.剧团

孟阳

凡对近代上海历史略微熟悉一些的,对A.D.C.这个专有名词一定不会太陌生。所谓A.D.C.者,即Amateur Dramatic Club of Shanghai的简称,其中文名称叫上海西人爱美剧社,是早期在沪外侨中影响最大的一个业余演剧团体。创立于1866年的A.D.C.是以"浪子"和"好汉"这两家剧社的班底为基础组建的,而"浪子""好汉"又只是早期活跃在洋行货栈简陋舞台上众多外侨业余剧社中的两家。1842年上海开埠后,来沪的外侨渐渐增多,到19世纪60年代,在沪定居的外国侨民已达五千余人,开设的洋行也从最初的区区几家猛增到了三百余家。寂寞的异国生活,使业余演剧活动成为外侨们疗慰乡愁的一剂良药,同时也是一种很好的娱乐消遣,而得益于近百年的坚持不懈,A.D.C.经过大浪淘沙,几乎成为外侨演剧的唯一代表。1867年3月1日,A.D.C.在兰心大戏院举行了首次公演,剧目为《银鱼在格林威治》。这以后,几乎每年他们都要在"兰心"为旅沪侨民和上海市民献演几出戏,除了世界大战爆发的那几年。据笔者统计,在1914—1918年的第一次世界大战期间,A.D.C.在五年间上演了10出戏,平均每年仅2出戏;最少的是在1942—1945年的二战期间,四年只演了1出戏。而演戏最为频繁的还是在剧社成立的最初几年间,1867年数量最多,演了8出戏,其次是1870年的7出戏,而1872年、1874—1876年,都各演了6出戏。

A.D.C.剧团1868年第11场演出: *Maid And The Magpie* 剧照

A.D.C最初只演出一些短剧,纯为娱乐消遣。大约到1892年才逐渐开演多幕长剧,如《造谣学校》《妇人知识》《风流寡妇》《三剑客》《旁贝城的末日》等。进入20世纪以后,他们甚至有实力有信心演出一些名家巨作了。1906年,A.D.C.计划上演萧伯纳的《你永不能说》,

1952年《北华捷报》上刊出的 A.D.C. 剧团上演 One Wild Oat 的广告,这也是他们在上海的最后一场演出

为此特写信向他征求意见。萧伯纳回信鼓励他们向职业剧团挑战,大度地表示:"无论如何,倘若你们喜欢,那么就演吧。"他并幽默地向剧社祝福:"但是上帝要助佑一些观众才好。"于是,萧翁的《你永不能说》这出戏很快就出现在 A.D.C. 1907 年的演出节目表上,这也是萧伯纳的作品首次在中国公演。这以后,一些著名剧作开始频频现身 A.D.C. 的演出剧目中,如席勒的《阴谋与爱情》、萧伯纳的《魔鬼的门徒》、巴蕾的《可敬的克莱顿》、高尔斯华绥的《忠诚》等,甚至莎士比亚的一些经典剧作也被他们搬上舞台,为此还惹出了一场风波。1921 年,A.D.C. 的第 184 次演出上演了莎士比亚的名作《第十二夜》,原定演出 10 场,结果因工部局的一些保守董事认为业余演员上演莎剧有辱莎翁大名,故最终只演出了 9 场,最后一场戏只能以退款了事。

A.D.C. 演出时的服装、道具、置景、灯光、效果、音乐、舞蹈等都精美非凡,如舞台背景很多都定制于伦敦,制作十分豪华,花费了大量金钱。像 1921 年第 185 次演出的《纽约的美女》,A.D.C. 仅仅为布景一项就支出了 1000 英镑。当年这要算是一笔巨款了,这笔钱是由来自马来亚的一名种植园主赞助的。A.D.C. 的演出除了给旅沪外侨们送去欢乐和慰藉外,也给不少中国观众带来了震撼和启蒙,很多中国人正是通过 A.D.C. 的演出,平生第一次领略了西方戏剧的魅力:新颖别致的舞台、变幻离奇的灯光、浪漫瑰丽的布景、分幕演出的形式,甚至于对号入座的席位和引领入席的方式,在在都令原本闭塞的国人耳目一新。这些迥异于中国传统戏剧写意模式的西方演剧,震撼了中国的戏剧爱好者,使他们醍醐灌顶,豁然开朗。徐半梅、郑正秋、欧阳予倩等中国话剧先驱们,都曾在 A.D.C. 的演出中得到滋润,A.D.C. 也因此成为中西文化交流的一个支点,成为西方文化输入中国的一扇窗口。

1949年5月,随着上海解放,很多外侨相继离沪,A.D.C.的演出也盛景不再。1952年11月,A.D.C.在"兰心"上演了韦农·薛尔文的三幕喜剧 One Wild Oat,这是A.D.C.的第309场正式演出,也是他们留给上海这座城市的最后一瞥。两个月后,兰心大戏院更名为"上海艺术剧场",成了上海人民艺术剧院和青年话剧团的专用剧场。

这篇《关于我们自己》是目前仅见的剧团成员回顾A.D.C.剧团历史的文章,具有重要的文献价值,刊载在1949年出版的《A.D.C.演剧特刊》上,现特请专业研究戏剧史的赵骥教授译出,以飨大家。

A.D.C.剧团第309场(最后一场)演出特刊 One Wild Oat,1952年11月21—22日